Hubert S. Ilsanker

Der Bergbrenner

Ein Langsamlesebuch

W0236844

Biografie

Hubert S. Ilsanker wurde am 13.11.1969 in Salzberg/Berchtesgaden geboren. Seine Kindheit verbrachte er in der Schönau am Königssee. Neben seinem Beruf als Schnapsbrenner ist er vielbeschäftigter Musikant und hatte mit dem Oxn-Aug´n Trio schon zahlreiche Auftritte in verschiedenen europäischen Ländern. Vom dem Trio gibt es mittlerweile sieben CDs.

In den letzten Jahren wirkte er an einigen Fersehfilmen mit: „Die kulinarischen Abenteuer der Sarah Wiener" (Arte), „Alpenauszeit" (SWR) und „Der Schnapsbrenner vom Funtensee" (ARD).

Das vorliegende Buch ist sein erstes Werk als Autor.

Inhalt

Zeit lassen...

Gleich schon im Voraus: das ist ein Langsamlesebuch, also Zeit lassen!

Erster Brief vom Yeti

Auszug aus dem Brief an Steffi:

... dieser Mann schreibt bloß über sich und über Dinge, die er erlebt hat. Das ist dermaßen spannend und interessant, dass es mich total demotiviert, selbst was zu schreiben. Er hat bis vor zehn Jahren nicht mal gelesen. Eines Nachts, nach einigen Tassen Bier, hat er mir das „gestanden" und gemeint, dass unter den Millionen Büchern, die es gibt, etwas auszuwählen, das ihm gefällt, eine Aufgabe sei, die ihn überfordere. Also hab ich ihm was ausgesucht. Dieser Mensch, der bis dahin mehr oder weniger wie ein Analphabet gelebt hat, hat dann begonnen, Bücher zu fressen. Und vor sieben/acht Jahren hab ich ihm vorgeschlagen, seine vielen und guten Geschichten doch mal aufzuschreiben. Und weil er mir unterstellt, dass ich ihn ans Schreiben gebracht hätte, hab ich jetzt die Aufgabe an der Backe, sein Machwerk zu lektorieren. Hab so was bisher noch nie gemacht und befürchte, dass mich diese Aufgabe einige Wochen lang beschäftigen wird. Jetzt habe ich es einmal – noch ohne den Rotstift zwischen den Fingern – durchgelesen und beschlossen, zuerst Dir ein Lebenszeichen zukommen zu lassen, ehe ich mich total reinknie. Aber nach der Lektüre von Huberts Text hab ich das Gefühl, dass nichts von dem, was ich schreiben kann, für andere – für Dich – von Interesse ist...

1

Die prägende Zeit

„Einen Bergkameraden zu haben, der gleichzeitig mein Vater ist, ist für mich von höchster Bedeutung", sagte ich zu ihm, als wir die Skier wieder anschnallten, um vom Watzmann Hocheck abzufahren. Eine Fahrt im Zeitraffer durch den ganzen Winter: Am Hocheck trockener, flockiger Pulverschnee bei −5 °C wie im Januar, auf Höhe des Watzmannhauses leichter Firnschnee, auf dem man hervorragend carven konnte, bis zum Sumpfschnee, in den man oft knietief einsank, der unsere Fahrkünste auf die Probe stellte und noch mal alle Kraft und Kondition forderte. Weiter unten dann schneefreie Flecken, die man überwinden musste, um noch einige Meter auf dem letzten Schneepatzen zu rutschen.

Vom rund 2650 m hohen Gipfel bis ins Tal (circa 650 m) 25 °C Temperaturunterschied ist Ende April keine Seltenheit. Christrosen machen noch einmal die bewaldeten Flächen weiß; ihre schirmartigen Kelche weit aufgespannt zur Sonne hin, senden sie dem Frühling einen Gruß. Das Xylophon der Spechte hämmert in unterschiedlichen Tonlagen aus verschiedenen Richtungen. Ein letzter Blick zur weißen Watzmannspitze: die zwei Spuren ganz links sind unsere – ein schöner Tag.

Es war die letzte Skitour von sehr vielen in diesem Winter.

Der Kuckuck rief zum ersten Mal; für mich das Zeichen, dass bald wieder meine Arbeit beginnt...

Die Schule interessierte mich meist wenig. Mit meinem Freund Günter zusammen fand ich es viel interessanter, ein Baumhaus zu bauen aus Rundhölzern und Nägeln, die man, mehr oder weniger erlaubt, organisierte. Es gab im nahe gelegenen Wald kaum einen Baum, an dem nicht ein Brett von uns aufgenagelt war. Wir kletterten auf die höchsten Fichten (30 bis 35 Meter), um uns von Wipfel zu Wipfel zu schaukeln. Die Kunst lag darin, den richtigen Zeitpunkt zu erwischen, in dem man den einen Ast losließ und den anderen fangen konnte. Es ging immer gut. An einen Absturz, oder an die eventuellen Folgen eines Absturzes, dachten wir natürlich nicht. An den buschigen Ästen der Randfichten ließen wir uns dann bis zum Boden abgleiten.

Mit dem Fahrrad fuhren wir von Maifest zu Maifest, um das Taschengeld aufzubessern. Ein 35 m hoher Maibaum, ohne Ast und Rinde, war für uns beide damals kein Problem. Anfangs kletterten wir in kurzen Trainingshosen, die uns aber beim Runterrutschen keinen Schutz gegen Späne und Schiefer boten. Oft hatten wir wochenlang offene und eitrige Fußschaufeln und Oberschenkel. Doch dann präparierten wir uns einige Trainingsbäume in verschiedenen Stärken. Der damalige Förster wunderte sich über die Bäume, die bis zu 15 m hinauf keinen Ast hatten und total glatt poliert waren. Mit der Lederhose und freiem Oberkörper waren wir dann unschlagbar und räumten die Maibäume ab. Für ein erklettertes „Wipfelästchen" gab es damals bis zu 100 Mark. Zweimal gewann ich sogar ein Fahrrad, das ich jeweils für 300 Mark verkaufte.

Sie waren aus dem Alter raus, jene die uns des Öfteren das Sammelgut streitig machten; sie waren einfach schon zu alt für den Kinderkram und endlich waren wir die „Besitzer" der Kastanienbäume in der Schönau. Der Förster vom Königssee bezahlte damals für einen Zentner Rosskastanien zwanzig Mark. Während die anderen Kinder ihre Hausaufgaben machten, waren wir noch nicht von der Schule zu Hause. Wir hingen riskant (denn Kastanienäste brechen leicht) in den Kronen der Bäume und schüttelten die Rosskastanien herunter, um das Hirschfutter vor der Konkurrenz in Sicherheit zu bringen – das war aber leicht, denn die Konkurrenz war kleiner (ach wie grausam doch so Kinder sein können). In einem Herbst brachten wir so einmal fünfeinhalb Zentner zusammen.

Die Schulaufgaben waren eine unumgängliche lästige Sache und wurden oft im Schulbus abgeschrieben.

Ein paar Jahre bin ich mit meinem Vater zum Kraxeln gegangen und wurde als Talent eingestuft. Mir wurde eine große Zukunft als Alpinist gedeutet. Die Durchsteigung zum Beispiel der direkten Westwand des kleinen Watzmanns, des Schimkepfeilers am Untersberg oder der Häuslhorn Südwand in der Reiteralm erfüllten mich mit Stolz. Ich war lang und dürr und hatte für mein Gewicht enorme Kraft. Ein Kletterer muss sehr gewissenhaft und genau mit dem Seil und dem ganzen „Gerödel" umgehen, wenn er alt werden will. Für einen eher phlegmatischen Menschen also schlechte Aussichten. Das dünne Seil? Hab ich den Knoten am Brustgeschirr richtig gemacht? Reichen diese alten Haken für mein junges Leben? Warum gehe ich nicht den einfachen Weg auf diesen Berg? Fragen, die sich im Kopf abspielten, die aber am Gipfel wie weggeblasen waren. Ich hatte zwar Respekt vor dem Fels, aber der schien manchmal ausgeschaltet zu sein. Und so kam es, dass ich eines Tages in einem kleinen Steinbruch in Königssee bei meinen Kletterübungen so hoch hinaufkam, dass ich nicht mehr vor- noch zurückkonnte – ich war so in Bedrängnis geraten, dass ich mir schwor, wenn ich da wieder heil runterkomm, hör ich das Klettern auf. Was mach ich hier in dem Steinbruch, für was soll das gut sein? Ich bin hier freiwillig – und wenn's mich da jetzt runterhaut, bin ich ein Krüppel, im Rollstuhl, oder sogar tot. Ich übte eigentlich nur das Queren (Bouldern) und achtete dabei darauf, dass ich maximal zwei Meter über dem Boden war, um, wenn es zu schwierig wurde, abspringen zu können. Doch jetzt war ich über zehn Meter raufgekraxelt und merkte es erst, als ich Probleme bekam. Mit allem erdenklichen Glück bin ich da wieder runtergekommen und wollte dieses beschissene Gefühl von Dummheit und Selbstzerstörung nie mehr erfahren. Die Kletterschuhe hing ich an den Nagel. (Aus demselben Grund sollte ich später auch das Motorradfahren aufgeben.)

Im Winter war ich meistens beim Skifahren. Meine letzten Alpin-Rennskier wurden, als ich zwölf war, zu meinen ersten Tourenskiern umfunktioniert, um mich an den Bergen, wo keine Seilbahn und kein Schlepplift hinaufführten, zu versuchen. Ich trainierte auch für nordische Langlaufrennen. Von der Schule heim, den Schulpack ins Eck geschleudert, ging ich nur über die Straße, um dann zwei- bis dreimal um die Schönau zu rennen. Mit dreizehn begann ich, Posaune zu spielen. Unterrichtet wurde ich vier Jahre lang von einem Lehrer vom Mozarteumorchester in Salzburg und musste, oder besser wollte, nach dem Langlauftraining noch eine Stunde üben, dann war der Tag gelaufen. Wir liefen damals noch im Diagonalstiel. Als der Schlittschuhschritt (Siitonenschritt nach dem ersten Langläufer, der mit dieser Technik in den internationalen Wettkämpfen alles abräumte) aufkam und ich meine Medaillen- und Pokalsammlung für ausreichend hielt, ging der Ehrgeiz verloren. Ich brauchte keinem mehr beweisen, dass ich schnell rennen kann. Man wollte mich noch für Biathlon fit machen, „sodass du in Deutschland vorne mitmischen kannst", so der Trainer. Mit einem Trainings- und Ernährungsplan sollte ich sogar im Sommer trainieren. Das war mir dann endgültig zu blöd; wie kann man sich bloß vorschreiben lassen, wann und was man isst? Außerdem kam mir bei den Wettkämpfen immer öfter der Gedanke, warum sich so quälen? Was bringt es, wenn ich den da vorne noch kriege? Was macht es, wenn der da hinten immer näher kommt? Bringt es mir Ruhm und Ehre, oder doch nur einige Händedrücke und irgendetwas zum Umhängen? Oder eine Trophäe in Form eines Langläufers, die dann meine Mutter abstauben müsste? Meine Schulkameraden gingen zum Trachtenverein, zu den

Schuhplattlern – ich auch; tauschte meinen Rennanzug, Handschuhe und Mütze in Lederhose, Trachtenhut und Gamsbart ein.

Schon als kleinster Bub, kann ich mich zurückerinnern, saß ich auf einem Baumstock und sah meinem Vater beim Baumfällen zu: Wie sich die Motorsäge in den unendlich dick scheinenden Stamm fraß und aus dem Schnitt die Sägespäne wie geschaufelt herausflogen; die Ruhe zwischen den Schlägen mit der Axt, wenn die Keile zwischen Baumstock und Stamm getrieben wurden; der Ruf „obacht! Baum fällt"; das Knarren und Krachen des sterbenden Baumes, abgelöst von einem gewaltigen Schlag; die nebenstehenden Bäume wackelten; Äste fielen nach; ein Windstoß – dann Ruhe.
Für mich war die Welt voller Waldameisen, denn sie waren überall: in Hemd und Hose, in meinem Rucksäckchen, in dem auch noch eine Kindergetränkeflasche, ein Wurstbrot und einige Schleckereien waren. Auch zuhause krabbelten die Waldameisen aus Vaters Rucksack, der immer wunderbar nach Holz, Harz und Ameisensäure duftete.

Ich war auch öfter bei der Heuernte am Königssee in St. Bartholomä dabei. Es wurde noch mit der Sense gemäht. Das Zischen, wenn sie Gräser und Halme durchtrennte, liegt mir heute noch im Ohr. Der Geruch von Heu und Silo im Stadel in Bartholomä hat sich in mein Gedächtnis geprägt. Jedes Mal, wenn im Sommer die Felder in der Schönau abgeerntet werden, dringt dieser Duft in meine Nase und erinnert mich an die Kindheit – an die sorgloseste Zeit meines Lebens. Die Welt war im Sommer grün und im Winter weiß und von Bergen umsäumt. Der Vater ging zur Arbeit, die Mutter machte den Haushalt und hatte wohl mit meiner Schwester und mir zu tun. Im Winter nützte der Vater jeden schönen Tag um in die Berge zu gehen, und die Mutter versorgte die Familie mit dem Verdienst als Skilehrerin.
Das Einzige, was störte, war die Schule. Meine Mutter machte mir nie Stress wegen der Schule (das Wort Stress war damals wohl kaum

verbreitet). Anderen Kindern ging es da schon schlechter: Sie mussten bei schlechten Noten die Unterschrift der Eltern fälschen, um anschließend noch mehr Ärger zu bekommen. Meine Mutter sagte höchstens: „Sitzen bleiben darfst du nicht – und jetzt schau, dass du in den Wald kommst, solange es noch hell ist."

Wenn ich mir so betrachte, wie heute zum Teil die Kinder durch brachialen Leistungsdruck verplant werden, bin ich dankbar um die schöne Zeit, in der ich mich entwickeln konnte und aus mir das geworden ist, was ich jetzt bin (ein nettes Kerlchen, mehr war nicht drin).

Pfingsten fuhr unsere Familie meistens in den Urlaub nach Italien oder Jugoslawien. Mir waren die Felsstrände in Jugoslawien, wo die Landschaft bergig war, lieber als die langweiligen, endlosen Sandstrände. Ich tauchte nach Muscheln, Seeigeln und Seegurken – und das Wasser war tatsächlich salzig.

Die Zeit, die mich am meisten prägte, waren die Sommerferien bei den Holzknechten. (Holzknecht nennt man auch heute noch die Waldarbeiter in Gegenden, in der sich eine Saline befand. Die riesigen Sudpfannen, in denen man die Sole verdampfte, um Salz zu gewinnen, verschlangen Unmengen von Brennholz.) Sie waren damals im alpinen Steigbau von Trischübel bis zur Wasseralm tätig. Unvergesslich ist der Sommer am Schwarzsee.

Der Schwarzsee liegt zwischen Funtensee und Wasseralm im Steinernen Meer. Ich war Besitzer und Kapitän eines Floßes, das aus dicken Stämmen zusammengenagelt und mit zwei rustikalen Rudern ausgerüstet war. Der kleine Bergsee gehörte mir allein. Ich ruderte oft den ganzen Tag, kannte jeden Stein und jeden Felsen, der aus dem Wasser ragte. In absoluter Ruhe genoss ich meine Freiheit. Es war nur das Gezwitscher der Vögel, das Summen der Insekten und die Wassertropfen, die nach dem Austauchen der Ruder in den See zurück „blobbten", zu hören. Hier und da kamen Wanderer vorbei, die sich nach zwei Stunden Gehzeit durch unbewohnte Gebirgslandschaft gewiss wunderten, wo der neunjährige Bub herkam. Ich ließ sie meist unwissend vorübergehen und ruderte mit einem Lächeln davon.

Manchmal schaute ich bei der Arbeit zu: Da wurde eine Sandgrube eröffnet, dazu die Graspolster ausgestochen und zur Seite gelegt, um mit Pickel und Schaufel den Kies herauszuholen. Die dreckigen, nassen Senken des Weges wurden mit Steinen aufgefüllt, mit einem Vorschlaghammer eingeschlagen und anschließend mit dem hergekarrten Kies überzogen, abgerecht und mit der Schaufel verdichtet. War die Sandgrube erschöpft, wurde sie mit den Graspolstern wieder verschlossen und nach einer neuen Sandmine gesucht.
Am meisten interessierte mich das Bauen von Holzleitern und Stufen. Dazu wurden Lärchen gefällt und mit der Motorsäge aufge-

Kindheit: Meine schönsten Ferien.

trennt. Für die Stufen viertelte beziehungsweise achtelte man den Stamm. Die Holme wurden meist aus Rundhölzern oder Halbwänden gemacht. Kerben schnitt man heraus und das Ganze wurde im Gelände verankert und vernagelt. Diese Arbeit gefiel mir. Da waren der Baum, die Motorsäge, eine schwere Hacke, ein paar Nägel und ein Mann, der die Säge gut führen konnte, der mit wenigen Schlägen die Nägel ins Holz trieb und mit dem richtigen Auge für die Sache. „Hubert", sagte er zu mir, „diese Leiter hält mich aus, die nächste kannst dann du machen – musst halt Zimmerer werden und dann zu den Holzknechten gehen."

Und er ging mit mir zu einem Aussichtspunkt (Halsköpfl), an dem man ein Stück vom Königssee sah, zu einem fast waldfreien, herausragenden Graskopf, an dem eine neue Rastbank nach Holzknechtart stand. Er sagte, „Bua, ich hab nur den einen Apfel", und zog einen Granny Smith aus der Hosentasche, trennte ihn mit der Axt in zwei Teile und gab mir eine Hälfte davon. Ich hab mich nie um einen Apfel gerissen (könnten ja Vitamine drin sein!). Sonst hatte ich immer das Kernhaus übrig gelassen, doch diesen Apfel aß ich ratzeputz auf. Er sagte, „Bua, du hast ja Hunger", doch es war nicht der Hunger, es war der wichtigste Apfel meines Lebens. Es war der Apfel, der die Legende vom hl. Martin, der dem armen Bettler die Hälfte seines Mantels gab, in den Schatten stellte, mich aber trotzdem an das Teilen des Brotes erinnerte. Es war keine Geschichte, die man glauben konnte oder nicht, ich spürte, dass ich wer bin.

Am Abend wurde in einer kleinen Hütte gekocht, jeder sein eigenes Essen. Mein Vater machte meistens ein Muas, eine Mehlspeise aus Mehl, Ei, Wasser und Salz, anschließend gezuckert, das ich mit Heißhunger vertilgte. Ehe man ins Bett ging, vertrat man sich noch vor der Hütte die Füße und lauschte, ob schon die Hirsche röhrten. Geschlafen hab ich immer wie ein Stein.

Als ich 14 war, durfte ich für fünf Mark die Stunde als Ferienarbeiter mithelfen. Es wurde der Weg von St. Bartholomä über die Saugasse zum Funtensee saniert. Er wurde ausgebaut, um ihn besser befahren zu können. Damals wurde das Kärlingerhaus am Funtensee fast ausschließlich mit einem kleinen Schmalspur Bulldog (Knickholder A12 bzw. A18) versorgt.

Ich war den ganzen Tag beim Steine zerschlagen und lernte, mit dem Vorschlaghammer umzugehen. Mit Zug schlug ich die größten Felsbrocken klein und bekam das Gespür dafür, wo der Stein seine verwundbaren Stellen hat. Einmal die Woche räumte ich mit einem Pickel die Wasserfurten vom Schotter frei. Dazu musste ich vom Funtensee bis nach St. Bartholomä und wieder retour. Gelegentlich nahm ich die Post vom Kärlingerhaus mit und brachte frisches Brot nach oben. Das alles erledigte ich im Laufschritt und war somit ab Mittag wieder bei den Wegarbeiten. Mir taugten die körperliche Arbeit, die Bewegung in der freien Natur und das Leben auf der Hütte. Doch das Faszinierende an der Sache war: ich hatte die schönsten Ferien und bekam dafür auch noch Geld. Sepp, der Kapo der Holzknechte, sagte zu mir: „Du tust zu viel für dein Geld und wenn du den ganzen Tag brauchst, um die Wasserfurten sauber zu machen, ist es immer noch genug." Doch ich ließ mich von meinem Ehrgeiz nicht abhalten. Da war er wieder, der Ansporn, den ich fürs Klettern und für die nordischen Langlaufrennen verloren hatte; da war Sinn darin, da war bleibender Erfolg, den man noch lange sehen konnte. Mir schüttelte keiner die Hände – ich war einer von ihnen. Ich war einer der Männer, die ihre Arbeit leidenschaftlich ausführten in einer herrlichen Umgebung.

Der Gedanke an den immer näher rückenden Schulbeginn löste in mir Übelkeit aus. Ich könnte doch gleich bei den Holzknechten bleiben! Scheiß Schule! Den halben Tag in einem Raum sitzen und versuchen, dem Lehrer oder der Lehrerin zuzuhören, um am Nachmittag wieder vor den Hausaufgaben zu sitzen – eine Qual. Sich zum großen Teil mit Stoff herumzuärgern, von dem ich mir nicht vorstellen konnte, dass ich ihn jemals brauchen würde – eine Zwangsablenkung von den Sachen, die Spaß machten.

Im Jahr darauf stellte das Forstamt keine Ferienarbeiter ein. Ich wollte aber wieder Geld verdienen und nicht die ganzen Ferien im Freibad rumhängen. Dem Geschirrspüler oder dem Eisverkäufer am Königssee hätte ich aber das Freibad vorgezogen. Meine Mutter vermittelte mich zur Brennhütte am Priesberg als Wurzelgraber – und es begann ein Sommer in absoluter Freiheit! Ich lernte den alten Schnapsbrenner Hardl kennen, der damals die Brennhütte am Priesberg führte. Ein kleiner, untersetzter Mann, der für meine Gefühle selber wie eine Enzianwurzel aussah – ein knorriges Gesicht mit ein paar Warzen und einem leicht verbissenen aber verwegenen, versteckten Lächeln. (Ich ahnte damals noch nicht, dass ich sein Nachfolger werden sollte. Hardl machte diese Arbeit 27 Jahre – ob ich auch einmal wie eine alte knorrige Enzianwurzel aussehe, wird sich vielleicht in den nächsten Jahren noch rausstellen.) Bezahlt wurde nach Gewicht der abgelieferten Enzianwurzeln. Die Arbeit konnte ich selber einteilen. Ich nahm am Almleben teil. Wenn ich nicht Wurzeln ausgrub, half ich den Bauern beim Kühe suchen und beim Treiben. In diesem Sommer lernte ich, dass mich ein schönes Mädchen aus der Bahn hauen kann, dass zu viel Bier reinhauen kann und zu viel Schnaps umhauen kann.

In Berchtesgaden sprach und spricht man auch heute zum Teil noch ein eigenständiges Bairisch, einen Dialekt, der sich durch verschiedene Einflüsse aber in erster Linie durch die Abschottung in den Bergen von der Umgangssprache im Flachland unterscheidet. Hochdeutsch bekam man nur von Menschen zu hören, die hier Urlaub machten; für uns klang es komisch. Hochdeutsch bezeichnete man als „herrisch" und die Kinder, die „preißelten", waren die Abkömmlinge von zugezogenen Preußen. „Du Preiß" galt als Schimpfwort. Den „Saupreißen" gab es bei uns nicht – zumindest durften wir diesen Ausdruck nicht verwenden, der dadurch natürlich erst interessant geworden war. Von „den Saupreißen" sprachen nur die Kinder, denen man es nicht gelernt hatte, dass diese Nordlichter einfach nur Gäste sind und einen Patzen Geld dalassen. Ein „Preiß" war jeder, der ein Deutsch sprach, das nicht als Bairisch eingestuft werden konnte, egal aus welchem Land der Bundesrepublik er stammte. Außerdem wollten die Preußenkinder beim Spielen immer befehlen und die Gescheiteren sein.

Die Gescheiteren waren aber wir, denn wir verstanden jedes Wort. Wenn wir in unserem Dialekt loslegten, verstanden sie gar nichts. Arme Kerle waren sie auch noch, denn wo sie herkamen, gab es nur Städte, Abgase und eine Landschaft grau in grau. Darum fuhren sie auch immer wieder zu uns. Einige glaubten sogar, dass die Kühe lila sind und wunderten sich über die braun-weißen und grauen Viecher. Ihnen schmeckte auch die Kuhmilch nicht, sie holten die Milch lieber im Geschäft. Irritierend war, dass im Bayerischen Fernsehen auch preußisch gesprochen wurde – nur beim Komödien-Stadel ein „entschärftes" Bairisch, preußisch redete nur der Schauspieler, der auch einen Preußen spielte und das war sehr realistisch.

Später, als mein Vater in Peru war, um einige Sechstausender in den Anden, wie zum Beispiel den Huaskaran und den Alpamaio zu besteigen, fuhren wir Kinder mit unserer Mutter nach Sylt. Die Reise ging mit dem Zug durch ganz Deutschland. Während ich aus dem Waggonfenster hinausschaute, konnte ich es gar nicht glauben – Deutschland war fast überall grün. Der Mythos vom grauen Land der Preußen war aufgehoben.

In der Schule stellte sich bald heraus, dass die Lehrerin es nicht mag, wenn ich auf Bairisch schrieb. Die schlechten Noten in den Probediktaten konnte ich mit den Aufsätzen einigermaßen ausgleichen und meine bairisch gedachten Texte, in Hochdeutsch verfasst, brachten mir des Öfteren einen Lacher und eine gute Sympathienote von den bairisch denkenden Lehrkräften.

Richtig gut war ich nur in Sport, Technischem Werken, Kunst und Musik. Das waren aber leider die verkehrten Fächer, um als brauchbarer Schüler eingestuft zu werden. Ich begreife bis heute noch nicht, warum sich ein sportlich-handwerklich begabtes Kind mit dem gleichen Lernstoff herumquälen muss, wie einer, der die theoretischen Stoffe einfach aufsaugt? Ist doch absurd. Es zählte nur Rechnen und Schreiben, wer da nicht gut war, galt als Depp. Einmal sagte ein Schullehrer zu mir: „Du bist nur in den unwichtigen Sachen gut." Diese armselige Kreatur darf sich Pädagoge nennen. Für den Hauptschulabschluss hat's gereicht, trotz wenig bzw. gar keinem Fleiß.

Wenn man über die Kindheit schreibt, tauchen die wichtigsten Erlebnisse noch mal auf und man versinkt währenddessen in der Vergangenheit. Ich habe nur die Ereignisse, von denen ich meine, dass sie mich in die Berge brachten, aufgeführt. Die Reise dorthin hat mich aufs Neue verzaubert.

Bei meiner Zimmermannslehre war Deutsch nur Nebensache, den Zapfen und Nägeln war es egal, ob sie in Bairisch oder in Hochdeutsch ins Holz getrieben wurden. Auf den Baustellen wurde natürlich im heimatlichen Dialekt gesprochen, der nach ein paar Feierabendbieren zu einem undefinierbaren Kauderwelsch zerschmolz und für Fremde nur als Urlaute eines kleinen Gebirgsvolkes gedeutet werden konnte. Meine ersten Lehrtage verbrachte ich auf der Mordau-Alm. Dort wurde ein Schindeldach erneuert, und ich war wieder genau da, wo ich sein wollte – in den Bergen. Es folgten schönere und nicht so tolle Baustellen. Oft war ich auch bei den Maurern integriert. Das waren auch lustige Burschen. Überhaupt waren die Bauleute von dem Schlag, den ich mochte. Die einzige schriftliche

Arbeit waren die Stundenzettel, die, wo es ging, in Bayerisch gehalten und mit Gags gespickt wurden, um die Kollegen vom Büro bei Laune zu halten. Zum ersten Mal merkte ich, wie geduldig Papier ist. Das Papier des Stundenzettels war viel, viel geduldiger als unser Chef, der immer um fünf vor Zwölf und um drei Minuten vor Feierabend auf die Baustelle kam und es anscheinend genoss, ein lästiger Hund zu sein.

Nicht dass mir das Hantieren mit Holz nicht gefiel, aber ich merkte bald, dass ich nicht wegen der Arbeit als Zimmerer am Bau bin, sondern nur, weil ich im Freien war. Gab es eine Baustelle in einem geschlossenen Raum, wie zum Beispiel den Bühnenbau im Kurhaus in Bad Reichenhall – ohne Tageslicht und die Luft voll Schleifstaub, wollte ich in der Früh schon nicht aus den Federn.

Als die Berliner Mauer fiel, war ich als Hochgebirgsjäger bei der Bundeswehr in Berchtesgaden/Strub. Im Hörsaal der Kaserne wurde uns vom Ende des kalten Krieges berichtet, ein Feindbild sei momentan nicht mehr vorhanden. Ich wollte meine Sachen packen und nach Hause fahren, bis ein neuer Feind gefunden ist – musste aber doch die 15 Monate durchhalten und wurde zum Scharfschützen ausgebildet – im Ernstfall wäre dies ein unsympathischer, hinterfotziger Auftrag gewesen.

Bevor ich bei der Enzianbrennerei Grassl als Schnapsbrenner anfing, nahm ich zwei Monate Auszeit und flog mit meinem damaligen Musikantenfreund nach Amerika. Wir waren mit der Lederhose und den Musikinstrumenten in den Weststaaten der USA unterwegs. Bei den 100- Jahrfeiern des Staates Wyoming spielten und schuhplattelten wir in Cheyenne bei der Parade und im Rodeo im Lions Park „at a chili cookout" (Lagerfeuer). „A breath of Bavarian music and culture came to Frontier Week in the persons of two young men from Berchtesgaden – one a button accordionist, the other a trombonist

– and both of virtuoso quality on their respective instruments." Zum „pancake breakfast" wurden wir kurzerhand offiziell engagiert, „they also entertained the 7866 people at the free breakfast". Wir spielten zum Empfang der U.S. Air Force Thunderbirds und gehörten zu den ersten Zivilpersonen, die den Tarnkappenbomber F-117A der US Luftwaffe zu sehen bekamen.

Am besten gefielen mir die Nationalparks, wie der Yosemite, Yellowstone oder der Glacier Nationalpark. Tausende Meilen durch die Prärie, durch das Land, das ich nur aus den Cowboyfilmen kannte, von British Columbia bis nach San Diego, vom Grand Canyon über Las Vegas zum Highway 101 nach San Francisco und Los Angeles, waren wir beinahe jeden Tag woanders. Kreuz und quer, frei Schnauze aufs Geratewohl, eskortiert von irgendwelchen Bikern zur nächsten Bar in irgendein gottverlassenes Nest in der Prärie, um mit Bier, Whisky und Gras, mit irgendwelchen Frauen (unkomplizierte schlanke Frauen mit Cowboystiefeln, engen knackigen Jeans und Bluse), die froh um eine Abwechslung waren, die Nacht zu verbringen, am nächsten Tag zeitig abzuhauen und ein neues Abenteuer zu starten. Eine Zeit so reizvoll, herrlich und schön – so nahe am Abgrund zu stehen und es nicht zu bemerken.

Der Flug von München nach Denver kostete damals 2000 Mark pro Nase, dafür brauchten wir fürs Leben im Land der unbegrenzten Möglichkeiten kaum einen Dollar. Das Benzin stellte den größten Kostenfaktor dar, und doch war es viel billiger als zu Hause. Als Wandermusikanten bei sehr gastfreundlichen Menschen genossen „The Bavarian Entertainers" (so wurden wir in den Zeitungen, „Wyoming State Tribune" und „The Wyoming Eagle" genannt) ihre Freiheit und Jugend in vollen Zügen. Eine Zeit lang schlugen wir uns mit dem Gedanken herum, den Rückflug sausen zu lassen. Doch dann kam das Heimweh. Die Idee, in den Staaten zu bleiben, eine Villa zu kaufen, sie zu renovieren und dann wieder zu verkaufen, um allmäh-

lich reich zu werden und irgendwann als gemachte Männer zurück-
zukehren, wurde schnell wieder verworfen.

Acht Jahre hatte ich den Posten des Schriftführers bei der Marktkapelle Berchtesgaden inne. (Die Marktkapelle Berchtesgaden ist
eine typische Bayerische Blasmusik mit circa 35 Mann). Nicht etwa
wegen meiner hervorragenden Deutschkenntnisse, sondern weil
meinen Musikkollegen meine Art zu erzählen gefiel, wie ich die Geschichten ins Chronikbuch brachte, war ihnen gleichgültig. Meine
Schriftführerberichte waren die Höhepunkte der alljährlich stattfin-
denden Generalversammlung. Sie erinnerten aber eher an bayeri-
sches Kabarett.
Als ich die Chronistentätigkeiten, wenn auch nur schwer, wieder loswurde, schrieb ich nur noch Liedertexte für das Oxn-Aug'n Trio. Unter diesem Namen mach ich, zusammen mit meinen Freunden Michl
R. und Helmut seit 1990 Unterhaltungsmusik. (Der Name entstand
beim Brotzeitmachen nach einer der ersten Musikproben. Ein Och-
senauge ist im Bairischen auch die Bezeichnung für ein Spiegelei.)

In Schönau am Königssee gab es noch einige Kneipen, in denen Karten gespielt wurde und einen ganzjährig besetzten runden Stammtisch, der für so manchen Biertrinker die Tageszeitung ersetzte. Im
Nebel des Zigarettenrauches diskutierte man über die Weltpolitik,
Landes- und Kommunalpolitik sowie über Freud und Leid des
täglichen Lebens. Man traf sich nach Beerdigungen, an Sonn- und
Feiertagen oder nach getaner Arbeit; es wurde übertrieben, gelogen,
gestritten und manchmal auch gerauft und geschlagen, um sich anschließend wieder zu versöhnen und noch ein Bier zu trinken. Eines
dieser Kneipen war das Hiaslstüberl. Ab und zu kehrte ich dort ein,
um frühere Kameraden zu treffen und Neuigkeiten zu erfahren.
Einmal erzählte ein alter Dauergast eine Geschichte über einen Ausflug des hiesigen Trachtenvereins D' Funtenseer nach Neapel. Mir

kam die Story gleich bekannt vor. Es war meine und total falsch wiedergegeben, ich kam nicht einmal drin vor. Ausführlich, bis ins letzte Detail wollte der Dampfplauderer mein Erlebnis wissen. Doch wie konnte ich meine Geschichte wieder zurückbekommen? Ganz einfach, ich musste sie aufschreiben. Das Papier zeigte sich wieder sehr geduldig. Langsam kramte ich die Einzelheiten aus meinem Gedächtnis hervor, ohne ständig unterbrochen zu werden und sie nicht in einem Atemzug erzählen zu müssen. Der Aufsatz gefiel den Delegierten des Trachtenvereins so gut, dass er zum 90-jährigen Bestehen des Vereins, im Jahre 1999, in der Festschrift gedruckt wurde.

Der Kugelhagel von Neapel, Oktober 1986

Als wir nach unserem Auftritt im Nato-Hauptquartier „Flamingoclub" mit dem Bus in Richtung Hotel fuhren und dabei am Straßenstrich von Neapel vorbeikamen, hatte der Chauffeur ganz schön zu tun, um nicht von der Straße abzukommen. Alle männlichen Insassen klebten am rechten Busfenster. Uns war klar, „da müssen wir heute noch hin". Im Hotel angekommen, sperrte der Hotelier die Tür hinter uns zu und versuchte uns zu belehren, dass bereits Sperrstunde sei. Einige gingen sogleich ins Bett, die anderen zockten noch das Schafkopftarock. Markus und ich hatten aufgrund unserer Natur keine andere Wahl – wir wollten was erleben und die Nacht war noch viel zu jung. So schlichen wir wieder zurück in die Rezeption, um ein Taxi zu bestellen. Der Chef des Hauses gab uns erneut (mit seinem schlampigen Italienisch und Handzeichen) zu verstehen, dass bereits Sperrstunde ist und dass außerhalb von Neapel um diese Uhrzeit kein Taxi mehr fährt. „Ja so ein Depp, wir müssen doch heute noch zu diesen Weibern! Duttelino – zefix amore – kapitto!" Es half alles nichts, wir waren gezwungen, durchs Fenster übers Garagendach und den Holzzaun ins Freie zu gelangen, um am neapolitanischen Nachtleben teilzuhaben.

Wir querten die Autobahn und gingen Richtung City. Kein Autofahrer würde nachts im Bereich einer Großstadt wildfremde Tramper mitnehmen – auch nicht zwei schneidige Schönauer in Lederhosen und Wadenstrümpfen. „Da hupen sie alle so saublöd, anstatt dass uns jemand mitnehmen würde." Nach einigen Kilometern Fußmarsch und kalten Haxen mussten wir einsehen, dass unser eigentliches Ziel nicht mehr erreicht werden konnte. Damit war der Traum einer italienischen Nacht mit einer rassigen Südländerin ausgeträumt. Doch ganz ohne Erfolg sollte der Ausflug doch nicht sein. Also ging es an die Fahnen, die am Straßenrand vor einer großen Villa wehten. Es wurden die eisernen Fahnenmasten aus ihrer Verankerung gehoben, um sie umzulegen. Das ging freilich nicht ganz ohne Lärm, zumal uns so mancher Masten umfiel und voller Wucht auf den Asphalt donnerte. Doch die zwei Souvenirjäger ließen sich nicht aus der Ruhe bringen. Die erbeuteten Fahnen wurden zusammengelegt und unter einer Weinrebe deponiert. Fünf Fahnen waren geerntet, als ich zu meinem Spezi sagte: „Jetzt hauen wir dann ab, ich habe ein schlechtes Gefühl!" Doch ohne das Sternenbanner der Vereinigten Staaten von Amerika wollten wir doch nicht abziehen. Leider war dieser Mast im Boden einbetoniert. Markus entschloss sich, kurzerhand hinaufzukraxeln. Ich lenkte die Blicke der Autofahrer durch Trampen auf die andere Straßenseite. Wie ein Maibaumkraxler kämpfte er ungefähr sieben Meter über dem Boden mit dem verrosteten Karabinerhaken.

Ganz langsam bog aus einer Seitenstraße ein Wagen ein und fuhr die Straße herauf. Ich rief „Bleib oben und bewege dich nicht mehr", und warf mich zu Boden. Plötzlich blendete das Auto auf und fuhr mit quietschenden Reifen und Vollgas auf uns zu. Es fiel ein Schuss – und Markus rutschte mit voller Wucht von dem Masten, blieb liegen und die amerikanische Flagge bedeckte ihn wie bei einem Staatsbegräbnis. Es krachte ein weiterer Schuss – und mir war klar, dass ich jetzt der Gejagte bin. Die Kugeln pfiffen an mir vorbei und ich lief, was meine langen Haxen hergaben. Um die Orientierung nicht zu verlieren, hielt ich mich immer in Straßennähe auf. Bei jedem sich nähernden Auto schmiss ich mich in den Straßengraben. Das Ganze erinnerte mich an die Geschichten alter Veteranen, die den Tod vor Augen den Freund auf dem Schlachtfeld zurückließen und wie durch ein Wunder dem Granatenhagel entkamen. In diesem Moment war alles Schöne dieser Welt vergessen. Ich fühlte, wie wertlos und ungewiss das Leben sein kann.

Die anderen saßen noch immer beim „Karteln". Als ich ins Hotelzimmer trat, sahen sie einen kreidebleichen, zitternden jungen Buben mit glasigen Augen. Sie lachten mich aus und meinten: „Das haben wir uns gleich gedacht, dass ihr heute noch Schläge bekommt." Ich erzählte mit betrübter Stimme vom kaltblütigen Mord an unserem Kameraden – und sie mussten mir glauben. „Scheiß Mafia." Die ganze Mannschaft machte sich auf den Weg. Zum Hotelfenster hinaus, über die Garage und den Zaun in Richtung Tatort, um wenigstens die Leiche zu bergen, um die sterblichen Reste eines Unikums mit nach Hause zu nehmen. Erneut raste ein Streifenwagen auf uns zu und es sprang ein Polizist heraus – in jeder Hand einen Revolver. „Reißt die Hände hoch, sonst sind wir alle hin!" Wie Orgelpfeifen standen wir da, mit weichen Knien und den Händen zum Himmel. Der Beamte schimpfte uns gewaltig, wir konnten aber nichts Genaueres verstehen. Es wurden die Fahnenstangen, die wie Mikadostäbchen verstreut waren, wieder aufgestellt. Doch wo ist Markus? Es konnten keine Blutspuren entdeckt werden. Der Polizist schickte uns wieder ins Hotel. Nach kurzem, unruhigem Schlaf dachte ich momentan an einen schlechten Traum, doch die Wirklichkeit holte mich sehr schnell wieder ein. Es war der Abreisetag. Unser Vereinsvorstand wusste nichts von der Tragödie und unser Spezi schien nicht mehr unter uns zu sein. „Mir war schlecht!"
Ich schaute in Markus' Zimmer. Da lag er in voller Montur im Bett. Sein Hemd war nicht mehr als weißes zu erkennen und der ganze

Kerl war fix und fertig. Was war geschehen? Nach den Warnschüssen der Polizei ließ Markus die Fahnenstange los. Durch den heftigen Aufprall kam es zum Sturz. Er dachte sich ebenfalls, nichts wie weg und verrannte sich dermaßen in den Weingärten, dass er nicht mehr zum Hotel fand. Erst im Morgenrot und nach kurzem Schlaf unter einem parkenden Auto konnte der Vermisste die Orientierung wieder aufnehmen. Als wir alle vollständig die Heimreise in unser geliebtes Berchtesgadener Land antraten, wurde uns die Geschichte nur zögerlich geglaubt.

Jetzt hatte ich meine Geschichte wieder und ich wurde des Öfteren von Lesern darauf angesprochen, dass sie nicht wussten, dass ich so unterhaltsam und lustig schreiben kann. Die Leute hatten also Spaß mit meinen paar Zeilen und das freute mich riesig. Das war für mich ein Schlüsselerlebnis und ich munkelte schon ein bisschen – wenn ich ein paar hundert solche Geschichten aneinanderhängen würde, könnte ich ein Buch schreiben, das zumindest den Einheimischen gefallen würde. Doch ich hab diese Geschichten nicht. Ich müsste wahrscheinlich über 100 Jahre alt sein, um aus dem Durchlebten mein Buch zu schreiben.

Einen Kalender führe ich seit ich Musikant bin. Wenn man bei mehreren Kapellen spielt, kommt man sonst schnell durcheinander. Als Schnapsbrenner ist eine Kalenderführung unumgänglich, um die beim Zoll schriftlich gemeldeten Brenntage und Brennzeiten einzuhalten. Seit 1990 trug ich immer ein kleines Büchlein bei mir, es befand sich im Latz meiner Arbeitshose und ich nannte es, „mein Gehirn“. Alles Mögliche hab ich in dieses Büchlein notiert: Bauskizzen, Formeln, Rechnungen, Einkaufszettel, Liedertexte, aber auch Sprüche, Bemerkungen, Vierzeiler und natürlich meine eigenen Weisheiten. Aus den Vierzeilern wurden im Laufe der Zeit längere Geschichten, drum wurde aus dem Büchlein ein großer Rechenblock (Collegeblock A4), in dem ich versuche, jeden Tag ein bisschen was zu schreiben. Vielleicht kann ich ja doch irgendwann im Laufe der Jahre – ich fürchte jedoch Jahrzehnte – ein Buch zusammenstellen. Ich muss jetzt nur noch dranbleiben, muss wie beim Erlernen eines Musikinstruments Disziplin und Ausdauer einsetzen und die Zeiten, in denen meine Kreativität stagniert – und die kommen! – „übertauchen", denn es wird ein weitaus größeres Projekt, als ein Lied zu schreiben.

Wenn Du in unserer Gesellschaft nicht schreibst und Buch führst, wirst du immer der Verlierer sein. Du kannst deinen Zweiflern und Gegnern ohne Unterlagen nur schwer Paroli bieten. Alles was man aufschreibt vergisst man durch das Aufschreiben selber schon nicht mehr so leicht – und wenn doch, kann man nachschlagen. Außerdem verliert sich das Gesprochene so leicht im Wind und wird, meist nicht zu deinem Vorteil, vergessen. Wenn du etwas von deinem Chef brauchst, sei es nur Material oder auch mal eine Lohnerhöhung, schreib ihm einen Brief über deine Sorgen und Nöte – schreib ihn aber gut und sehr überlegt, denn du kannst ihn nicht mehr zurückziehen, wenn er einmal den Empfänger erreicht hat.

Der Bergbrenner
Wie schon vorher angeschnitten, bin ich jetzt tatsächlich Bergbrenner geworden und habe somit einen einzigartigen, abwechslungsreichen Beruf, der die Liebe zu den Bergen und zu meiner Heimat sowie handwerkliches Geschick voraussetzt und ein Leben im Einklang mit der Natur mit sich bringt und vertieft. Ich erlernte die Kunst des Schnapsbrennens und die Veredelung unserer heimischen Gebirgskräuter. Außerdem trage ich die Verantwortung für die uralten Grab-, Holz-, Wasser- und Brennrechte der Firma Enzianbrennerei Grassl und verbringe einen Großteil meiner Arbeitszeit mit dem Instandsetzen und dem Erhalt der Brennhütten.

In der 400-jährigen Geschichte der Enzianbrennerei Grassl liegt der Reiz, in der langen Kette der Schnapsbrenner zu stehen, mit den Aufgaben, die sich über Generationen nicht geändert haben, und das Bestreben und die Hoffnung, dass noch viele Bergbrenner nach mir kommen mögen. Die Enzianbrennerei Grassl (seit 1692) ist neben dem Salzbergwerk Berchtesgaden (seit 1517) dem Hofbrauhaus Berchtesgaden (seit 1645) und der Kugelmühle in Schellenberg (seit 1683) einer der ältesten Gewerbebetriebe im Berchtesgadener Land. Schon unter der Regierungszeit des Fürstprobstes Ferdinand II. von Berchtesgaden, Herzog von Bayern und Kurfürst von Köln 1594 – 1650, wurde den Grassls das Recht verliehen, Enzian-Branntwein zu brennen und die dazu nötigen Wurzeln auszugraben. Mit eingeschlossen ist das Ausgraben von Meisterwurz und die Ernte von Kranebit (Wacholder).

In meinem Aufgabenbereich stehen sechs Hütten, von denen vier mit einer Brennerei ausgerüstet sind. Es handelt sich um zwei 300-Liter-Brennrechte. Das heißt, ich darf rein rechnerisch in einem Jahr 600 Liter Reinalkohol aus Maische erzeugen. Das Geisten ist unbeschränkt. Bei einem der beiden Rechte handelt es sich um das einzige Wanderbrennrecht Deutschlands. Um die weit verstreuten Almen und somit Wurzelerntegebiete optimal nutzen zu können, musste man die Brennereistandorte von Zeit zu Zeit ändern. So entstanden die verschiedenen Hütten. Der Transport der Rohstoffe um ganze Gebirgsstöcke herum fiel somit zum Großteil weg.
Aus diesen alten Familienrechten entstand die Firma Enzianbrennerei Grassl, eine Schnapsmanufaktur mit Likörherstellung, die ihre Produkte weltweit vertreibt, den Großteil aber in Deutschland. Zurzeit sind etwa 30 Mitarbeiter damit beschäftigt, 35 verschiedene Spirituosen herzustellen und an den Mann/Frau zu bringen.

2004 – Das Entstehungsjahr dieses Buches

Die Aufzeichnungen zu diesem Buch verfasste ich hauptsächlich im Jahr 2004. Sie hätten aber auch 2003 oder 2005 annähernd so geschrieben werden können. Ob diese Erzählungen zwanzig Jahre später noch zustandegekommen wären, möchte ich bezweifeln. Es ist die Zeit, die in absehbarer Zeit die gute, alte Zeit genannt werden wird, und somit ist das Buch ein Zeitdokument vom teilweise noch ursprünglichen Arbeiten und Leben in den Bergen.

Am Halsköpfl – die Heimat am Königssee.

2
Frühling auf der Eckeralm

Die Enzianhütte auf der Eckeralm liegt auf 1200 Meter Meereshöhe, direkt an der Rossfeld-Höhenringstraße am Fuße des Hohen Göll (2522 m). Die hausähnliche Hütte wurde 1983 für die Internationale Gartenausstellung (IGA) in München gebaut und anschließend am jetzigen Standort anstelle einer alten Baracke wieder aufgebaut. Das Gebäude besteht aus einem gemauerten Unterbau, in dem sich die Brennerei befindet. Darauf steht die eigentliche Hütte in Blockwandbau mit Schlafmöglichkeiten, einem Stüberl und WC. Mein Firmenauto, ein grüner Suzuki Samurai, überwintert hier in der Garage. Er zeigt mir, dass er sich auf die Zusammenarbeit freut und springt sofort an. Mein Chef, der mich heraufchauffierte, reicht mir die Hand und wünscht mir Erfolg bei meiner Arbeit.

2. Mai

Die alljährlichen Anfangsarbeiten sind die im Winter entwässerten Leitungen mit Wasser zu befüllen und den hölzernen, schon ziemlich maroden Wassertrog, der aus einem Stamm geschlagen wurde und vor der Hütte steht, wieder in Betrieb zu nehmen. Die Batterie der Solaranlage, mit der ich eine Lampe in der Brennerei und eine im WC betreibe, ist auch noch funktionsfähig. Ich mach alle Fenster auf, um die Bude zu lüften. Neben der Hütte liegen noch 30 Zentimeter Schnee; an der Sonnenseite, wo der Schnee schon geschmolzen ist, blühen schon Pestwurz (Petasites hybridus) und Huflattich (Tussilago farfara). Man hört den Kuckuck und eine Amsel singt ihr Lied. Im Schnee sieht man Spuren von Rehwild, Fuchs und Eichhörnchen. Alpenmurmeltiere (Marmota marmota) gibt es auf dieser Seite der Berchtesgadener Alpen nicht. Es ist ein warmer Tag, an dem vom Hohen Göll Massiv her die Nassschneelawinen aus den steilen Kalkwänden herabdonnern.

Ich repariere den Zaun, der um die Quellfassung, die in etwa 200 Meter Entfernung im Wald liegt, herumführt. Mit einem großen Schlegel haue ich die Zaunsäulen in den Boden. Da kommt ein alter Bekannter aus dem Dickicht. Ein Auerhahn, ein mächtiger, schwarz scheinender Vogel mit braunen Flügeln; er dürfte so an die 80 Zentimeter hoch sein und eine Flügelspannweite von einem Meter haben. Am Schwingengelenk (Ellenbogen) hat er den „Spiegel", einen weißen Fleck. Die Federn am Kopf schimmern smaragdgrün und die roten, warzigen „Rosen", so nennt man seine Augenbrauen, leuchten. Die Raufußhühner balzen um diese Jahreszeit, wobei sie so in Trance geraten, dass sie in Ausnahmefällen sogar Menschen, quasi als Nebenbuhler, angreifen.

Die Enzianhütte ist der Ausgangspunkt einer kleinen Skitour zum Purtschellerhaus. Die Skifahrer steigen aus dem Auto, schlüpfen in ihre Skischuhe und mit Steigfellen an den Skiern geht's dann etwa eine Stunde hinauf, um anschließend durch Lärchenwälder und weiße Almwiesen runterzufahren.

Wie vom Blitz getroffen sind die Skifahrer, wenn sie nach zehn bis zwanzig Schritten merken, dass sie es vergaßen, auf die Uhr zu schauen. Sie müssen anscheinend unbedingt genau wissen, wie schnell sie wieder vom Berg herunten sind. Sei es rein aus sportlichen Gründen, aus Gründen der Selbstbestätigung oder um vor anderen zu prahlen, was man für ein „fittes" Kerlchen ist. Hausfrauen verbringen auch oft Stress mit ihrem Skiausflug, um mittags wieder zu Hause zu sein, wenn die Kinder von der Schule heimkommen. Es wird dann noch mal halt gemacht, um die Aufsteighilfe einzudrehen, vielleicht auch noch den Pullover auszuziehen, die Mütze einzustecken und das Gesicht mit Sonnencreme einzuschmieren. Aber dann geht's los in gleichmäßigen, gezogenen Schritten und die Skibindung macht klack, klack, klack... Der Auerhahn fächert seine Schwanzfedern, den Stoß, auf und schnalzt, eilt aus dem Wald, um die Eindringlinge zu vertreiben, die weitaus buntere und farbintensivere Balzkleider tragen als er. Jetzt pressiert es. Rucksack noch mal runter und in untergeordneter, gebückter Haltung wird dann der Fotoapparat gesucht. Der Hahn fühlt sich jetzt stark und springt auf sie, die sich oftmals nur noch mit den Skistöcken den Riesenvogel vom Leibe halten können. Je nach Unvernunft der Menschen ist sein schwarzer, mit weißen Punkten aufgelockerter Schwanzfedernstoß mehr oder weniger ramponiert. Aber bis jetzt hat er die Hiebe der Leute, die einfach nur weiterzugehen bräuchten, schon einige Jahre überlebt.

Ich bin froh, ihn wieder zu sehen. Es kommt nämlich auch vor, dass so ein Vogel aus Unvernunft, Unwissenheit, getrieben von Furcht und einem gewissen Maß an Ausweglosigkeit getötet wird. Die größte Gefahr für einen ausgewachsenen Auerhahn sind nicht der Fuchs oder der Adler, sondern Trophäensammler, die den Vogel erschlagen und ihn im Kofferraum ihres Autos illegal verschwinden lassen. Ich dachte, das Zaunsäulenschlagen ist ihm zu laut und zu massiv. Meine rote Zipfelhaube hab ich schon in die Hosentasche gesteckt, um nicht wie einer seiner Rivalen zu wirken. Doch jedes Mal wenn ich mit dem Schlagen aufhöre, um den Stacheldraht nachzuziehen, flattert er näher. Auch das Einschlagen der Zaunklammern scheint ihn enorm zu provozieren. Es geht so weit, dass ich abhaue – jetzt ist halt noch seine Zeit, sein Schnackeln und Wetzen sind sowieso schöner als meine Arbeitsgeräusche. Den Zaun kann ich noch im Juni, bevor das Weidevieh auf die Alm kommt, fertigstellen. Ich schreibe noch diese Zeilen und fahr dann nach Hause. Zuvor richte ich noch eine Schlafkammer aufs Nötigste her und platziere meinen Schlafsack. Ich übernachte nur selten hier auf dieser Enzianhütte; einmal geht die Straße, die bei Schneefall geräumt und gesalzen wird, direkt vorbei, zum anderen ist zu Hause die Familie – da rührt sich was und es ist gekocht. Doch für Notfälle, wenn es so viel schneit, dass die Räumfahrzeuge erst im Tal die Straßen schneefrei halten und die Rossfeldstraße einige Tage gesperrt und sogar mit einem Allradfahrzeug nicht mehr passierbar ist, bin ich zum Übernachten ausgerüstet.

4. Mai

Wir haben beschlossen, die Enzianhütte zu renovieren. Roman, der Schnapsbrenner im Tal, der neben dem Schnapsmachen in der Hauptfirma in Unterau auch die Besichtigungen für Busgruppen und Privatleute durchführt, ist gelernter Maler. Er kommt mit einem Lastwagen und liefert ein Fertiggerüst. An drei Seiten wird die Hütte eingerüstet. Zwischen Pfette und Sparren baut ein Kohlmeisenpaar ihr Nest. Ich bin gespannt, ob sie sich durch unsere Arbeit vertreiben lassen.

Mittags gehe ich zum Bach hinüber, um frischen Bärlauch (Allium ursinum) zu pflücken. Abends zu Hause machen wir (Michaela und ich) fünf Pfund Bärlauchbutter mit Olivenöl und anderen Kräutern und Gewürzen. Es entsteht eine kräftige, wohlschmeckende Paste, mit der wir das ganze Jahr unsere Speisen verfeinern.

Ach ja, wer ist Michaela? Ich bin mit ihr verheiratet, wir haben zwei Kinder – Magdalena neun Jahre und Xaver fünf Jahre alt. Wir wohnen in Schönau am Königssee zur Miete in einem kleinen Bauernhof. Dort wachsen die Kinder ideal auf, können Rad fahren und sich frei bewegen. Unsere Küche befindet sich über dem Schweinestall und neben dem Heustadel. Das Kinderzimmer liegt über einer kleinen Schreinerei, in welcher der Altbauer die schönsten Sachen aus Holz zaubert. Die zehn Milchkühe werden schon um fünf Uhr morgens gemolken. Das Geräusch der Melkmaschine verrät uns dann, dass die Nacht vorbei ist. Das ist praktisch, wir brauchen keinen Wecker und verschlafen nicht den halben Tag. Andererseits muss ich feststellen, dass ich dieses Geräusch schon so gewöhnt bin, dass ich es kaum noch registriere. Im letzten Herbst, als die Uhren von der Sommerzeit wieder auf die Normalzeit um eine Stunde zurückgedreht wurden, dachten wir, es sei am Hof ein Unglück passiert. Es war bereits halb sieben und die Maschine ratterte immer noch nicht – auch kein Werkeln und kein lautstarkes Schimpfen, das im Falle des Versagens des Melkgerätes unumgänglich wäre. Nein es war sogar überall finster, kein Licht, keine Stall- oder Außenlampe leuchtete – aber die konnten doch nicht alle gleichzeitig gestorben sein? Wir wohnten dort schon einige Jahre und auf die Melkmaschinenuhr war immer Verlass – irgendetwas stimmte nicht. Doch als um punkt sieben Uhr das Ding doch noch zu jammern begann, war uns klar, dass bei uns irgendetwas nicht stimmte und wir mussten ganz schön lachen als bemerkt wurde, dass wir aus Versehen unsere Uhren um eine Stunde vorgestellt hatten. Die Fähigkeit, über sich selber lachen zu können, finde ich genial; und keiner schob die Blödheit auf den anderen – nur herzhaftes gemeinsames Lachen mit Tränen in den Augen.

Die Vermieter sind sehr bodenständige, hilfsbereite Leute, die sich für die Welt da draußen wenig interessieren. Mit zwei Namen decken sie drei Generationen ab. Der Austragsbauer heißt Hans. Er heiratete die Christa. Die Kinder taufte man auf die Namen Hans und Christa. Christa heiratete wieder einen Hans und das erste Kind aus dieser Ehe ist der Hansi, der Tochter gab man zur Abwechslung den Namen Christine. Hans, der Bauer, heiratete, wie soll es anders sein, eine Christa und der zweite Sohn heißt wieder Hansi.

Xaver geht zurzeit jeden Abend in den Stall und „hilft". Ihm gefallen die Kühe und Schweine.

Ich muss heute noch zur Musikprobe. Neben dem Oxn-Aug'n Trio spiele ich noch seit ein paar Jahren bei einer Sechsmann Tanzkapelle, der Priesberg Musi.

5. Mai – *Abstecher zum Priesberg*

Ich bin zur Priesberg Brennhütte (1352 m) gefahren. Von Berchtesgaden aus gesehen liegt dieses Juwel hinter dem Skiberg Jenner (1847 m) und vor dem Kahlersberg (2350 m) und dem Fagstein (2164 m). Sie steht am Eingang zu den Priesbergalmen und dem Priesbergmoos am Waldrand. Die Priesbergalm ist eine der vielen Hochalmen in Berchtesgaden, auf die erst im Hochsommer die Kühe getrieben werden. Wenn man von der Jennerseilbahn-Mittelstation bzw. Bergstation den Schneibsteinweg entlanggeht und biegt zur Priesbergalm ein, merkt man spätestens nach zwei bis drei Minuten, dass dort eine andere Welt beginnt. Neben uralten Bergahornen und Lärchenbäumen fügt sich der grau-braune Holzbau zwischen den Findlingen aus Kalkstein, die der eiszeitliche Gletscher vor etwa 10.000 Jahren liegen ließ, ein. Seit 1849 steht diese Brennhütte schon in dieser Senke, die von riesigen Fichten eingerahmt und somit meist vom Wind abgeschattet ist, in einem so genannten Schneeloch, in dem im Winter der Schneestock nicht selten auf 2,50 m anwächst. Meistens kann ich erst ab Mitte Mai bis zur Hütte fahren – und so ging es mir auch heute. 250 Meter vor dem Ziel blieb der Geländewagen im sumpfigen Altschnee stecken. In ein paar Tagen wird aber auch diese schattige Stelle frei sein. Bei der Hütte ist kaum noch Schnee. Nur an der noch ganztags abgeschatteten Giebelseite liegt noch ein meterdicker Haufen. Überall rinnt das Schmelzwasser; das Bächlein ergießt sich lautstark.

Ich öffne die Fensterläden und lass es so richtig durchziehen. Das Telefon funktioniert, wie fast jedes Jahr, nach dem Winter nicht. Da liegen irgendwo wieder Bäume auf der Leitung, die irgendwann im Laufe des Winters umgerissen wurden. Bis das repariert ist, wird noch ein Weilchen vergehen. Mir ist's momentan egal, da ich ja nur ein paar Tage bleibe. Ich steige auf das Dach, rücke einige Dachschindeln zurecht und räume die hölzernen Dachrinnen von Fichten und Lärchenreisig frei. Dann die üblichen Arbeiten, wie das Wasserbassin säubern und die Wasserleitungen füllen. Die Hütte verfügt über zwei Quellen und zwei separate Wassersysteme, eines für die Brennerei und eines für den Wassertrog und für ein Spülbecken im Stüberl. Die meiste Arbeit beansprucht der Zaun. Es ist ein Stangenzaun, der die Brennhütte im Sommer umsäumt und den Rindern die Grenzen weist. Im Herbst werden die circa fünf Meter langen Stangen abgelegt und unterm Dach verstaut, denn sonst würde der schmelzende Schneestock im Frühjahr die ganzen Zaunnägel abbrechen, auf denen die Stangen liegen – und das wäre noch mehr Arbeit. So brauch ich nur einige Zaunsäulen zu erneuern. Die Säulen sind aus Lärchenholz und halten so an die zwanzig Jahre, ehe sie zwischen Luft und Erde abfaulen. Die grob zugehackten Zaunnägel, ebenfalls aus Lärche, werden schräg in die Säulen geschlagen. Vorher muss man mit einem konisch zulaufenden, „Neiger" genannten Handbohrer Löcher in die Säulen bohren. Die Stangen werden aufgelegt und mit einer dünneren zweiten Säule, den „Beistecken" und Draht fixiert. Ich ziehe noch einen Stacheldraht darüber. Nicht etwa weil die Kühe bei uns so sportlich sind und über alle Hürden springen, sondern wegen der zweibeinigen Rindviecher, die beispielsweise als Schulklasse sitzend jeden Almzaun in die Knie zwingen würden.

Es ist schon eine herrliche, seelenruhige Zeit, in der die Skifahrer weg und die Wanderer noch nicht da sind. Die Gämsen und Rehe äsen auf freier Fläche am helllichten Tag, denn sie haben die Schüsse der Jäger vergessen. Aber in ein paar Tagen kommen sie, wenn der Fahrweg ausgeapert ist, dann knallt es wieder im Gebirge, dann sieht man nur noch selten auf der Almfläche Wild – wie auch, ist ja alles tot.

Ich gehe jeden Tag nach Feierabend über die Alm und ziehe mir die Ruhe und die Kraft der erwachenden Natur so richtig rein. Im Moos sind tausende Kröten, Grasfrösche und Molche in den Pfützen und in den mit Wasser gefüllten Kuhstapfen. Ein reges Treiben von Liebe, Lust und Rivalität.

Nicht weit von der Hütte liegt ein umgerissener Baum – Brennholznachschub. Auf Ofenlänge geschnitten, fahre ich mit dem Auto achtmal, bis ich den ganzen Baum samt Ästen an der Hütte habe.

14. Mai – Wieder bei der Enzianhütte

Die Arbeiten an der Hütte sind schon voll im Gange. Zuerst werden alle Fassadenteile aus Holz und das Vordach zweimal gestrichen.

Die Meisen haben schon den dritten Brutplatz in Angriff genommen, doch jedes Mal sind wir wieder mit der Leiter oder dem Gerüst davor. Die Meisen weichen nur aus, sie lassen sich nicht vertreiben, unaufhörlich bauen sie weiter, bleiben aber in ihrem Revier. Sie flüchten nicht und versuchen ihr Glück immer wieder aufs Neue, an dem Ort, an dem sie wohl auch hingehören. Roman und mich ärgert es, dass wir die Meisen stören. Doch jetzt kommt das Wochenende, wir fahren ins Tal und somit haben die gefiederten Kameraden zwei Tage Ruhe vor uns.

Wir wollen gerade wegfahren, da biegt der Förster ein und beklagt einen toten Auerhahn. „Den hat irgend so ein Trottel erschlagen und liegen gelassen!" Die Frage, ob das mein Hüttenhahn ist, verneint er. „Die Tat muss unmittelbar vor meinem Erscheinen geschehen sein, sonst wäre der Fuchs längst damit verschwunden; wahrscheinlich haben der oder die Täter mich bemerkt und sind stiften gegangen. So ein Grattlervolk so ein Gott erbärmliches", machte ich meinem Ärger Luft. Wir betrachten das tote Tier mit eingeschlagenem Schädel. „Hätte der Auerhahn genauso reagiert wie unsere zwei Meisen, wäre er noch am Leben. Doch er war blind und hat seine Unterlegenheit nicht erkannt." Darauf der Förster: „Der Auerhahn ist alles andere als ein Kulturfolger wie z.B. Vögel, die an Häusern in der Nähe von Menschen brüten, oder Füchse und Ratten, die zum Teil in Großstädten nur noch von menschlichen Abfällen leben. Der Auerhahn kann nicht ausweichen und verteidigt sein Revier, wenn's sein muss bis zum Tod."

„Die Balz macht uns Männer auch oft zu Deppen und am Ende auch noch zu Verlierern", so Romans Kommentar mit einem lässigen Schmunzeln hinter seinem Schnurrbart.

17. Mai

Der Bergahorn, den ich durch jährliches Schneiden klein halte, hat schon dicke, fette Knospen. Und sie werden immer wieder grün; für mich ein alljährliches Wunder, welches ich mit Spannung erwarte und ich bin erst zufrieden, wenn die letzte Esche ihr Blattwerk entfaltet. Diese Kraft, die das Wasser aus dem Boden pumpt in jede Staude, jeden Strauch, bis in die höchsten Baumkronen. Nicht auszudenken, würde sie einmal ausbleiben. Schmetternder Gesang eines Buchfinken tönt von der Wildweide herüber, an der die jungen Blätter die schon grünlich ausgewachsenen Palmkatzen langsam aber sicher ablösen. Die frühen Pestwurzen sind einen halben Meter hoch und als Pusteblumen im Samenstand, während die auf der Schattenseite noch blühen. Wie eine Tröte – nur in Zeitlupe – drehen sich die Farne vom Boden weg. Der zuvor vertrocknet scheinende Hirschholunder am Hütteneck treibt mit voller Kraft rot-grüne Blätter und Sprosse; die Doldenblüten, die im Herbst als knallrote Beerenrispen ihre Reife signalisieren, wirken noch wie frischer Brokkoli.

Heute ist Montag und der erste Gedanke galt den Meisen. Sie haben sich jetzt für das zweite Nest entschieden, genau da, wo wir mit den Malerarbeiten eigentlich fertig sind und nicht mehr unbedingt hinmüssen.

So wie diese Meisen muss man es im Leben machen. Man darf sich nicht so leicht vertreiben lassen und nicht bei der ersten Störung das Handtuch werfen, um der Ausweglosigkeit verfallen zu sein. Die Meisen sitzen auf einem Ast, beobachten uns und fangen einfach ein neues Nest an, aber sie fliegen nicht davon – sie stellen sich ihrem

Problem und sind dabei flexibel. Sie schimpfen uns nur mit verschiedenen Tönen, als ob sie uns etwas zu sagen hätten – wir sind aber leider zu blöd für „Meisisch". Sie starten keine aussichtslosen Angriffe, an denen sie zerbrechen würden. Die Gefahr kannst du nur umgehen, wenn du dir Optionen schaffst. Wer stur und ohne geschaffene Rückzugsmöglichkeiten seinen Standpunkt verteidigt, könnte leicht so enden wie der Auerhahn.

Langsam aber sicher nehmen unsere Tätigkeiten, im wahrsten Sinne des Wortes, Farbe an. Die Schäden am Außenputz sind schon verspachtelt. Während ich die Mauerteile grundiere, streicht Roman in leicht gelblichem Ton darüber, und er streicht, und streicht, und streicht...

Nachmittags werde ich ins Tal abkommandiert. Ich muss zurzeit öfter für Roman in der Stammfirma in Unterau Schnaps brennen sowie die Busgruppen und interessierte Privatkunden durch die Brennerei führen. Hätte ich mich dazu nicht bereit erklärt, müsste ich selber malen – und das ist wirklich nicht so mein Ding.

Die Besichtigungsgruppen steigen aus dem Reisebus aus und kommen zu mir in die Brennerei. Nach kurzer Begrüßung erzähle ich von den 361 wildwachsenden echten Enzianen (Gentiana) auf der ganzen Welt und dass davon nur dreißig in den Alpen vorkommen. In Berchtesgaden sind es nur zehn und aus zwei davon, welche aber nicht blau blühen und hochstielig wachsen, wird in Berchtesgaden der Enzianschnaps gewonnen. Der Dritte im Bunde ist der hohe Gelbe Enzian, der großteils aus dem Ackeranbau kommt. Ich präsentiere ihnen eine Enzianwurzel, welche einige Kilo schwer und bis zu einen Meter lang werden kann, erläutere das Zerkleinern und Maischen, schneide die Kunst der Destillation an und gebe einen Einblick über die Lagerführung der Destillate bis hin zur Weiterverarbeitung zu klarem Schnaps oder Likör. Anschließend geleite ich sie in den Filmraum, wo ein Video mit dem Titel „Von der Wurzel bis zur Flasche" gezeigt wird. Nach Beendigung der „Trockenübung" gibt's dann im Laden die wohlersehnte Verkostung der über dreißig verschiedenen Schnäpse und Liköre. Die Kostproben sind immer noch kostenlos, wie auch die gesamte Besichtigungstour. So mancher kann es gar nicht glauben, dass es in dieser Zeit noch irgendwas kostenlos gibt. Doch ein großer Teil der Gäste kauft anschließend ein – und das ist auch der eigentliche Sinn der ganzen Übung. Der Busfahrer kassiert eine Provision und kann sich derweilen im Café laben. Ehe die mittlerweile gut gelaunte Meute wieder im Bus verschwindet, können sie noch das Brennhüttenmuseum, welches sich in einem alten Almkaser befindet, besichtigen und dabei echten Almkäse und Bergspeck einkaufen.

19. Mai

Die gelbe Fassadenfarbe schaut gar nicht so schlecht aus. Sie gibt zum dunkel gestrichenen Holz einen tollen Kontrast. Wir bauen das Gerüst ab, denn die Fenster und Türen streicht Roman vom Boden aus oder von innen. Roman reicht mir die Gerüstelemente nach unten, da bleibt ein Auto stehen – ein Mann steigt aus und fragt nach dem Auerhahn, der hier irgendwo sein soll. Ein Jäger habe ihm von dem Vogel erzählt. (Ich frage mich nur wer der Jäger sein soll, der für so etwas Reklame macht?) Der Mann wollte auch noch wissen, ob man hier in der Nähe „unter der Hand" ausgestopfte Tiere kaufen kann. Solche I...... sind der Untergang des in den Bayerischen Alpen vom Aussterben bedrohten Hühnervogels. Wir verwiesen ihn, das Weite zu suchen, er solle sich bloß nicht mehr hier blicken lassen und sein Autokennzeichen sei schon notiert.

Nachmittags kam der Enzianhütten-Auerhahn aus dem Wald. Er zeigte sich in den letzten Tagen immer seltener und sein Balzen nahm auch von Tag zu Tag immer mehr ab. Im Sommer sieht man nur selten einen Auerhahn. Sie ducken sich im hohen Gras und fliegen erst, wenn man zu nahe kommt, mit lautstarkem Flattern, bei dem die Federn der Schwingen zusammenschlagen, davon. Das versetzt so manchem, unvorbereiteten Wurzengraber einen ordentlichen Adrenalinstoß.

Dieser Auerhahn sollte sich noch einige Jahre im Bereich der Enzianhütte aufhalten und zeigte sich jeden Frühling den Skifahrern und dem Schnapsbrenner zur Freude.

25. Mai

Wir haben 8.30 Uhr. Ich bin wieder in der Brennerei in der Unterau und warte auf die ersten Gäste. Roman streicht noch immer am Berg oben Fenster und Türen. Draußen ist richtiges Sauwetter und ab 1000 Meter Höhe schneit es, was runter kann. Da wird es sich Roman bei der Brotzeit und mittags in der beheizten Brennerei gemütlich machen. Wir haben den Ölofen angefeuert, um wenigstens einen warmen Raum zu haben – quasi als bessere Baubude.

Jetzt schreib ich schon fast einen Monat und es fällt mir immer leichter, das Erlebte aufs Papier zu bringen. Es gibt Tage, da schreibe ich eine ganze Seite einfach so hin. Da sind auch meistens die brauchbaren Zeilen dabei. Dann gibt's natürlich die Tage, an denen nichts Besonderes geschehen ist; Datum und die Wettersituation trage ich an solchen Tagen in den Schreibblock ein. Beim Durchlesen meiner Schreibereien, die ich zuerst rein aus dem Gehör notiere, muss ich oft noch die Kommas nachbessern – oder doch lieber eine Klammer, da muss mal ein Strichpunkt hin und da lieber ein Punkt – bin mir nicht sicher – mache doch mal einen längeren Satz draus... So werden die Zettel richtig unübersichtlich und ich denke, ich werde noch viel Spaß damit haben. Ich sehe einige Wörter in verschiedenen Schreibweisen, zum Beispiel schreibe ich „fertig" manchmal auch mit V. Es kommt wohl darauf an, wie ich aufgelegt bin. Doppel-s oder scharfes S verwende ich wie es kommt, ohne System. Das Ganze beruht mit ziemlicher Sicherheit auf dem gleichen Syndrom wie beim Musizieren. Wenn ich ein neues Musikstück auf Noten bekomme, tu ich mich schwer, es vom Blatt zu lesen. Hab ich hingegen meine Stimme im Ohr, sehe ich zwar auf die Noten, bin aber nicht mehr auf sie konzentriert. Ich bin kein besonders guter Notenleser, habe dafür aber ein relativ gutes Musikgehör. Zugegeben liegt das auch daran, dass ich nicht unbedingt täglich Etüden rauf und runter blase; irgendwelche Tonvariationen, die ich vielleicht irgendwann brauchen könnte – oder doch nie. Ich muss wissen, dass ein Musikstück zur Aufführung gebracht werden soll – erst dann kommt der Fleiß und der kann manchmal sehr ausdauernd und extrem sein. Scharfes S und Doppel-s hören sich fast gleich an, genau wie F und V – das muss die enharmonische Verwechslung der Schriftgelehrten sein. In der Musik ist ja auch zum Beispiel ein Cis derselbe Ton wie ein Des. Jetzt fahren zwei große Omnibusse auf den Parkplatz. Es kann losgehen. Mein Chef sagt zu so einem Wetter „Grasslwetter", denn verregnete Tage nutzen die Gäste des Berchtesgadener Landes zum Besichtigen des Salzbergwerks, für einen Badetag in der Watzmanntherme und schließlich für den Besuch der Enzianbrennerei. Heute sind acht Busgruppen angemeldet – es werden aber mit Sicherheit mehr. Nach einer Weile hab ich 60 Leute vor der Brennerei, 35 in der Brennerei, 40 im Filmraum. Der erste Bus ist schon beim Probieren. Ein schiebendes Gedränge staut sich um den Teewagen. Eine kurze Erklärung der Schnäpse und Liköre – eine Qual – die Leute sind kaum zu bremsen. Einige greifen schon bevor das „Büfett" eröffnet ist, unter die Papierabdeckung und sichern sich einen – irgendeinen Schnaps. In Reih und Glied sind die Stamperl eingeschenkt und jede Reihe endet mit der dazugehörigen Flasche. „Die Gläser bitte umgedreht in den Korb, die Waffelbecher bitte aufessen. Prost! und lassen Sie sich's schmecken", so die letzten Infos vonseiten meines Kollegen Karsten im Schnapsladen. Sekundenschnell ist das Tablett leergesoffen. Wie die Geier haben sie den Kadaver zerlegt; einige Gläschen sind bei dieser Attacke umgestürzt; nichts ist übrig geblieben.

Karsten beeilt sich, doch er schafft es nicht, das zweite längst vorbereitete Tablett heranzufahren, er schafft es einfach nicht vor den klagenden Rufen der von innen auszutrocknen drohenden Benachteiligten, die sich so anhören: „Wir haben nichts erwischt; die vor uns haben alles weggeputzt; das ist unfair – immer drängeln die gleichen; wir wollen auch noch was… Und das nächste Tablett wird vernichtet. An der Kasse staut sich bereits eine Menschenschlange. Durchwachsen von vielen privaten Gästen, die noch zwischen den Busgruppen eingeschoben werden und denen, die sich wieder hinten anstellen, um bei den nächsten Gruppen wieder gratis mitprobieren zu können, mutet das Ganze an wie eine Zirkusvorstellung mit anschließender Raubtierfütterung. Ich bin nur noch Koordinator und weiß oft nicht mehr, was ich erzähle: Hab ich diesen Satz schon gesagt, oder war das bei der vorherigen Gruppe? Wir haben über 30 verschiedene Schnäpse, ich hab aber gerade von fünf gesprochen. Auf einmal wird der Enzian über 30 Jahre gelagert – es sind aber nur zwei bis sieben Jahre, in denen das Destillat in Eschenholzfässern ruht. Und wieder fahren zwei Busse in das Firmengelände. Zwischen den Erklärungen nehme ich per Telefon die Anmeldungen für Gruppen von fünf bis 180 Personen entgegen. Die meisten Reise- oder Ausflugsgruppen kommen aus Deutschland und Österreich; vereinzelt aber auch aus Russland, Tschechien, Italien, Frankreich und Holland. Dabei darf mir der Schnapsbrennvorgang nicht aus meiner Wachsamkeit gleiten. Das alles verleiht mir gebührenden Respekt denen gegenüber, die diesen Wahnsinn das ganze Jahr mitmachen müssen. Sicher sind auch ruhigere Tage und Zeiten dabei, in denen fast nichts los ist, in denen sich vor allem Roman wieder voll auf die eigentliche Arbeit, das Schnapsbrennen konzentrieren kann. Romans Posten auf die Dauer wäre für mich nicht das Optimale. Ich brauche mehr körperliche Bewegung und mehr Freiraum, um atmen zu können.

Da kommt mir der Anruf von der Enzianhütte auf der Eckeralm gelegen, bei dem mir Roman verklickert, dass er mit der Malerei fertig ist und abholbereit wäre.

26. Mai

Den Rummel im Tal habe ich jetzt zum Glück hinter mir. Von den Bergen glänzt der Firnschnee, die Sonne und der tiefblaue Himmel, für den Berchtesgaden so bekannt ist, wecken das Gemüt der Menschen, bringen Frühlingsgefühle und lassen die Schmuddelwetter-Tage vergessen. Hier auf der Enzianhütte herrscht noch, oder besser ist schon wieder, tiefster Winter. Doch die lang ersehnte Sonne hat dem Schnee den Krieg erklärt und rafft ihn mit aller Kraft dahin. In den fünfzehn Jahren, in denen ich hier oben arbeite, lag noch nie so lange Schnee wie heuer.

Die Hütte sieht jetzt aus wie neu und Roman lädt seine Pinsel und Kübel auf und weist mich noch mal auf das Meisennest hin. Er wollte die Vögel nicht noch einmal stören; an der Stelle, an der sich das Nest befindet, verzichtete er auf den zweiten Anstrich – das macht ihn sehr sympathisch.

Seit einigen Jahren mache ich auch Bärwurzschnaps. Ich habe schon alles mit raufgenommen, was ich dazu brauche. Bärwurz ist ein klarer Schnaps, der aus den Wurzeln der gleichnamigen Pflanze (Meum athamanticum) gewonnen wird. Die Wurzeln dazu kommen meist aus Ackeranbau und werden aus dem Bayerischen Wald bezogen. Ich hab sie im Tal mit der Maschine geschrotet und portioniert. Ähnlich wie bei der Himbeergeistherstellung werden die Ätherischen Öle und Geschmacksstoffe im so genannten Überzugsverfahren in den zugesetzten Agrar-Reinalkohol hineindestilliert. Ich gebe die Wurzeln in Leinensäckchen und brühe sie in der Brennblase an, sodass sich die restliche Erde, die beim Waschen nicht runterging, lösen kann. Morgen wird der Sud abgelassen und das Alkohol-Wassergemisch zugesetzt, um das Ganze zu verdampfen und schließlich zu destillieren.

28. Mai

Ich fahre noch mal zur Priesberg Brennhütte, um zu mähen. Dabei geht es mir nicht um das bisschen Gras, das bereits steht, sondern um den Rundblättrigen Alpenampfer, der nicht zum Blühen kommen soll. Außerdem würden seine fußgroßen Blätter (Fußblätschen) alles andere Grün verdrängen. Beim Wetzen brachte ich keine Schärfe an die Sense. Nur noch die dicken Halme fielen um und das Handmähgerät verfing sich im Filz der zarten Gräser. In einer alten Kiste unterm Dach wühlte ich einen Dengelstock heraus. Ein Hammer, der rundlich zerschlagen und wulstig war, wurde als Dengelwerkzeug vermutet. Ich schlug den Miniamboss in den Hackstock und begann auf die Sense einzuschlagen. Vor vielen Jahren hab ich einmal beim Dengeln zugesehen, aber selber hab ich es noch nie versucht. Nach anfänglichen Mucken kam ich dann doch in einen Rhythmus mit System und trieb Schlag um Schlag das stumpfe Blech heraus. Eine kleine Welle konnte ich nicht vermeiden, aber für meinen ersten Versuch war ich zufrieden. Einige wenige Striche mit dem Wetzstein und die Sense schnitt wie nie zuvor. Das größere Solarmodul hab ich aufs Dach gebracht und angeschlossen. Im Winter hält ein kleineres Modul die Batterie am Leben. Einige Wanderer freuen sich, dass sie mich antreffen und genießen einige Stamperl Enzian. Am Abend bürste ich noch mal den Wassertrog und sperr die Hütte wieder ab. Bevor ich gehe, bring ich noch ein Schild an, auf dem steht: „Bin auf der Wasseralm." Das stimmt zwar jetzt noch nicht, aber die Leute wissen so, dass die Priesberg Brennhütte die nächste Zeit nicht in Betrieb genommen wird.

Ein Abendspaziergang führt mich durch unwegsames Gelände, durch Windbrüche und entwurzelte Bäume, über steile Grashänge, die sich mit felsigen Passagen abwechseln; es geht an astigen Krüppellärchen und Fichten vorbei, die vom Wind arg gepeinigt sind, zur Farrenleiten. Ein atemberaubender Ausblick von den Felsbändern und den schroffen Abbrüchen, die sich zum Teil in überhängende Wände verlieren. Eine Schlinge um einen Stamm, die mit einem Karabiner versehen ist, zeugt von Extremkletterern, die sich hier am festen Dachsteinkalk versuchen. Vom Leben einer dreijährigen Gams ist nur noch ein Haufen Haare und ein Krickei (Horn) übrig. Sie verendete im letzten Winter durch eine Lawine oder Krankheit. Adler, Fuchs und Kolkrabe haben sie zerlegt und abtransportiert, die Fliegen taten den Rest. Ich muss aufpassen und sicher steigen, um nicht eine so unvorteilhafte Figur wie die Gams abzugeben. Wie ein kanadisches Sumpfgebiet aus dem Hubschrauber betrachtet, liegt das Priesberger Moos zu meinen Füßen. Nach dem Ausstieg aus diesem Verhau tut sich eine riesige Grünfläche auf, die von Farnen umrandet und zu zwei Drittel mit Blaubeerstauden bewachsen ist, zwischen denen sich überall der Punktierte Enzian (Gentiana punctata), der 25 – 60 Zentimeter hoch wird und schon in etwa vier Wochen blühen kann, und auch der Ungarische Enzian (Gentiana pannonica) durchschiebt. Nach dem Blaubeergürtel überwiegt der Enzian und dominiert das Areal bis kurz vor der höchsten Erhebung – dann nur noch Gras und Weißer Germer, welcher der Enzianpflanze ähnelt, der aber auch im nichtblühenden Zustand durch die wechselständigen Blätter von ihr unterschieden werden kann. Hier oben könnte man auch Meisterwurz graben, der sich am Waldrand und unter den Erlensträuchern in großer Masse befindet. Die Erlen überwuchern immer mehr die wenig genutzten Weidegebiete, sie werden im Laufe der Jahrzehnte die gesamte Fläche verschlingen. Der Enzian wird unter ihrem Schatten verkümmern.

Doch noch schlägt hier das Herz eines Wurzengrabers höher. Hier kann man tonnenweise Wurzeln ausgraben, doch der Abtransport der 30 – 40 Kilogramm schweren Säcke macht mir Sorgen. Drei Möglichkeiten gibt es, dreimal eine Schinderei: Man könnte die Säcke doppelt nehmen, gut verschnüren und durchs Hennenloch purzeln lassen. Dies ist aber sehr steiles Gelände, man muss aufpassen, dass man nicht mitpurzelt und hat anschließend das Problem, dass man die Säcke übers gesamte Priesberger Moos schleppen muss. Der direkte Weg führt über die Diretissima durch einen Graben zur Brennhütte, der die Farrenleitenwand durchtrennt und in einem Windwurf endet. Die beste, aber weiteste Variante wäre durchs Königstal und dorthin steige ich jetzt ab.

Den vier Gämsen komme ich zu schnell über den Bergrücken, sie hatten mich nicht im Wind und springen jetzt in alle Richtungen davon. Wieder streife ich durch üppiges Blaubeergehölz, dessen rote beerenförmige Blüten von Hummeln und abertausenden Mücken bestäubt werden. Später werden daraus grüne Beeren, die, bevor sie im August schwarzblau reifen, erst rot werden. (In Berchtesgaden sagt man: „Sie sind rot, weil sie noch grün sind.") Über die Sträucher könnte man die Säcke leicht hinunterziehen, um sie an der Talsohle auf eine Radltruh (Schubkarre) zu laden.

Aber was mach ich mir Gedanken über die Bringung der Wurzeln. Wenn's dann so weit ist, müsste erst der Weg frei geschnitten werden. Von den Almhütten könnte man die Ladung über einen sehr schmalen Serpentinenweg, dessen Kurven nur mit der Vorwärts-Rückwärts-Technik mit dem Geländewagen zu passieren ist, zur Brennhütte liefern. Wann das alles geschehen soll, steht noch in den Sternen.

An den steilen Hängen sind auffallend viele größere und kleinere Murenabgänge zu sehen. Das sind die Folgen der Unterbeweidung. Von mindestens sechs Almbauern, die ihre Vieh ins Königstal trieben, sind nur noch zwei übrig geblieben, die sich große Mühe geben, dieses Gebiet als traditionelle Kulturlandschaft zu erhalten. Wären sie auch nicht mehr da, würde in einigen Jahren alles vermuren und verwachsen. Die Viehgangeln sind nicht mehr so ausgeprägt, das lange Gras wird vom ersten Schnee umgelegt und bietet eine gute Rutschfläche für Lawinen. Die vereinzelten, kleinen Fichten und Lärchen, die durch Anflug aufkommen, frieren im Schnee fest und mit dem Schneedruck werden sie herausgerissen. Die so aufgerissenen Stellen neigen dazu, abzurutschen. Das ist ein Beispiel, dass man eine über Jahrhunderte gewachsene Kulturlandschaft nicht einfach aufgeben darf. Man müsste die steilen Hänge wieder beweiden, aber mit leichterem Vieh als derzeit, was im Sinne der Enzianbrenner wäre, oder komplett zupflanzen, was in meinen Augen ein Verbrechen wäre. Die Äsung der paar Gämsen und Rehe, die hier stark bejagt werden, festigt, so scheint es, den Boden zu wenig.

Im Schatten der Rothspielscheibe blühen noch die Soldanellen. Ohne dass ich einem Menschen begegne, gehe ich durchs Königstal hinaus bis zur Brennhütte. Ich fahre mit dem Geländewagen ins Tal, wo mich ein mit Musikauftritten voll gestopftes Pfingstwochenende erwartet.

Wo kein Vieh mehr weidet, der Wurzengraber leidet.

Erst fünf Jahre später fuhr ich, mit einer Motorsäge bewaffnet, über den Serpentinenweg ins Königstal, um einige umgestürzte Bäume aus dem ehemaligen Reitweg der Prinzregentenzeit herauszuschneiden. Einige Stangen trennte ich auf, um sie über die schlechteren Wegpassagen zu legen. Aus einer Lärche schnitt ich einige Dielen. Eine davon wurde einige Meter weiter als Rastbank gesetzt. So machten es früher die Holzknechte, wenn ein schöner Rastplatz dazu einlud – und es fragte niemand danach, wer die Bank und die damit verbundene Arbeitszeit finanziert hat.

... dann sollte sich der Platz an der Farrenleiten als Goldgrube für die Wurzengraber entpuppen. Eine schier unerschöpfliche Plantage, bei der sich die Wurzelbeutel ohne weite Gehstrecken füllten. Einer der Wurzengraber behauptete, er habe nur einmal mit dem Wurzelpickel in den Boden geschlagen und die Wurzeln seien ihm dann von selber in den Sack gesprungen; ein anderer grub einen Tag später an derselben Stelle und sagte: „Ich hab die ausgegraben, die du vergessen hast und im Nu hatte ich meinen Sack voll." Ein dritter hielt nach einer Brotzeit auf der neu errichteten Wurzengraberrastbank ein Nickerchen – als er wieder munter wurde, war sein Sack prall mit fein säuberlich geputzten Enzianwurzeln gefüllt. Die Wurzeln gruben sich selber aus, denn es sei eine große Ehre, im Gärbottich am Priesberg seiner Bestimmung nachzukommen.

Der punktierte gelbe Enzian.

Zurück zur Enzianhütte

Den Wald vor der Hütte durchforstet großräumig und mit brachialer Gewalt eine Vollerntemaschine (Prozessor). Mit dem Kettenantrieb wird der Wald und Almboden zum Teil mannstief aufgerissen. Im Auftrag des Staates wird Geld gemacht ohne Rücksicht auf die Schönheit unserer Landschaft und dem Verlust von Arbeitsplätzen. Der aus der Schweiz stammende Fahrer saß 22 Stunden am Stück in der Maschine, denn wenn dieses Monster steht, kostet es zu viel Geld.

Er sagte, „das ist halt die Zeit, in der wir jetzt leben – und Zeit ist bekanntlich Geld. Das war jetzt nur die kleine Maschine, in einigen Jahren, wenn die stehen gelassenen Bäume die richtige Größe haben, kommt dann der große Prozessor und fährt wieder die gleichen Gassen, um den Wald komplett umzulegen. Dann muss wieder gepflanzt werden, aber nur zwischen den Fahrgassen, die alle 15 Meter den Wald durchtrennen, denn da wird der Boden so verdichtet sein, dass da nichts mehr (gut) wächst". Aber über das bräuchte man sich keine Gedanken machen denn, so wie er sagte, „Die Zeit heilt alle Wunden".

Ich sagte nur: „Dieses Sprichwort ist für den Menschen unbrauchbar und kann unser ausbeuterisches Verhalten in keiner Weise rechtfertigen, denn die Zeit zerstört alles. Wir Menschen sind die einzigen die sich über die Zeit Gedanken machen können. Die Zeit wischt alles weg, was du in deinem Leben verursacht hast, sie kann aber auch dein eigenes Leben zerstören. Also ist die Zeit die Natur und die Natur zerstört nicht, sie verändert und verwandelt. Wir Menschen zerstören unsere Umwelt in der wir selber und vor allem unsere Kinder später leben müssen. Ist der Planet dann von uns so zerstört, dass wir Menschen nicht mehr lebensfähig sind und aussterben, hat die Natur genügend Zeit, um die Wunden zu heilen – mit neuen, nie zuvor da gewesenen Pflanzen und Tieren, denn die ausgerotteten Arten sind ebenfalls unwiederbringlich verloren.

Wir Menschen dürfen uns auf das, was wir geschaffen haben, nicht so viel einbilden. Wir sind eine ziemlich arrogante Bande geworden. Schon in der Schule hieß es, wir sollen aus der Geschichte lernen – doch das gelingt uns nicht. Wo sind die alten Hochkulturen? Sie sind untergegangen, genauso wie unsere Wohlstandsgesellschaft irgendwann untergehen wird.

Die extremsten Naturschützer haben Angst, dass wir die Welt zerstören könnten; es könnte aber doch sein, dass dies eine gewaltige Selbstüberschätzung ist.

Wir sind nicht mehr als Wühlmäuse und richten zum Teil großen Schaden auf unserem Planeten an, aber nur für kurze Zeit, denn da wo der Mensch weggegangen ist, holt sich die Natur alles wieder zurück. Der Fluss, an dem kein Mensch mehr wohnt, holt sich sein Flussbett wieder zurück und sein Wasser ist in kürzester Zeit wieder sauber. Ein zerstörter Ameisenhaufen setzt sich sofort in Bewegung und die Ameisen verlegen scheinbar ohne Plan und Überlegungsphase die Behausung und bringen sie in einem Tag wieder in Ordnung. Der Mensch beeinflusst aber die Natur enorm, sodass Tiere und Pflanzen aussterben können, was ihm scheinbar auch egal ist, doch ich bin der Überzeugung, dass er sie nicht komplett zerstören kann. Er hat nur Angst um sich selber und das zu Recht.

Die Grashalme, die dann den Asphalt und den Stahlbeton sprengen, machen sich keine Gedanken, der eine wird gefressen, der andere verdörrt. Das Wachstum wird weitergehen und die Evolution wird immer wieder Neues hervorbringen.

Trotzdem sollten wir versuchen, unsere Umwelt sauber und schön zu halten, sodass sich die, die nach uns kommen, über uns nicht ärgern müssen; und das, was du mit deinem Ungeheuer im Wald anrichtest, ist schlicht gesagt grausig."

Er sagte: „Wenn's ich nicht mache, macht's ein anderer – das war hier gar nichts. Die Holzwirtschaft in Kanada hat schon Engpässe, der brasilianische Urwald wird noch immer vernichtet und die Ausbeutung der russischen Wälder hat erst so richtig begonnen; da fahren schon mal zehn solcher Maschinen nebeneinander und machen alles platt. Holst du immer so weit aus?"

„Hast Recht, liegt wohl am Sauwetter, magst ein Bier?"

„Ich muss noch nach Traunstein fahren, denn dort kommt morgen ein neuer Prozessor, der hier muss in die Werkstatt. Zwei Tage werde ich noch ziemlich lange in der Maschine hocken, dann geht's nach Hause in die Schweiz, aber ein Bier geht noch..."

Balzender Auerhahn.

Wenn die Erde bebt

(orig. Ox'n - Aug'n)

1. Strofe

Refr. Wenn die Erde bebt !

F Joel

53

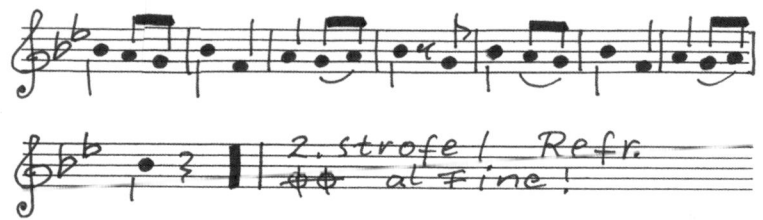

2. strofe / Refr.
al Fine!

Wenn die Erde bebt

Refr. Wenn die Erde bebt, ko ois vorbei sein,
wenn die Erde bebt, doan olle gleich sein,
wenn durch d' natürlich G'woit de stärkste Mauer foit,
verliert de reichste G'sellschaft a ihrn Hoit.

1   De Häuser schiaßn wia Schwammerl aus dem Bod'n,
den Fortschritt den hoit koaner auf,
de Straßn wean mehra, überoi brennan Liachter,
im Finstern do mog koana sein.
So lass ma uns treibn, mog koana hint bleibn.
Wer arm is, der is net dabei.
Denn wennst do net mitduast, bist boid auf der Stroß
und denkst vielleicht dro, dass anders sei ko.

2   A Jeder möcht mehra, na, glanga duat's nia,
geht's uns denn wirklich so guat?
Mir feiern und saufen, kaufn wos ma net brauchn,
der Wohlstand der hot seinen Preis,
mir riachn noch Moschus und saufn an Schampus.
Wer arm is, der is net dabei.
Ja mir fressen für drei und san foast wia d' Säu
und es denkt koana dro, dass anders sei ko.

54

Wenns an Menschen guat geht, denkt er niamois dro,
dass mit oan Schlog anders kemma ko,
man lasst sich überraschn, des oane des is g'wiss,
dass des, des wos g'wiss is, g'wiss net g'wiss is,
dass des, des wos g'wiss is, g'wiss net g'wiss is.

Hans ist der Vorarbeiter der Staatlichen Holzknechte im Revier Au. Er ist ein 38-jähriger, fast zwei Meter großer Brocken, über hundert Kilo schwer und mit einer Kraft wie ein Bär. Er ist mit Leib und Seele Holzarbeiter, hat nebenher noch als Teilselbstständiger einen Mercedes Truck, um Stammholz aus den Wäldern zu ziehen. Dieser Mensch betreibt einen Bauernhof auf 1000 m Höhe, ernährt sich von Fleisch und kann einen Eimer Bier trinken. Einen gefürchteten Raufbold, der sein Unwesen im Auerwirt trieb und jedem klarmachte, dass er der Stärkste sei, katapultierte er schon vor Jahren mit einem Hieb durch die Gaststube, sodass dieser unter einer Bank zum Liegen kam. Seitdem sagt der Hans scherzhaft (oder auch ernst gemeint) von sich, „jetzt bin ich der Stärkste von der Au".

Die Holzknechte arbeiten im Akkord, da fällt ein Baum nach dem anderen. Das Jammern der Zweitaktmotoren ihrer Sägen wird nur durch den dumpfen Aufprall der Baumriesen unterbrochen. Haben sie ihr Tagesmaß erreicht oder wurden vom Sauwetter aus dem Wald getrieben, kommen sie zur Enzianhütte. Wenn es oft regnet, kommen sie auch oft, und die Brennerei dient dann mehr als Trinkhalle; dann kann's für mich auch ganz schön anstrengend werden: Jeden

Tag eine kleine Feier an meinem Tisch mit täglich den gleichen Gesprächsthemen, die mich nicht immer unbedingt interessieren. Ich kann mich auch nicht tot stellen – das Auto vor der Hütte und der rauchende Kamin lassen auf meine Anwesenheit schließen. Meistens ist es aber lustig, und das zählt letztendlich. Die schönen Stunden überwiegen und ich genieße es, der Besuchte zu sein, denn wenn tagelang keiner kommt, passt es mir auch nicht. Hans sitzt gegenüber von mir, ebenfalls auf einem Stuhl, die anderen sitzen längs auf einer Bank. Nach der dritten Halbe Bier wird der Hans melancholisch, wir sind dann alle seine besten Freunde. Es werden Kubikmeterweise Holzstämme aus dem Wald „gelöffelt", Holzseilbahnen aufgestellt, noch leistungsstärkere Trucks und Bulldogs gekauft und seine Kollegen geben ihm recht (wenn auch oft nur scheinbar). Selbstverständlich vergisst er es nicht, immer wieder zu betonen: „Wir sind die Besten, der Förster kann stolz auf uns sein."

Gestern erzählte Hans eine Geschichte, die es wert ist, aufgeschrieben zu werden:
Damals hatten sie zwei Bauwägen, die sie auf den Forststraßen von Holzschlag zu Holzschlag zogen. Die Wägen waren zum Brotzeit und Mittag machen, zum Aufwärmen und zum Unterstellen wenn's regnete. Ein Wagen war für die jungen Holzer Hans und Gustl, der andere für die „Alten". Es wurde damals mehr getrunken als jetzt (noch mehr?), deswegen übernachteten die beiden jungen öfters vor Ort. Der Hans hatte schon immer seine eigene Arbeitsweise: Rackern wie ein Wahnsinniger, um die hereingearbeitete Zeit für fröhliche Bierstunden zu nutzen. Die jungen saßen schon im Bauwagen und die Alten „sägten noch rum. So was Lästiges, denen müssen wir jetzt was antun". Der VW Käfer wurde aufgebockt. Hans stemmte sich mit dem Rücken an das Auto, ergriff mit seinen Pranken den Kotflügel und bei drei entlasteten sich die Stoßdämpfer und die Reifen verabschiedeten sich vom Asphalt. Gustl schob ein Holzscheit

darunter. Des Käfers Antriebsräder befanden sich einen Zentimeter in der Luft. Als die Alten heimfahren wollten, legte der technisch nicht so bewanderte Fahrer den ersten Gang ein – Vollgas, den zweiten, den dritten und vierten Gang und das Ganze wieder zurück, bis einer der beiden ausstieg und unter den Käfer schaute: „Das gibt's ja nicht. Ihr blöden Hunde, das kriegt ihr zurück!" Ein leichtes Anschieben genügte und das Fahrzeug fiel vom Sockel. Das Gelächter und der damit aufkommende Durst der Schadenfrohen waren groß, so groß, dass die zwei am darauffolgenden Tag nach getaner Arbeit und ein paar Bier im Bauwagen schliefen. Ihre Kontrahenten hatten nichts Besseres zu tun und stopften das Rauchrohr des Holzofens zu. Es wurde aber bemerkt – Gott sei Dank, der Wagen war schon mit Rauch gefüllt – ein makabrer Scherz, doch die Rache war süß.

Die Alten spielten in ihrem Wagen Karten und die Bierflaschen schepperten. Hans und Gustl schlichen zu den Nachbarn und drehten die Stützbeine des Bauwagens in die Höhe, gingen in ihre Schutzhütte zurück und saßen beim Bier vorm geöffneten Fenster, um zu sehen, was passiert: „Packen wir's, fahren wir heim", hörten die beiden, ehe der Wagen zu wackeln begann und schließlich das Übergewicht bekam. Die Tür, die gerade aufgemacht wurde, hob es aus den Angeln, im hohen Bogen schoss sie auf die Rossfeldstraße und schlackerte wie ein Surfbrett talabwärts. Vier Männer purzelten hinterher, ihre Hüte rollten, verfolgt von mindestens dreißig leeren Bierflaschen, die zum Teil zerbrachen und zum Teil die Straße hinunterkullerten und dabei einen Klang erzeugten wie in einer Flaschenabfüllung...

1. Juni

Erst jetzt ist der Schnee neben der Hütte zur Gänze abgetaut. Ich tue es den Meisen gleich und ziehe mit meiner Familie für ein paar Tage hier heroben ein, denn es sind Pfingstferien. Die Meisen füttern unermüdlich ihre dauernd piepsenden und nicht satt zu kriegenden Küken. Und ich bin halt am Grillen und lege Schweinehalsgrat und Würstel auf.

2. Juni

Die Kinder hatten riesigen Spaß an der ersten Übernachtung hier auf der Hütte. Nach dem Grillen begann es zu tröpfeln und wir flüchteten wieder in die Hütte, wo wir schon zuvor richtig eingeheizt hatten. Wir würfelten den ganzen Abend, ehe uns die Müdigkeit in die Federn trieb. Magdalena war mächtig stolz auf ihr erstes eigenes Zimmer. Der starke Regen, der aufs Schindeldach rauschte, verhalf uns zu einem angenehmen tiefen Schlaf.

Zurzeit ist so richtig schlechtes Wetter, wie meistens, wenn ich hier heroben bin. Heute Morgen hörte ich die Amseln singen, aber hell wurde es kaum. Die Wolken hingen tief und dicht in den Bergen. Hier auf der Eckeralm ist mit ziemlicher Sicherheit der niederschlagsreichste Platz von Berchtesgaden. Die Wolken kommen meist aus westlicher Richtung, bleiben am ersten Zweitausender, dem Hohen Göll, hängen und laden ihre Last ab. Man sieht schon an der Vegetation, dass hier eine feuchte Gegend ist. Es wachsen sehr viele Schachtelhalmgewächse (Zinnkraut) auf der Almwiese. Wasserknappheit gab es auch noch nie; unsere Quelle bringt genügend sauberstes Trinkwasser zu Tage.

In circa zwei Kilometer Luftlinie entfernt befinden sich einige der höchst gelegenen Bergbauernhöfe Berchtesgadens (In der Resten). Einer der Bauern erzählte mir einmal: „Wenn es in ganz Berchtesgaden schönes Wetter hat, hängt oft am Göll eine Wolke und die verdeckt den ganzen Nachmittag die Sonne. Das Gras trocknet dann nur sehr langsam und die Heuernte dauert einen Tag länger als bei den anderen."

Gerade füllt sich die Brennerei mit einem Duft von Sellerie, Liebstöckel und Suppengewürz. Die ersten Bärwurztropfen des Tages ergießen sich über die Vorlage der Brennerei. (Vorlage nennt man den Kupfer- bzw. Edelstahlbecher, aus dem sich das Destillat ergießt; darin schwimmt eine Alkohohlspindel, das Aräometer, die den momentanen scheinbaren Alkoholgehalt anzeigt.) Knapp eine Stunde heize ich schon den holzbetriebenen Brennkessel. Bärwurz ist gewiss nicht jedermanns Sache. Er ist aber das Nationalgetränk im Bayerischen Wald. Auch die Gäste, die im Bayerischen Wald öfter Urlaub machen, sind an den kräftigen Wurzelschnaps gewöhnt. Nicht nur meine Nase musste sich an den Geruch gewöhnen. Michaela war am Anfang auch verblüfft, dass der ganze Kerl nach Brühwürfel roch, wenn er von der Arbeit heim kam. Und nicht nur das, es riecht das Auto und die Wohnung nach dem Zeug. Die Bärwurz soll ein Kraut sein, das bei Gebärmutterleiden lindernde Eigenschaften besitzt. Ob das auch wirklich stimmt, kann ich natürlich schlecht ausprobieren. Der Bärwurzschnaps ist ein reines Naturprodukt, so wie die anderen Schnäpse, die ich brenne. Der Schnaps kann nur und soll auch nur so wie die Wurzel schmecken, aus der er gemacht ist. Schön langsam rinnt das Destillat in die Schnapskanne, eine Kanne, die in anderen Betrieben als Milchkanne verwendet wird.

Das Purtschellerhaus liegt auf 1692 m, bietet den Göllbesteigern Übernachtungsmöglichkeiten und den Tagesgästen Gelegenheit zur Einkehr. Das Haus steht genau auf der österreichisch-bayerischen Grenze. Die Hütte ist seit Pfingsten (nur in den Sommermonaten) geöffnet. Der Wirt ist der Heinz Zembsch, oder besser seine Frau Christl. Er ist mehr der Hausmeister. Mit Leib und Seele ist der Zembschei, wie er von den Einheimischen genannt wird, Bergführer und betreibt eine Bergschule. Bekannt ist er durch seine dreihundertste Durchsteigung der Watzmann Ostwand (Bartholomäwand), der höchsten Felswand in den Ostalpen. (Er hat sogar ein Buch herausgegeben: Watzmann. Mythos und wilder Berg.)

Das Purtschellerhaus wird mit einer kleinen Materialseilbahn versorgt. Der Weg zu der Talstation führt an der Enzianhütte vorbei. Heinz unterbricht seine Versorgungsfahrten, wenn er merkt, dass ich wieder da bin: „Hast a Bier da?" So seine Begrüßung. Dieser Mann hat die Begabung, mehrere Geschichten auf einmal zu erzählen: „Ich muss jetzt rauf, meine Frau muss runter. Letzte Woche haben sie drei aus der Göll-Ostwand geholt. Eine Wechte ist abgebrochen. Hast du noch ein Bier? Bei mir oben ist neulich auch einer liegen geblieben. Herz oder so. Ich hab nicht weggekonnt. Da schreit ein anderer Hubschrauber! Hubschrauber! Die aus der Ostwand haben sie auch mit dem Hubschrauber geholt. War keiner hin (tot). 300 Meter sind sie runtergerutscht." Ich frage: „Und der bei dir oben, war der hin?" „Ja der war hin. Nach zwanzig Minuten kam der Hubschrauber mit einem Arzt, es war aber zu spät. Jetzt lag der auf der österreichischen Seite! Wir haben ihn dann auf die deutsche Seite geholt. Der war erst einundsechzig – auch kein Alter. Wir haben ihn in die Materialseilbahn, man kann ihn doch nicht vor der Hütte liegen lassen – sieht ja saudumm aus. Hast du eigentlich hier Telefon? Ich fuhr ihn hinunter, ließ die Kiste aber kurz vor der Talstation stehen, dass keiner hineinschauen kann. Sein Freund wollte lieber zu Fuß runtergehen. Was riecht eigentlich da so nach Sellerie? Der Leichenwagen hat ihn dann später geholt. Was riecht jetzt da so?"

„Hier riecht es nach Bärwurz."

„Aaaahhh nach Bayerwald Diesel! Kann ich da einen probieren?"

Seine Lieferung wird sich heute ein wenig verzögern, aber bis zum Abend wird die Ablöse im Purtschellerhaus schon eintrudeln, um morgen die Wandersleute und Bergsteiger nicht verhungern und verdursten zu lassen.

3. Juni

Mein Sohn Xaver ist ein neugieriges und interessiertes Bürschchen. Er hilft mir beim Schnapsbrennen, Wurzensäckchen füllen, die ausgelaugten Leinen auswaschen und zum Trocknen aufhängen, Holz hereintragen, um ganz vorsichtig, ohne die Finger zu verbrennen, nachzuschüren und natürlich mit dem Wasserschlauch herumzuspritzen und den Fliesenboden, wie er sagt, „silbern-glänzend" zu putzen. Mit einer kleinen Kinderschubkarre fährt er die ausgekochten Wurzeln in den Wald, um sie zu kompostieren. Er fragt bei jedem Arbeitsgang fünfmal nach, wieso und warum... Magdalena hingegen ist sehr ruhig und zurückhaltend und spielt mit ihrem Game-Boy. Wie groß die beiden doch schon sind, man kann an ihnen sehen, wie die Zeit vergeht. Waren sie doch vor kurzem noch gar nicht da! Michaela und ich sitzen in der Brennerei und versuchen zu klären, wie lange es her ist, dass die zwei Windeln gebraucht haben und merken dabei, dass es ohne Fotoalbum schwierig zu datieren ist. Wir reden über Familienausflüge und tun uns bei manchem schwer:

„Da war der Xaver auch schon dabei!"

„Da war der Xaver nicht dabei, das war doch zwei Jahre früher!"

„Aber das war doch nie und nimmer die Magdalena!"

„Doch! Die Magdalena hat so Sachen auch manchmal gebracht."

„Dann waren wir da aber noch mal, mit Xaver!"

„Das war doch aber erst vor zwei Jahren und da war die Magdalena bei der Oma."

„Ich glaub, da waren beide dabei."

„Ist doch auch jetzt egal..."

„Weißt du noch, die Berge von Windeln – bin ich froh, dass die Trockenlegerei vorbei ist!"

„Wie lang ist denn das schon wieder her?"

„Auf alle Fälle so lange, dass ich es schon wieder fast vergessen habe."

„Ganz darfst du es aber nicht vergessen, oder willst du noch einmal von vorne anfangen?"

„Nein! Wir haben zwei Kinder und die sind gesund und putzmunter, da kann man sich doch glücklich schätzen. Die beiden werden uns noch genügend auf Zack halten – wohl unser ganzes Leben."

Kinder merken nicht, wie sie vorwärtsstreben und wie sie wachsen. Es passiert von selber. Letzteres merken sie nur, wenn die Klamotten oder Schuhe zu klein geworden sind.

Am allerwenigsten merken sie, dass die schönste und sorgloseste Zeit ihres Lebens schnell vergeht, die Bilderbuchzeit. Die Zeit im Leben, in der es noch keine Zeit gibt, es sei denn es heißt, es ist Zeit zu essen oder Zeit zum Schlafengehen.

Das waren die Jahre deines Lebens, in denen du nur Gutes vermutest und dein Tun nur auf essen und trinken fixiert war, begleitet von einer Neugierde und einer Aufnahmefähigkeit, die sich im Laufe der Zeit verliert.

Die Enzianhütte auf der Eckeralm.

Ein schönes Leben

1   *Hurra das Kind ist da,*
es hat das Licht der Welt erblickt,
hat die Augen von Mama,
so rein, so schön, so klar.
Dein Leben beginnt,
es wird nicht immer leicht mein Kind
die Welt ist voll Gefahr
und doch so wunderbar.

Refr.   *Ein schönes Leben wünsch ich dir,*
auf deinem Weg viel Glück von mir,
schick dir Sonne in dein Herz,
niemals Kummer, keinen Schmerz.
Ein schönes Leben wünsch ich dir,
auf deinem Weg viel Glück von mir
und dass dich der Herrgott mag,
hundert Jahre lang an jedem Tag.

2   *Hurra das Kind ist groß,*
denn die Zeit sie bleibt nicht steh'n,
du verlässt den Mutterschoß
und sagst aufwiederseh'n.
Die Welt steht bereit,
leb deinen Traum mit Fröhlichkeit,
du stehst auf eig'nem Fuß
und denkst an meinen Gruß.

Fine!

F. Vogl

4. Juni

Ich bin heute schon früh aufgestanden und habe um 6 Uhr mit der Arbeit begonnen. Es regnete die ganze Nacht und das Schütten nimmt kein Ende. Letztes Jahr begann mit den Pfingstferien ein Sommer mit Dauerschönwetter und hohen Temperaturen. So weit die Aufzeichnungen der Meteorologen zurückreichen, gab es in Deutschland noch nie so einen warmen und trockenen Sommer. Die Äcker im Flachland draußen glichen einer Wüste und die Kornfelder brannten. In Berchtesgaden regnete es ab und zu, so blieb es bei uns zumindest grün aber trotzdem auch viel zu trocken. So genannte „Experten" im Fernsehen prophezeiten künftig mehrere Sommer, die so heiß sein würden, und dass wir uns an dieses tropische Klima gewöhnen müssten. Für Wald und Fauna, vor allem aber für die Landwirtschaft, wäre noch so ein Sommer katastrophal gewesen und für die Wasserversorgung, vor allem die Wasserqualität in den Großstädten, ein Fiasko. Doch heute regnet und regnet es ohne Ende. Zweihundert Meter über der Enzianhütte geht der Regen in Schnee über.

Jetzt geht's ins Tal zu weiteren Aufnahmen für die CD. Michaela nimmt die Schmutzwäsche zum Waschen mit und Magdalena und Xaver sind gespannt, was die Nachbarskinder so treiben. Wochenende.

7.Juni

Heute war Flugtag. Die Versorgung der Wasseralm und des Kärlingerhauses am Funtensee bewerkstelligt ein kleiner weißer Hubschrauber (eine Hughes 500D). Der Hubschrauber hebt je nach
Witterung bis zu 500 Kilo. Es werden Bierfässer, Briketts, Diesel
und sämtliche Lebensmittel übergesetzt. Auch andere Materialflü-
ge, wie zum Beispiel Stahlseile für die Steigsicherungen über den
Watzmanngrat, werden heute mit dem in Salzburg stationierten
Fluggerät durchgeführt. Dazu werden alle Güter nach Kühroint, das
auf 1420 m im Watzmanngebiet liegt, gebracht. Der Hubschrauber
kommt meist nur alle zwei Wochen und so musste ich mein Zeug
schon heute zur Wasseralm schicken. In zwei Flugsäcke verstaute ich
mein Inventar: 2 (Milch-)Schnapskannen, 2 Alueimer, 1 Alutrich-
ter, eine Vorlagespindel, 1 Spindelglas, 5 Wurzelpickel, 2 Wurzenha-
cken, 5 Pflückebeutel, 14 Destillatkanister, 12 Kräutersäckchen mit
Schnüren, eine Alkoholumrechnungstabelle, 3 Aräometer, Zünd-
hölzer und Feuerzeug. Außerdem: Wechselwäsche, Winterklamot-
ten, Zahnputzzeug und Zahnseide, ein Kopfkissen, eine Posaune,
eine Gitarre, eine Harmonika und Zigarren. Ich schaute noch ein
bisschen zu, als die „Wespe" meinen Krempel über den Königssee
hievte, und fuhr wieder zur Enzianhütte, um die letzten Bärwurzen
anzubrühen. Danach gab's einen Familienausflug zur Rossfeld Ski-
hütte. Dort wohnt Magdalenas Schulkameradin. Wir speisten und
um zehn Uhr nachts machten wir eine eineinhalbstündige Fackel-
wanderung zurück zur Enzianhütte.

8. Juni

Michaela fährt mit den Kindern ins Tal zum Baden. Ich bin am Bärwurz destillieren und genieße die wärmenden Sonnenstrahlen und
reiße die Brennereitür weit auf. „Oh Sonne, so selten sehe ich dein
Antlitz! Der Sommer kann beginnen."

Von der Wasseralm wurde mir berichtet, dass noch sehr viel Schnee liegt und es zum Meisterwurzengraben noch zu früh sei. Hier ist auch die Schneewechte an der Eckeralm, oben am Sattel, noch nicht ganz verschwunden. Sie wird aber jeden Tag kleiner. Die Natur holt immer wieder auf, ganz gleich, wie viel Schnee im Winter gelegen hat. Jeder Grashalm und jedes Blümlein wird die nötige Zeit bekommen, um zu blühen und zu reifen. Nach einem harten, langen Winter wie diesem zeigt sich die Alpenflora ziemlich imposant. Es blühen viele Blumen zur selben Zeit, während sich die Blüte im Tal auf einige Wochen verteilt. Und die Meisterwurz? Ich brauch ja nur die Wurzel. Vielleicht sind sie ja besser zu graben, wenn die Stauden noch nicht so hoch sind und der Wurzengraber nicht bis zum Hals im Gestrüpp verschwindet. Wenn auch der ein oder andere Lawinengraben noch voll Schnee sein wird – ich bin zuversichtlich.

Ein Anruf von der Druckerei, dass die CD Einleger (Cover) gedruckt sind und die Prospekte für das Oxn-Augn Trio ebenfalls, macht mich glücklich. Mit dem Prospekt und der CD waren wir schon eine Weile beschäftigt. Ich bin froh, dass alles noch vor der Arbeit auf Wasseralm, Funtensee und Priesbergalm zu Ende gebracht wurde.

11. Juni

Der letzte Brenntag auf der Enzianhütte am Fuße der Eckeralm – zumindest für den Frühling. In der Nacht gab es noch ein heftiges Gewitter. Xaver kam zu seiner Mama ins Bett gekrochen und wurde dafür von seiner Schwester gehänselt. Hier sind nur schmale Stockbetten, darum schliefen Michaela und ich getrennt, allerdings nur in der Zeit, in der wir wirklich schlafen wollten. (Ich meine jetzt das richtige Schlafen, das unterbewusste, so mit Schnarchen und Träumen.) Michaela hat die Betten abgezogen, die Böden gekehrt und gewischt und ist mit Kind und Kegel runtergefahren.

Ich muss ein wenig provisorisch brennen, da ja einige meiner Accessoires schon auf der Wasseralm sind. Vor einigen Jahren wäre ich in dieser Situation nervös geworden. Heute bringt mich meine langjährige Erfahrung in diesem Geschäft in eine gelassene Verfassung. Ich destilliere mit der Nase und der Zunge und das Destillat, das ich heute Abend im Tal abliefern werde, wird ziemlich genau 60 Vol.-% aufweisen. Ich brenne sogar mit den Ohren. Ich kenne jedes Geräusch, jedes Blubbern oder Zischen und mir macht es Spaß, mit nur wenig technischem Gerät eine erstklassige Ware herzustellen.

Von weitem hör ich ein vertrautes Bimmeln. Es ruft in mir ein Wohlbefinden hervor und läutet, im wahrsten Sinne, die schönste Zeit im Jahr ein. Es sind die Glocken der Rinder, die aufgetrieben werden, um den ganzen Sommer hier oben zu weiden. Mit ihrem Kommen erwecken sie die Alm zum Leben. Jedes Jahr begrüßt mich Lenzi, das ist hier der nächste Almnachbar, mit einem Juchiza und einer getragenen Weise mit dem Flügelhorn. Er bringt mit den Klängen seine Freude über die kommende schöne Zeit bis an mein Herz und ich bekomme eine Gänsehaut. Über den untrainierten Ton und das Verspielen sehe bzw. höre ich hinweg und erwidere virtuos (was bin ich doch für'n Aufschneider) mit der Posaune. Seine Freude ist groß, weil jetzt zuhause der Stall leer steht und er nicht mehr so viel Arbeit hat. Er muss den ganzen Sommer keine Stallarbeiten verrichten und hat Zeit, um die Gegend mit dem Mountainbike unsicher zu machen. Arbeiten tut jetzt sein Senn. Der macht Käse, liefert die Milch ins Tal und versorgt so manchen Gast, was natürlich auch ein paar „Mücken" bringt. Du darfst dem Geld nicht Feind sein, auch nicht als Bauer. Das sollte jetzt nur eine kleine, nicht böse gemeinte Gehässigkeit sein.

In Berchtesgaden nennt man das Antreiben (eine Otreiberei). Man könnte sagen, es ist hier ein Volkssport, den anderen hochzuschießen, um seinen Humor und seine Fähigkeiten im Kontern (Außergebn) zu testen. Man wirft sich Argumente und Bemerkungen in einer bestimmten Tonlage zu, welche mit Ironie gespickt sind, und meist auch nur den Hauch der Wahrheit entsprechen. Das Ganze hat aber nichts mit Lügen zu tun; lügen tut nur der, der sich einen Vorteil schaffen will. Antreiben dient nur zur Unterhaltung. Die Kunst liegt darin zu wissen, wie weit man gehen kann, um den anderen nicht zu beleidigen, oder gar das Gespräch zur Eskalation zu bringen. Wer kontert, sollte allerdings das Echo vertragen.

Aber jetzt im Ernst, es ist wirklich die schönste Zeit, wenn die Bergwiesen wieder grün sind und nach jahrhundertealter Tradition und Notwendigkeit mit Milchkühen und Jungvieh „bestoßen" werden. Die Freude der Bauern und ihrer Helfer beruht auch auf ihrer Kindheit, in der fast alle zum Kühe hüten auf der Alm waren, um die schönsten Sommermonate zu verbringen.

Wenn man bedenkt, dass in zehn Tagen der längste Tag des Jahres ist und der Schnee auf der Eckeralm ist noch nicht ganz weg, ist die Freude über den Sieg der Sonne, über Eis und Schnee verständlich. Ja der Sommer, er ist schon verdammt kurz hier heroben. Vor einer Woche hatten wir noch Schneeregen – und wann wird die weiße Pracht die Almen wieder zudecken? Vielleicht schon im Oktober oder November. Dass die Zweitausender einmal im Monat weiß angestaubt sind, ist normal.

Jetzt wird gedämpft. Dabei handelt es sich um die Innenreinigung der Destille mit Wasserdampf. Man dreht den Kühler ab und entleert ihn vollständig. Die überkochenden Dämpfe blasen dann mit Druck durch die Leitungen. Der Bärwurzgeruch und die Beläge schießen als grüne, trübe Brühe zur Vorlage hinaus. Beim zweiten Mal kommt nur noch neutraler Wasserdampf und die Brennerei ist für den nächsten Einsatz im Herbst bereit. Ich hab die Doppeltür weit aufgemacht. „Von der Ferne sieht es aus, als brenne die Hüt-

te", so ein aufmerksamer Wanderer. „Bei ihnen geht's aber heiß her."
Nicht verwunderlich, die Brennerei läuft mit Vollgas und der Dampf
flüchtet zur Tür hinaus, als ob die Wassermoleküle es eilig hätten,
sich mit ihren Genossen, die sich schon wieder mal so zahlreich am
Himmel versammeln, zu vereinigen. Wie viel Leben haben sie schon
ermöglicht, in welchen Pflanzen und Tieren waren sie schon zu Gast,
wie oft stiegen sie schon zum Himmel und wie oft regnete es sie wieder herab? In welchen Ozeanen und Flüssen sind sie schon gewesen?
Eine unvorstellbare, nie endende Reise, die alles Leben überdauert.
Eine Reise, die von Sonne und Wind, von Schwerkraft und Gezei-
ten vorangetrieben wird und dabei jede andere Reise ins Lächerliche
stellt.

Das Kupfer der Brennblase wird mit einer Polierpaste und alten Fet-
zen auf Hochglanz gebracht. Schön und hell strahlt die Brennerei.
Fast wie neu sieht sie aus, wenn der Edelstahl des doppelwandigen
Dampfbades aufpoliert ist und alle Muffen und Hähne funkeln.
Die Dichtungen und alle Gewinde fette ich mit geschmacksneutra-
ler, lebensmittelechter Vaseline ein. Zuallerletzt wird der Brennraum
ausgewischt und die Hütte verschlossen. Noch mal ein Kontroll-
rundgang, ob alle Fenster geschlossen sind und ab nach Hause. Ich
werde noch einen kleinen Abstecher zu meinem Nachbarn Lenzi
machen, um ihm eine schöne und unfallfreie Almzeit zu wünschen.
Einige blöde Sprüche muss ich auch noch loswerden, wie vorher
beschrieben, natürlich in bayerischer Ausführung. Es ist schon ein
komisches Gefühl; ich freu mich, dass die Bauern mit ihrem Vieh
endlich die Alm beleben und muss mich gleichzeitig verabschieden,
um auf einer kuhlosen (verfallenen) Alm weiterzuarbeiten.
Am Wochenende hab ich zwei Auftritte als Musikant. Außerdem hat
Michaela Geburtstag – da werden wir auch ein wenig feiern.

3
Meisterwurzbrennen auf der Wasseralm

15. Juni

Als ich die Spitzen der Meisterwurzen sah, die durch den nieder-gedrückten, feuchtklebrigen, braun und schwarz dreckigen Boden, auf dem vor höchstens zwei Tagen noch der Schnee lag, wie grüne Spargel herauslugten, freute sich mein Gemüt. Ich zögerte nicht, grub eine Wurzel aus, schnitt mit dem Taschenmesser ein Stück ab und steckte es in den Mund. So schmeckt der Sommer. Das ist der Geschmack dieser Berge. Der Duft der Heimat. Gepriemt wie Kautabak verteilte sich der frische Duft der Meisterwurz in den Atemwegen; die angenehme Schärfe regte den Speichelfluss an und vertrieb die Durstgefühle. Eine Wohltat für Mund, Rachen und Magen. (Ist er zu stark, bist du zu schwach.)

Der steile, ausgesetzte und zum Teil verfallene Steig führte mich vom Obersee zur Wasseralm. Zuvor fuhr ich mit dem Kursboot über den Königssee nach Salet. Salet heißt die Alm, an der sich die Schiffsan-legestelle ganz hinten am Königssee befindet.

Eine junge Lärche mit leuchtend hellgrünen Junitrieben scheint lila zu blühen; eine Waldrebe durchnetzt das Geäst des Zukunftsbaums wie die Kabel einer Christbaumbeleuchtung, deren Glühkörper in lila gehalten und fast wie von Menschenhand gleichmäßig verteilt sind. Nach zwei Stunden Gehzeit durch Buchenwälder, vorbei an blühendem Frauenschuh und Maiglöckchen, kam ich zur ersten Almlichtung im Röthgebiet, der Walch-Hüttenalm –, und die Meis-terwurz war mein Begleiter.

In den letzten Tagen war es sehr warm, dadurch taute Gott sei Dank noch ein erheblicher Teil des Altschnees weg. Hier auf der Was-seralm, auf 1450 m, war vor einer Woche noch eine geschlossene Schneedecke.

„Dein Handwerkszeug zum Schnapsbrennen ist auch heil angekommen, ich hab alles in die Brennhütte geräumt", hielt mir Horst, noch bevor er mich begrüßte, entgegen. Ich konnte ihn vor dem Helikopterflug nicht erreichen und so wusste er nichts davon, dass mein Krempel hier landen würde. Die Wasseralm liegt in einem absoluten Funkloch, in dem auch kein Handyempfang ist. (Oh was für herrlicher Ort!) Er drückte mir eine Flasche Bier in die Hand und verpasste mir eine Brotzeit. Horst war im Revier Bartholomä jahrzehntelang Berufsjäger. Seit er Rentner ist, stellt er den Hüttenwart der Selbstversorgerhütte. Seitdem ist die Wasseralm in einem gepflegten Zustand. Er ist den ganzen Sommer hier oben und es ist klar, wer hier das Sagen hat. Er befindet sich mit seinen knapp 69 Jahren ich glaube im zweiten, wenn nicht sogar im dritten, vierten oder fünften Frühling, genau kann ich das nicht sagen, dazu fehlt mir einfach die Übersicht. Seine junge Frau Monika (sie dürfte so alt sein wie meine Michaela) schenkte ihm noch mal zwei Kinder, Moritz 3 Jahre und Johanna 1½ Jahr jung. Alle sind sie mit heroben.

Die Brennhütte ist an die Selbstversorgerhütte angebaut und Horst nutzt sie mit. Der Brennraum wird als Waschküche verwendet, der Gärraum als Speisekammer (der Gärraum ist der am besten isolierte Raum und was sonst die Wärme hält, hält auch die Lebensmittel frisch) und mein Stüberl ist als Brotlager im Gebrauch. Die vier, Horst mit Familie, wohnen auch in der Brennhütte und haben ihr Reich unterm Dach. In meinem Stüberl befinden sich ein Bett, eine Eckbank mit Tisch, zwei Stühle und ein Ofen. Horst wollte noch das Brot woanders hinräumen, „solange du da bist", aber ich sagte, er kann es dalassen, weil es so gut riecht. Ich richte mich kurz ein, bereite mein Bett und überfliege, ob alles da ist, was ich zum Leben und zum Meisterwurz machen brauche. Wobei ich mich um das Kulinarische und ums Bier wirklich keine Sorgen machen brauche – der Gärraum ist voll. Abends gab's noch Horsts berühmte Gemüsesuppe und nach einem Begrüßungsschwätzchen ging ich zu Bett. Ich legte noch ein paar Decken drauf, denn die Nächte sind noch bitterkalt. Eisige Fallwinde sinken vom Brandhorn, 2610 m, und Funtenseetauern, 2578 m, drücken die Kälte an die fugenreichen Blockwände der Brennhütte und versuchen, mich aus dem Bett zu ziehen. Das Bettzeug war noch leicht feucht, obwohl ich es den ganzen Nachmittag im Freien aufgehängt hatte. Schuld waren wieder mal die Wolken, die ständig den Sonnenschein löschten. Doch in der Früh war durch meine Körperwärme alles getrocknet und der heutige Tag versprach, ein wolkenloser zu werden.

Um 7 Uhr, nach kurzem Frühstück mit gutem Kaffee, noblerweise von Horst schon hergerichtet, gehe ich zum Wurzengraben. Durch nasses Gras, an dessen Halmen der Tau über Nacht gefroren war, stapfe ich ins Hennenloch, das ist eine kleine abgelegene Mulde, die eine ausgiebige Meisterwurzdichte versprach. (Dieses Hennenloch hat nichts mit dem im Priesberggebiet zu tun, im kleinzerklüfteten Berchtesgadener Land wiederholen sich die Ortsbezeichnungen auf engerem Raum. Die Bezeichnung Hennenloch lässt hier auf Birkhühner schließen.)
Mittags sitz ich auf einem Stein im Halbschatten einer Zirbe in teilweise absoluter Stille. Wirklicher Stille. Also überhaupt keine Geräusche. Nichts. Als wären die Leitungen von den Ohren ins Gehirn gekappt. Zwei Murmeltiere jagen unmittelbar an mir vorbei, ohne dass sie mich bemerken. Eine Ringdrossel durchstöbert den Boden nach Fressbarem. Ich esse mein Wurstbrot und trinke eine Flasche Bier. Ich rauche sonst fast nie, aber beim Wurzengraben schmeckt mir eine Zigarre zur Mittagsstunde unter freiem Himmel an frischer Luft. Vor zwei Jahren grub ich hundert Meter östlich von meinem jetzigen Standpunkt nach Meisterwurz. Damals war die Vegetation schon um 14 Tage weiter. Tausende kleine Mücken, die sich unbemerkt an mich ranmachten, sobald der Boden aufgerissen war, brach-

ten mich zu langärmliger Kleidung mit Hut und einer qualmenden Zigarre im Mund. Doch heuer bin ich vor den Mücken da, ich hab noch keine einzige gesehen und auch nicht gespürt.

Gegenüber ist ein kleiner Berg namens Lehlingkopf. Im Dritten Reich hatte man ihn komplett umzäunt. Es stehen nach rund sechzig Jahren noch einige fünf Meter hohe Zaunstangen aus Lärchenholz. Reichsjägermeister Herman Göring ließ damals Steinböcke auswildern, um die Jagd im Steinernen Meer neben Gams, Reh und Hirsch noch attraktiver zu machen. Görings Jagdhütte ist nicht mehr hier, das Tausendjährige Reich bekanntlich auch nicht, aber die Steinböcke beleben immer noch die höchsten Weiden in den Berchtesgadener Alpen. Steinböcke werden in Berchtesgaden gar nicht geschossen; auf der österreichischen Seite der Grenze schon.

Wie weit weg ist doch schon wieder der Winter, als ich mit meinem Vater so viele Skitouren ging? Einmal sind wir sogar hier vorbeigekommen. So weit entfernt sind die Tage, an denen ich mit dem Snowboard am Jenner durch den Tiefschnee kurvte. Wo sind die vielen Stunden, die wir in die CD investiert haben? Nichts erinnert mehr an sie. Das Einzige ist die CD, die kann man zwar anhören, aber der Aufwand dieser Produktion ist Vergangenheit.

Drei Flugzeuge ziehen weiße Kondensstreifen vor dem wolkenlosen, blauen Himmel und unterbrechen die Stille. Von München aus führt die Hauptflugroute genau über das Steinerne Meer und über den Hochkönig, der die höchste Erhebung der Berchtesgadener Alpen mit 2941 m darstellt. Sie fliegen dahin, wo es warm ist, nach Griechenland oder in die Türkei, um an einem Sandstrand in Reih und Glied wie beim Morgenappell der Soldaten bzw. wie Ölsardinen auf nummerierten Liegen mit Sonnenschirmen zu braten. Ich versuche mir vorzustellen, wie die Reisenden zu mir runterschauen, mich aber trotzdem nicht sehen. Sie haben da oben einen gewaltigen Weitblick und verlassen für 14 Tage ihre Heimat. Ich wühle im Boden meiner

Heimat und schau den ganzen Tag in gebückter Haltung auf die Vegetation. Mir fällt der alte Schlager ein: „Eine Handvoll Heimaterde nahm ich mit ins fremde Land..." und ich hab die Heimaterde unter den Fingernägeln. Die Nagelbette brennen.

Dort wo der Enzian blüht.

Eiserne - Vögel

1. Strofe (orig. Ox'n - Aŭg'n)

Refr. Eiserne vögel

F. Vogl

zwischenspiel C-Dur/2. Strofe/ Refr.

Eiserne Vögl

1   Seit Tausenden Jahren kreist er dort ob'n,
    die Thermik trägt ihn weit hinauf,
    die Sonne malt seinen Schatten auf den Boden
    und zu ihm kam der Mensch nie hinauf.
    Der König der Alpen fliegt nicht mehr allein
    und es wird nie wieder so sein,
    der Adler ist um sein Reich betrogen,
    doch majestätisch fliegt nur er allein.

Refr. Eiserne Vögl fliang über uns her,
    eiserne Vögl überm Steinernen Meer,
    eiserne Vögl dass donnert im Tal,
    eiserne Vögl de fliang überall.
    Eiserne Vögl so schnell und so laut,
    eiserne Vögl hots scho oft oba g'haut.

2   Mit Federn und Wachs fliegt gen Himmel empor,
    Ikarus, doch er flog zu weit hinauf,
    die Sonne zerstörte die Flügel
    und somit ging er auch dabei drauf.
    Der ewige Traum wie ein Vogel zu sein,
    den gaben die Menschen nie auf,
    der Adler fliegt nicht mehr allein,
    doch majestätisch fliegt nur er allein.

(Es ist natürlich klar, dass die Flugzeuge nicht aus Eisen sind, aber
Aluminium war bei uns im Volksmund halt das leichteste „Eisen".)

Horst kocht 20 Liter Gemüsesuppe, „die muss für zwei Tage reichen", sagt er und leert eine Flasche Weißwein in den großen Topf. 13 Dänen lassen sich die Suppe schmecken. Die Gemüseabfälle von Kraut, Sellerie, Karotten und Kartoffelschalen werden vor die Hütte gekippt. Dadurch wird das Rotwild angelockt. Sie sind die Fütterung von ihrem Wintereinstand am Königssee in St. Bartholomä gewöhnt. Die Wasseralm ist bekannt dafür, dass man Rotwild sehen kann. Hauptsächlich im Spätsommer, zur Hirschbrunft, kommen viele Naturinteressierte, um das Röhren und Treiben zu beobachten. Als ich nachts raus musste, waren sechs Hirschkühe am Kompost zugange. Einmal zählte ich 23 Stück kapitale Hirsche, Spießer und Hirschkühe mit gepunkteten Kälbern (Bambis), die sonst eigentlich selten alle auf einem Fleck anzutreffen sind, außer bei der Brunft und an der Winterfütterung. Sie ästen auf der Almfläche wie Weidevieh. Zahlreiche Bergwanderer standen mit ihren Ferngläsern vor der Hütte und freuten sich über den relativ seltenen Anblick: „Das hätte ich nicht gedacht" oder „sagenhaft". Einige hatten noch nie zuvor in ihrem Leben Rotwild gesehen.

Auch jetzt kommen die Hirsche Tag für Tag aus ihren Tageseinständen. Einmal mehr, einmal weniger. Es kommt mir so vor, oder es wäre doch möglich, als ob die Hirsche zum Wandererschauen zur Hütte kommen. Hier gibt es jeden Tag andere Leute zu sehen. Fotografierende Menschen, die eigentlich nur bei der Hütte bleiben müssten um abzuwarten, bis sich das Wild nähert. Doch einige pirschen sich Schritt für Schritt näher und die Hirsche schrecken zurück. „Was seid ihr doch für Arschlöcher, wir wollen auch was sehen. Wir sind doch nicht hier raufgegangen, dass solche wie ihr die Hirsche vertreiben!"

„Spielen Sie sich mal nur nicht so auf! Hysterischer Affe..." Mit gespitzten Lauschern kommen die neugierigen Rothirsche wieder näher, denn so interessante Gespräche bekommen sie nicht überall in den Berchtesgadener Bergen zu hören.

Im extremen Gegensatz zum Priesberggebiet gibt's hier keinen Jäger mehr; Horst war der letzte. Alles der Natur zu überlassen, so wie es die Nationalparkverordnung vorgesehen hätte, schafft man allerdings hier auch nicht, denn unterhalb der 1300 Meter Höhenlinie wird wieder geschossen.

Die Kernzone des Nationalparks Berchtesgaden, die glücklicherweise zum größten Teil über 1300 Meter liegt, wird nicht mehr bejagt; daher resultiert wohl die Zutraulichkeit der Tiere. Es gibt hier einige kapitale Berghirsche, die man nicht mehr bejagt (die kapitalen Einser Hirsche), die bei der alljährlichen Wanderung zwischen 1300 Meter und den Fütterungen am Königssee dem Schuss entkamen; sie dürfen alt werden. In Wildererkreisen ist das natürlich bekannt und so kommt es auch vor, dass man einen gewilderten Hirsch ohne Kopf finden kann. Mit zerlegbaren Kleinkalibergewehren, die mit Schalldämpfer ausgestattet sind, werden die größten, schwersten und kapitalsten Hirsche abgemurkst. Kapitale Steinböcke kommen auf diese Art und Weise auch gelegentlich weg. Hunger? Nein, Hunger hat von denen keiner. Der Kadaver wird meist verscharrt, es geht nur um die Trophäe, die es ins Tal zu schmuggeln gilt. Es muss ein gewaltiger Aufwand sein, das Geweih samt Schädel ungesehen ins Tal zu transportieren, um es dann in irgendeinem Wohnzimmer verstauben zu lassen. Egal, ob die Hirschschädel mit 160 Zentimeter Spannweite der Geweihe ungesehen über das Blühnbachtal ins Land Salzburg/ Österreich transportiert werden oder am Königssee entlang nach Berchtesgaden, es handelt sich allemal um eine logistische Leistung. Vielleicht muss man aber gar nicht so weit ausholen – der Täter ist oft näher als man denkt. Die Schlösser und Villen der Adeligen sind bis unters Dach vollgestopft mit Jagdtrophäen aus Jahrhunderten. Die Wände der Jagd- und Forsthäuser sind auch mit Geweihen „zutapeziert". Man möchte meinen, der Horn- und Knochenhaufen ist wertlos geworden. – Wir sind nun einmal Jäger und Sammler, das kann man nicht ausschalten.

16. Juni

Heute früh regnete es und ich bin nicht zum Wurzengraben rausgegangen. Wir stellten die Brennerei an ihren Platz, montierten den Kühler und schlossen das Gerät am Kamin an. Wenn ich hier fertig bin, kommt das Brenngerät wieder in die Ecke und wird als Topfaufhänger missbraucht. Ich für meinen Teil hätte das Brenngerät natürlich lieber fest installiert auf seinen Platz, aber für die Zeit, in der dieser Raum als Waschküche verwendet wird, ist es praktischer, sie müssen nicht immer um das Brenngerät laufen, um sich dabei den Kopf am Ofenrohr anzustoßen.

Ich saß gerade vor der Brennhütte und wollte mein zuletzt Geschriebenes durchlesen, da gesellte sich jemand zu mir. Ich war noch ganz vertieft und hörte: „Meisterwurz? Hab ich noch nie gehört. Wie heißt denn die Pflanze wirklich?" Ich schaute erst geradeaus, streifte am mit Bergsteigern besetzten Nachbartisch vorbei und sah, zuerst unbemerkt, direkt neben mir ein interessiertes Kerlchen. Ich sagte: „Meisterwurz, einmal Meister, einmal Wurz; das hat aber nichts mit dem Geschlechtsteil das Brennmeisters zu tun. Also nicht die Wurzel des Meisters. Der Schnaps ist auch kein Enzian, den der Meister gebrannt hat – Meisterwurz ist die richtige deutsche Bezeichnung – deutscher bring ich es nicht hin. Die Lateinische Bezeichnung ist Peucedanum ostruthium oder besser, wie wir alten Lateiner zu sagen pflegen, Radix imperatoriae – quasi der Chef aller Wurzeln, das mächtigste Radieschen der Welt. Die Meisterwurz gehört der Familie der Doldengewächse an und wächst bei uns nicht unter 1300 Meter. Da der Pflanze meisterliche Heilkräfte zugeschrieben wurden, erhielt sie diesen Namen. Der Blütenstängel wird zwischen 50 und 70 Zentimeter hoch und die glänzend grünen Blätter sind meist dreimal dreigeteilt. Ich zeig ihm eine knollige braune Wurzel mit weißen jungen Ausläufern (Rhizomen), mit denen sich die Pflanze unterirdisch ausbreitet, bis hin zu flächendeckenden Polstern. Die Dolde besteht aus circa 40 bis 50 kleinen Döldchen mit lauter kleinen Blüten, die weiße oder rötliche Kronenblätter haben. Die Samen werden dann durch Wind und Vögel verteilt – wie es halt so ist. Für den Schnapsbrenner sind die wichtigsten Inhaltstoffe das ätherische Öl und die Harze, Kautschuk ist auch drin, das hat der Herrgott natürlich nur für die Wurzengraber hinein, damit die dünnen Ausläufer nicht so leicht abreißen und man sie bis zur nächsten Knolle verfolgen kann. Der Meisterwurzschnaps erinnert an Wacholder, das liegt am ätherischen Öl; einen eingeschworenen Gintrinker krieg ich immer mit Meisterwurz.

„Im Mittelalter wurde die Meisterwurz als Allheilmittel verordnet: bei Appetitlosigkeit vor dem Essen, bei Magenverstimmung nach dem Essen, bei Verdauungsstörungen und als harntreibendes Mittel, also auch zum „Pieseln". Der Meisterwurz hilft auch bei Rheuma und Gicht und auch bei einem liederlichen Leben – Meisterwurz, Meisterwurz, Meisterwurz. Einige Almbauern schwören auch heute noch auf die Heilkräfte der Meisterwurz und des Enzians, indem sie ihrem Vieh bei Blähungen oder Entzündungen Semmeln füttern, in denen sich zerschnittene Wurzelteile befinden."

Nach diesem „Lobgesang" über meinen Rohstoff wurde ich gefragt, ob man für diesen Beruf studiert haben muss. Darauf kam die Antwort: „Ich ging neun Jahre aufs staatliche College am Bacheifeld (Bacheifeld heißt die Hauptschule in Berchtesgaden) und hab anschließend Architektur, Musik und Philosophie studiert."

„Architektur, Musik und Philosophie, passt das zusammen?" Ich lud ihn zu einem Bier und einem Gläschen Meisterwurz ein und wir redeten, bis uns die nötige Bettschwere auseinandertrieb. Wir sprachen über Sinn und Zweck des Nationalparks und waren uns einig, dass die schönste Landschaft auch den höchstmöglichen Schutz bräuchte. Was hat der Nationalpark bis jetzt gebracht, außer einen Verwaltungskomplex mehr und Ablehnung seitens eines Teils der heimischen Bevölkerung? Mit dieser Frage kann man immer wieder heftige Diskussionen entfachen. Doch ganz nüchtern und neutral gesehen müsste doch die Frage lauten: Gelingt es überhaupt, diese Gebirgslandschaft im gewünschten Maße zu schützen und wovor muss sie geschützt werden? Ein Teil der Antwort könnte heißen: Vor negativen Umwelteinflüssen und vor den Menschen. So verstrickt sich der Begriff Nationalpark im Widerspruch. Wie viele Menschen verträgt dieser schmale Gebirgsgürtel mit nur 21000 Hektar überhaupt? Ein Nationalpark zieht die Menschen an; ein Nationalpark ist kein Geheimtipp, setzt Sehenswertes voraus und macht Werbung, die für den Fremdenverkehr der Region auch wichtig ist – und die Menschen kommen in Massen. Es ist ein Teufelskreis.

Die Wasseralm war vor einigen Jahren noch ein Drecksloch, das nur von hartgesottenen Bergfexen in Anspruch genommen wurde. Jetzt ist es hier sauber und gepflegt, die Menschen werden immer mehr und die Kapazität der Gebäude zu gering. Viele Bergwanderer suchen in den Bergen die Einsamkeit und Ruhe, aber wo viele sind, gibt's wenig Ruhe. Horst spekuliert mit dem Anbau oder einer nebenstehenden zweiten Hütte, um mehr Platz zu haben. Sollte das zustande kommen, wird dies die Runde machen. Mehr Platz und somit mehr Komfort werden wieder mehr Menschen anlocken und die Hütte ist wieder zu klein; in dieser Zeit, in der die Alpen immer mehr als Naherholungsgebiet für die Ballungsgebiete dienen, in der immer mehr Menschen, die in Büros sitzen oder nur noch Geräte und Maschinen bedienen und sich nicht ausarbeiten können, die körperliche Ertüchtigung in den Bergen suchen. Der beste Schutz ist doch immer noch, etwas geheim zu halten. Wenn du irgendetwas schützen willst, ist es noch immer das Beste, es weiß keiner davon. Aber supertolle Sachen kann man nur schwer geheim halten – man möchte doch, dass andere an dem Schönen mit teilhaben.
Wir sprachen auch über die Möglichkeit der Forschung in Naturschutzgebieten – über Gelder, die dafür zur Verfügung stehen; ob

diese Gelder vernünftig eingesetzt werden und so weiter. Auch hier kamen wir zu einem gemeinschaftlichen Abschluss Plädoyer: Für einen produktiv denkenden Menschen sieht es oft verdammt albern aus, was so Forscher alles treiben, aber Naturwissenschaft ist wichtig, vielleicht wichtiger als je zuvor.

Als ich mit meinem Freund und Wurzengraber Sepp im Jahre 2000 die Hütte aufsperrte, wussten wir nicht, dass mein Chef die Hütte auch dem Alpenverein zur Verfügung stellte. Sepp ist auch ein sehr naturliebender Mensch, der immer ein Fernglas bei sich trägt, um seine ornithologischen Kenntnisse zu erweitern. (Das ist jetzt schon der dritte Sepp, aber keine Angst, es kommt mindestens noch einer.) Als ich ihm sagte, dass ich die Brennhütte auf der Wasseralm wieder in Betrieb nehmen möchte, beantragte er sofort Urlaub, um mein Begleiter zu sein. Für zwei bis drei Tage hatten wir Proviant über die Gotzenalm und Landtalalm geschleppt, um nicht zu verhungern und zu verdursten. Sepp hatte eine Flasche Rotwein im Gepäck und ich prahlte mit einem 0,35 l Meisterwurzfläschchen. Als wir auf die damals noch auf sich gestellte Hütte stießen, kam der Durst nach Bier. „Hat jetzt keiner von uns ein Fläschchen Bier dabei? Wir können doch für den Durst nicht die Flasche Wein austrinken."
„Wir trinken Wasser. Wasser müsste doch auf der Wasseralm genügend da sein."
„Na toll!" Die Brennhütte war eigentlich nur ein Rohbau. Der Brennraum war als Materiallager für Baumaßnahmen an der Alpenvereinshütte genutzt. Gipsplatten und Latten lehnten da rum und machten auf mich einen nicht unbedingt Begeisterung fördernden Eindruck. Ich sagte: „Na ja, das wäre der Brennraum wo die Brennerei hin soll – sieht ziemlich wüst aus." Ich schob eine Platte zur Seite und öffnete die Tür zum Gärraum. „Das ist der Gärraum. Ich glaub ich träume! Seppe! Wir sind gerettet!"
„Was ist denn jetzt los?"

„Schau mal da hinein, da ist ein Bierarsenal!"

„Ja bist du gelähmt! Da machen wir uns aber gleich eine Halbe auf!"
Und es zischte. Da waren 35 Kästen Bier gelagert. Die nächsten Tage
wurde die Hütte vermessen, Materialbedarf für Wasserleitungen, Zement und Fliesen berechnet. Vor allem aber suchten wir nach geeigneten Plätzen zum Meisterwurz- und Enziangraben. Meisterwurzplätze wurden zur Genüge gefunden; man könnte auch sagen, das
Gebiet ist mit Meisterwurz voll. Aber die Grabgebiete der Enzianwurzeln machten uns Kopfzerbrechen. Enzian wurde hier schon seit
einer Ewigkeit nicht mehr gegraben. Zumindest gab es keinen Lebenden mehr, den ich fragen konnte. Den ganzen Tag durchstreiften
wir die Grünflächen im Röthgebiet: Almlichtung für Almlichtung
– Enzian war da überall, aber zum Ausgraben unrentabel. Die Abende versüßte uns der Bierschatz im Gärraum. Erst am letzten Tag, als
wir auf Umwegen den Heimweg antraten, wurden wir fündig. Die
Enziangebiete liegen zwei Stunden Gehzeit von der Wasseralm entfernt, in entgegengesetzter Richtung als vermutet. Um 36 Flaschen
Bier war das Bierlager geschrumpft. Wir hatten das Geld dafür hinterlegt und einen Zettel dazu, auf dem stand: „Vergelt's Gott Horst
für den edlen Saft vom Hofbrauhaus Berchtesgaden, wir hoffen, das
Geld reicht. Gruß Hubert und Sepp." Besser wäre gewesen, wir hätten noch hinzugefügt, dass wir vier Tage auf der Hütte waren. Im Tal
erzählte man sich, dass der Schnapsbrenner und sein Freund Sepp
auf der Wasseralm an einem Abend 36 Bier gesoffen haben.

Monika berichtet von einem Brand im letzten Sommer: Als sie
nachts von ihrer Kammer ins Freie trat, bemerkte sie ein Treiben im
Brotzeitraum der Unterkunftshütte. Es roch verbrannt. Sie öffnete
die Tür und das Treiben entpuppte sich als Zimmerbrand. Eiligst
weckte sie die Schlafenden und löschte mit Kübeln voll Wasser den
Brandherd. Der Ofenschuber, in dem sich das Brennholz befand,
brannte lichterloh. Die zum Trocknen aufgehängten Kleidungsstü-

cke brannten ebenfalls und die Bergschuhe waren verschmort. Das war gerade noch rechzeitig. Zehn Minuten später wären beide Gebäude nicht mehr zu retten gewesen. Das Ausmaß der Katastrophe – unter Umständen grauenhaft. Im Lager schliefen zwanzig Leute. Das Schärfste jedoch: Der Brandverursacher lag auf der Eckbank neben dem Ofen und schlief. Er wurde erst entdeckt, als der Brand gelöscht war. Damit er besser schlafen konnte, trank er eine Flasche Schnaps und kam so auf der Eckbank zu liegen. Als es ihm zu kalt wurde, legte der schwer betrunkene Mann noch mal nach und versäumte es, das Ofentürchen zuzumachen. Die Glut fiel heraus und entfachte das Feuer. Am nächsten Tag waren die Glücklichen ganz ruhig, denn sie wussten, dass alles viel schlimmer hätte ausgehen können. Jetzt waren sie halt barfuß im Gebirge. Sie mussten einen Tag auf Ersatzschuhe warten, die der Hubschrauber brachte.

Jahrzehntelang war dieser Bau auf sich alleine gestellt. Nur alle 14 Tage bzw. höchstens einmal in der Woche kam der Hüttenreferent oder ein freiwilliger Helfer des Alpenvereins, um nach dem Rechten zu sehen und die Hüttenkasse zu entleeren. Immer wieder fand man erkaltete Glut im Holzschuber und Spuren von unsachgemäßer Handhabung mit dem Herd. Wenn man an Wunder glaubt, dann ist mit Sicherheit eines davon, dass die Wasseralm nie abgebrannt ist. Der schärfste Zwischenfall war jedoch, als jemand das Feuer im Backrohr legte und logischerweise den Rauch nicht loswurde. Mit geballter Entschlossenheit murkste man ein Loch durch die blecherne Rückwand des Backrohrs; das wurde wahrscheinlich mit der Hüttenaxt verbrochen – der Ofen war hin.

Die Wasseralm, oder besser das Röthgebiet, war einst das südöstlichste Almgebiet Deutschlands. Hier wurde um 1956 zum letzten Mal Vieh aufgetrieben. Die letzte Sennerin hatte aber nur noch Jungvieh. Sie musste nicht melken und keinen Käse machen. 1950 wurde die Göringhütte abgerissen. Das Bauholz brachte man mit

Rössern zur Wasseralm und vergrößerte damit die Almhütte. Die Sennerin betreute damals schon die Wanderer und Bergsteiger. Jetzt unterhält der Alpenverein Berchtesgaden die Selbstversorgerhütte. Die sicherlich noble Einrichtung der Göringhütte verlor sich damals in alle Himmelsrichtungen. Die Brennhütte wurde erst 1966 an die Wasseralm angebaut. Der Vorgänger dieses Baues war etwas tiefer auf der so genannten Sonntagsalm. Die Hütte, Baujahr 1689, war in einem ziemlich maroden Zustand. 1965 wollte man das Dach reparieren. Einige Arbeiter waren am Schindelmachen und verbrannten nebenbei altes Zeug. Sie übernachteten damals in der Jagdhütte auf der Wasseralm. Als sie eines Morgens zur Brennhütte zurückkehrten, war diese nicht mehr da. Bis auf die Grundmauern war sie abgebrannt. Heute sieht man fast nichts mehr von der Ruine. Man könnte auch sagen: Gras ist darüber gewachsen. Im Deutschen Museum in München kann man das originale Brenngerät, welches man 1961 als Dauerleihgabe ausbaute, besichtigen.

Das Röthgebiet ist nur zu Fuß über verschiedene Steige erreichbar. Die kürzeste Route führt vom Obersee über die Röthwand, Gehzeit circa zwei Stunden. Es ist aber gleichzeitig die steinschlaggefährdetste Aufstiegsmöglichkeit. Die meisten Bergwanderer kommen von der Gotzenalm, Gehzeit circa drei bis vier Stunden, um nach einer Übernachtung zum Funtenseehaus, Gehzeit circa vier Stunden, zu wandern. Hier auf der Wasseralm ist wegen Platzmangel nur eine Übernachtung gestattet. Bergsteiger gehen von hier aus auch auf die Teufelshörner (2361 m) oder über die Blaue Lache und Funtenseetauern zum Kärlingerhaus am Funtensee. Um diese Jahreszeit ist aber noch nicht viel los mit Bergsteigern und Wanderern. Zu viel Schnee liegt noch im Steinernen Meer, der die Wegmarkierungen versteckt hält und das Wandern mit unterhöhlten Schneefeldern zu einem nicht ungefährlichen Unterfangen macht. Blutige Waden und aufgeschlagene Schienbeine sind im Falle des Einbrechens noch die harmloseren Verletzungen. Horst hat also Zeit, mir zu helfen. Ohne ihn wäre die Aktion sowieso nicht in so kurzer Zeit möglich. Ich müsste z. B. schon Jahre zuvor Brennholz machen. Jetzt kann ich einfach das trockene Holz nehmen. Ich muss mich nur um meinen Schnaps kümmern, denn die ganzen anderen Hüttenarbeiten sind schon getan. Wenn Horst nicht gerade an seiner Gemüsesuppe rumschnipselt, geht er mit zum Wurzengraben. Er ist darin kein Schlechter. Er gräbt überhaupt für sein Leben gerne. Schon in seiner Dienstzeit als Jäger buddelte er wie ein Maulwurf an den Wildfütterungen am Königssee. Seit er auf der Wasseralm ist, gräbt er für Fundamente, verlegt Bachbette und hebt Sandgruben aus, um irgendetwas zu betonieren. Beim Meisterwurzgraben arbeitet er scheinbar langsam; er strahlt Ruhe aus, wobei sich der Hanfsack stetig füllt.

Das Brenngerät ist nun komplett zusammengebaut und wir nehmen einen Probebrand vor, der zur Dichtigkeitsprüfung dient. Bei dem so genannten Wasserabtrieb, wie schon der Name sagt, wird Wasser destilliert, um die ganzen Verschraubungen und Muffen zu überprüfen. Man zieht die Schrauben noch mal nach und kann dann sicher sein, dass beim Einsatz mit Alkohol das Gerät den Ansprüchen genügt. 0,5 Bar – und das Brenngerät ist voll funktionsfähig. Wir destillieren noch 10 Liter Wasser für die Batterien.
Eine Wohltat, mit dem anfallenden Kühlwasser wird geduscht. Die beiden Kinder baden anschließend in den Spülwannen am Boden und sind sichtlich begeistert über den Vorteil, wenn der Schnapsbrenner da ist. Sonst baden die Kinder im eisigen Bach und „werden so abgehärtet und halten im Leben bisschen was aus", so Horst. Nach den Kindern springt der Sauberkeits-Trip auf alle über, solange das Wasser reicht.

Nach dem Abendessen mach ich einen Spaziergang. Ein nur noch zu ahnender Pfad führt mich nach einer Dreiviertelstunde zur

Hochecker-Alm. Es sind immer wieder die Orte unserer Vorfahren, die mich faszinieren. Steine, die von einer alten Almhütte zeugen, liegen auf einer vorragenden Anhöhe. Es ist deutlich ein Quadrat zu erkennen und ein Kellerloch. Zwischen den Grundmauerresten (dem Kaserstöckl) wächst der Meisterwurz heraus. Ansonsten erinnert nichts mehr an eine Almhütte. Kein Blech, keine Keramik oder Glasscherben sind zu finden. Das Dach war mit Sicherheit mit Schindeln gedeckt. Gläserne Fenster hatte man hier oben sicher nicht. Kein einziges Stück Holz liegt herum; das heißt diese Hütte ist mindestens schon seit hundert Jahren aufgelassen. Die Aussicht ist von einer Schönheit, wie sie noch kein Filmregisseur auf die Leinwand brachte. Der beste Fotograf könnte sie auch nicht in ein viereckiges Format quetschen. Die Spitzen der Teufelshörner sind leicht rosa im Abendlicht; die Weiden der Gämsen und Steinböcke am Wildpalfen (2236 m) und am Hanauerlaub leuchten in einem gelblichen Grün. Daneben Kahlersberg und Hochsäul (2073 m); man sieht die Gotzen- und Regenalm, den Watzmann von Süd-Osten in einer ganz anderen Form, als seine so berühmte Silhouette. Direkt neben mir Neuhütter (2082 m), Hocheck (2230 m), Kuhscheibe (1967 m) und Gamsscheibe (2152 m), die westlichen Ausläufer des Funtenseetauern.

Gerne würde ich für ein paar Minuten die Zeit zurückdrehen, vielleicht so um 150 Jahre: Wie mag die primitive Hütte ausgesehen haben? Wahrscheinlich ziemlich niedrig und ohne Fenster, das Dach nie ganz dicht, der Fußboden aus Lehm. Wie arm muss ein Völkchen sein, dass es hier Milchkühe hütet, um den Käse über halsbrecherische Steige abzutragen bis nach Berchtesgaden? Haben sie die Schönheit der Berge erkannt? Gewiss, aber hier oben, ohne Schuhe, in so einem Sommer wie diesen, in dem es bis jetzt alle zwei Wochen bis auf 1500 Meter runterschneit, war wohl wenig Platz für Romantik.

Zu den Almen, die heute noch bewirtschaftet werden, führt meist ein fahrbarer Weg. Bei Leid von Mensch und Tier ist immer Hilfe aus dem Tal zu erwarten. Doch hier? Im Genick nur Dachstein- und Jurakalke und vor den Augen ein riesiges Loch, in dem sich Ober- und Königssee befinden; Sennerin und Kiabua (Hirtenbub) auf sich alleine gestellt. Ich kann mir auch vorstellen, dass es für ein junges Mädchen eine Strafe war, hier am hintersten, abgelegensten Winkel von Berchtesgaden den Sommer verbringen zu müssen...

Ich sinniere noch eine Zeit lang so dahin. Ein leichter, kühler Bergwind, der die Fasern meiner Schafwolljacke durchdringt, bringt mich wieder in die Gegenwart zurück. Langsam wird es dunkel.

Wer die Berge kennt weiß, dass unser Dasein unwichtig ist.

23. Juni

Mittlerweile bin ich schon am Destillieren des Meisterwurz. Dank Horsts tatkräftiger Unterstützung hab ich genügend Wurzeln und das Graben ist beendet. Zum Teil standen wir auf meterhohem Lawinenschnee, um oberhalb im steilen Gelände zu graben, an Stellen, an die man ohne „Schneegerüst" nur schwer oder gar nicht ran könnte. Die Wurzeln werden im Bach gewaschen und anschließend mit einer breiten Hacke auf Kaffeebohnengröße zerkleinert, um, wie bei der Bärwurzherstellung, in Säckchen angebrüht zu werden. Es sind dieselben Säckchen, die schon nach dem Bärwurzbrennen an der Enzianhütte auf der Eckeralm mit unparfümierter Kernseife und viel heißem Wasser gewaschen wurden. Das Destillat duftet besonders gut und würzig. Ich bin mir sicher, die ideale Zeit zum Meisterwurzgraben getroffen zu haben. Die Kraft der Wurzenstöcke war den ganzen Winter im Gebirgsboden steril verpackt und ehe sich die hohen Stauden bilden konnten, haben wir sie entnommen.

Für ein paar Tage sind meine Eltern auf Besuch. Mein Vater kann es nicht lassen und macht Brennholz. Mit Horsts Motorsäge, die erstmal mit einer fachmännischen Schärfe versehen wurde, verschwindet er im Wald, um einen vom Wind umgerissenen Baum aufzuarbeiten. Meine Mutter ging mit mir, rein exkursionsmäßig, zum Wurzengraben in Richtung Hochecker-Alm und Berglwand. Sie hätte nicht gedacht, dass das Graben eine so anstrengende Arbeit ist, wenn man die Wurzelstränge mit bloßer Körperkraft aus dem Boden zieht. Der Wurzelpickel mit den zwei Zacken dient lediglich zum Aufhebeln des Bodens und muss den ganzen Tag mitgetragen werden. Auch der immer schwerer werdende Wurzensack hat nichts mehr mit Frauenarbeit zu tun – so meine Mama: „Schnapsbrennen da schon eher."

Horst hat noch zusätzlich eine Ungarin als Gehilfin. Sie spült einen Meter neben der Vorlage, aus der das Destillat nadeldünn herausläuft, Geschirr. Ich mach ihr klar, dass kein einziger Tropfen von Spülwasser oder Spülmittel in meine Kanne geraten darf. Diese Frau nervt mich, sie arbeitet in einem derartigen Schneckentempo, dass ich fast die Krise bekomme. Sie nimmt einen Suppenteller, taucht ihn in Zeitlupe ins Spülwasser und wischt mit einem Schwammtuch ohne jeglichen Druck auf dem Porzellan umher. Dabei schaut sie mit einem starren Blick zum Fenster hinaus und träumt sicher von ihrer Heimat. Ich konnte es mir nicht verbeißen, Monika zu fragen, für was diese Person gut sein soll. Teller, Besteck und Gläser türmen sich und sie interessiert sich null dafür, dass die Teller schon wieder gebraucht werden. „Die isst ja mehr als sie bringt – merkt denn das der Horst nicht"?
„Ich hab mit ihm schon darüber gesprochen, aber er meint, wir sollten nicht so schnell über einen Menschen urteilen; die hat sich ja noch gar nicht eingelebt. Man muss ihr eine Chance geben." (Drei Tage später kam der Hubschrauber und holte sie ab.)

Mein Vater radelt schon den ganzen Tag mit der Schubkarre, die schon auf Ofenlänge geschnittenen Holzklötze aus dem Wald. Über Stock und Stein geht die Bahn. Ein Gast erbarmt sich seiner und hilft mit einer zweiten Schubkarre. „Der arme Mann muss sonst eine Ewigkeit hin- und herfahren. Ein mannshoher Haufen von klein gehacktem Fichtenholz türmt sich. Horst drischt mit freiem Oberkörper die Scheiter auseinander. Gewaltig, was die drei Herrn gleichen Jahrgangs so ausrichten. Die Holzaktion meines Vaters verkürzt meinen Aufenthalt auf der Wasseralm um einige Tage. Horst meint: „Deine Brennholzschulden sind locker beglichen.“ Ich würde gerne beim Holzmachen helfen, aber ich kann die Brennerei nicht lange aus den Augen lassen. „Meine“ Kinder Johanna und Moritz sitzen in den Waschwannen und planschen, was das Zeug hält. Mittlerweile bin ich der Vater von den zweien. Moni ist meine Frau und Horst ist dann logischerweise der Opa. So sehen es die meisten Gäste – und ich kann nichts dagegen tun. Ich lass den Gästen ihren Glauben. Mir ist es zu blöd geworden, die Leute über die Konstellation der Wasseralmer aufzuklären. Monika schaut nur verwundert und Horst schmunzelt immer nur ein bisschen, als ob er sich denke: Wenn ihr nur wüsstet. Nach der Kinderwäsche kommen Horsts Schafwollsocken an die Reihe – und das Wasser färbt sich schwarz. Das einzige Schuhwerk, das er im Bereich der Hütte trägt, sind Schlappen, die als Sicherheitsschuhe für sämtliche Arbeiten verwendet werden. In seinem Almgarten gedeiht hauptsächlich Schnittlauch und Petersilie für die Suppe. Bei der Gartenarbeit bröselt die Erde in die Socken und tritt sich schön fest.

Es regnet mal wieder und ich sitze in meinem Stüberl. Mit diesem Satz könnte ich oft meine Zeilen beginnen. Bei schönem Wetter spielt sich vieles im Freien ab und man beschäftigt sich soweit wie möglich mit Außenarbeiten. Abends sitzt man mit den Gästen vor der Hütte und unterhält sich über Gott und die Welt – da denk ich

Brennholzlieferung auf der Wasseralm.

nicht daran, zu schreiben und nach dem Sonnenuntergang ist die Kreativität in Müdigkeit übergegangen. So haben die vielen verregneten und kalten Tage auch etwas Gutes – ich schreibe.

Über mir ist ein Regal angebracht, eigentlich nur ein Brett, auf dem alte, rostige Kaffeedosen stehen; einige mit Wachs versaute Frühstücksteller, die als Kerzenständer dienten und eine Blumenvase. Mittendrin befindet sich auf einmal ein Zigarrenlager verschiedener Sorten Zigarillos und Virginias. Vor einigen Tagen fragte ich Horst, ob er mit dem Rauchen Schluss gemacht habe und er sagte siegessicher: „Ich habe genug geraucht, ich bin jetzt fast siebzig Jahre alt – und mir geht's nicht mal ab – ab einem gewissen Alter geht der Rauch an die Substanz."

Horst war im Tal beim Einkaufen und organisierte seine Versorgungsflüge – da ist er wohl am Tabakregal nicht vorbeigekommen.

„Was schreibst du eigentlich dauernd?" Horst schob die fast einen Meter langen Roggenbrote zur Seite und gesellte sich zu mir.

„Ich schreibe alles auf, was ich so mache, man vergisst so Vieles im Laufe der Zeit. Was mich aber mehr interessieren würde, wo die Zigarren herkommen?"

„Die hab ich bei dir gelagert – es sind quasi deine Stumpen. Monika muss es ja nicht unbedingt wissen, sie ist gerade mit den Kindern zur Jagdhütte rüber gegangen – los, lass uns eine rauchen." Wir reden über den Ausbau der Hütte. Vor drei Jahren haben wir den Brennereiboden und den Gärraumboden betoniert und gefliest.

„Kannst du dich noch an Edi erinnern, den Georgier, der uns beim Sandschaufeln, Sieben und auch beim Wurzengraben eine gute Hilfe war?"

„Ja, er war gut zu gebrauchen, aber halt nicht ehrlich; ich hab ihm einige Hundert Euro geliehen und er kam nie wieder", antwortete Horst.

„Wir haben damals das kaputte Büfett verbrannt und saßen in der Abenddämmerung gemütlich auf der Bank, bis du die Munition in unser Sonnwendfeuer geworfen hast."

„Es war nur eine Patrone, da wurde Edi schon nervös und zappelte; als ich aber die ganze Schachtel hineinkippte, war er weg."

„Er lag flach gedrückt im Graben und wartete das Knallen ab. Wir waren verwundert über Edis explosionsartiges Verhalten, aber ohne große Reaktion sitzen geblieben. Mit leichtem Spott und verdutztem Blick in den Graben sagtest du: ‚was hast du denn? Mit dir hätten die Russen niemals den Krieg gewonnen'!"

„Und nach der Knallerei kroch Edi wieder aus dem Graben zu uns auf die Bank."

„Er war sprachlos und schüttelte immer wieder den Kopf. Erst nach einigen Minuten begann er in seinem gebrochenen Deutsch über seine Militärzeit zu reden. Dieses Spielchen, so hat er erzählt, war eine Art Mutprobe wie Russisches Roulett und so manchen hat's dabei erwischt. Er konnte es nicht verstehen, warum wir so etwas machen und noch dazu ganz ruhig dabei sitzen blieben."

„Es waren doch nur schwarze Platzpatronen, wahrscheinlich auch noch aus der Kriegszeit, die beim Graben gefunden wurden – und so waren sie wenigstens weg..."

Ein Pfeifkonzert der Murmeltiere, die ihre Baue über die ganze Alm verteilt haben, bewog Horst dazu, zum Fenster hinauszuschauen. Von Westen her ist's schier unmöglich, ohne Vorwarnung der Nager zur Wasseralm zu gelangen. Die Murmeltiere melden jeden Wanderer an, so auch Moni und die Kinder, die sich schon wieder auf den Rückweg gemacht hatten.

Horst tat noch ein paar kräftige Züge und war längst wieder gegangen, da kam Monika in den Raum:

„Hier stinkt es aber verraucht! Rauchst du auch so viel?"

„Nur gelegentlich."

„Für das hast du aber eine Menge dabei und genau die Marken, die Horst früher rauchte!"

„Jaaa – Horst hat wohl den gleichen Geschmack wie ich, und das ist nicht unbedingt der schlechteste."

Ich blättere noch ein bisschen im Hüttenbuch, das 1969 begonnen wurde.

Mein erster Eintrag war 1995:
„Mit Hans, einem Holzknecht in Rente, und unserem Lastwagenfahrer, genannt der Schnapskutscher, waren wir zum Dachdecken heroben."

Es war bestes Wetter und wir rissen sofort nach unserer Ankunft am späten Nachmittag die komplette Ost-Dachseite der Brennhütte auf. Die Selbstversorger, die mir von Anfang an unsympathisch schienen, verbrannten einfach die alten Schindeln. Sie wären aber als Ofenanzündholz für längere Zeit gedacht gewesen. Sie schürten das Lagerfeuer ziemlich nah an der Hütte, genaugenommen unterm Vordach. Als wir auf die Brandgefahr aufmerksam machten, wurde uns gesagt, wir sollen uns um unser Zeug kümmern und wenn irgendetwas klarzustellen wäre, sollten wir vom Dach runterkommen – „wir waren vor euch da"! Dass wir neben der Arbeiterfunktion auch die freiwilligen Hüttennachschauer für den Alpenverein waren, die das Geld der Hüttenkasse mit ins Tal nehmen sollten, wurde bedeckt gehalten. Sieben Mann hausten schon einige Tage in der Hütte und spielten sich als Bosse auf. Wir deckten noch fünf Reihen neue Zedernschindeln, bis es finster wurde. Hans sagte, hier bleib ich nicht über Nacht, da kommen wir nur mit diesem Gesindel ins Streiten, er habe einen Schlüssel für die Jagdhütte und Platz wäre für uns genügend. Wir sind nur zum Arbeiten hier und wenn diese Heillosen die zwei Hütten abfackeln, sind wir wenigstens in Sicherheit. Auf der gegenüberliegenden Seite der Almlichtung bei der Jagdhütte angekommen, heizten wir den Ofen und machten Brotzeit. In sauberen, trockenen Betten fanden wir unsere Ruhe. Ein lauter Knall, und schon goss es aus allen Wolken. Zwei Uhr früh. Von einem Gewitter hatte der Wetterbericht nichts gesagt, das war aber jetzt egal, wir konnten ohne Abdeckplane sowieso nichts machen. Auch mit Abdeckmaterial wären wir nicht in der Lage gewesen, die Hütten-Innenvollwäsche abzuwenden; wir waren zu weit weg und ohne Licht aufs nasse Dach – das hätte nicht dafürgestanden. Wenigstens waren wir im Trockenen. Hätten wir in der Brennhütte übernachtet, wären wir mit abgesoffen. Am Tag darauf war es wolkenlos und wir konnten wieder Dachdecken bis zur Dämmerung. Die Decken und Matratzen der Brennhütte wurden aufgestellt und die Brühe lief heraus. Nach zwei Tagen Arbeit, vom Hellwerden bis zum Dunkelwerden, war das Dach wieder dicht und die Baustelle aufgeräumt. Die hereingearbeitete Zeit nutzten wir gleich am letzten Tag und der Schnapskutscher stieg mit mir auf die Teufelshörner. Die Kasse der Selbstversorgerhütte war, wie schon geahnt, leer und die Männer über alle Berge. Ehe wir zu Hause waren, wusste man schon von unserer Bergtour (während der Arbeitszeit!) und der abgesoffenen Hütte. So gut funktioniert die Kommunikation und Korrespondenz in den Bergen, auch ohne Telefon und Zeitung.

Einen Eintrag später steht im Hüttenbuch: „Die Dachdecker haben gewütet! Wir haben die Hütte in einem schlechten Zustand vorgefunden..." Diese Leutchen hatten einfach Pech, sonst stand die Hütte damals meistens leer, aber sie kamen nur drei Tage nach der Wäsche, da war natürlich noch alles nass – und gewütet haben nicht die Dachdecker, sondern ein Wolkenbruch. (Ja, ja, wenn der Bauer nicht schwimmen kann, liegt es an der Badehose!)

Weitere Einträge:

23.8.2000: „Per Hubschrauber das Brenngerät geliefert bekommen und in die Hütte gezerrt." Juni 2001: „Bodenplatten betoniert, Wasser und Abläufe installiert, Fliesen gelegt."

Horst fragte damals, ob ich Fliesen legen kann – er habe sämtliches Werkzeug einschließlich Fliesenkleber und Fugenmaterial da. Als er mir die Fliesenkleberspachtel in die Hand drückte, musste ich erst mal lachen. Da waren kaum noch Zähne drauf. „Wie soll ich da eine vernünftige Auflage für die Platten schaffen?" Er sagte: „Da musst du tricksen." Beim Anblick unseres Almbetons, der aus sehr rauem Schotter gemacht war, hatte ich kein gutes Gefühl. So werkelte ich halt dahin mit einem Maurerhammer, um die Wülste im Beton niederzuschlagen. Am Abflussgully fing ich hauchdünn mit dem Kleber an, um nach außen hin immer satter aufzutragen. Irgendwo dazwischen kam auch die Spezialspachtel mit den mickrigen Zähnen zum Einsatz. So arbeitete ich mich durch den ganzen Raum, um keine Lachen zu kriegen – schön mit Schnur und Kompromiss. Da schnalzte Horst ein Brett über die frisch verlegten Fliesen und ich sah und hörte, wie sich einige bewegten. „Die kleben wir dann schon wieder rein, ich muss da jetzt durchstiefeln." – Wieso kann er nicht einen Tag warten – kurzer Frust. Er stieg über die Leiter auf den Boden, warf die Motorsäge an und begann am Giebel in die Hüttenwand zu schneiden. Die Sägespäne fielen herunter, mir ins Genick, auf den frisch aufgezogenen Fliesenkleber und in die Fugen der schon verlegten Platten. Ich ergriff die Flucht. Von draußen sah ich das kettenführende Schwert durch die Blockwand rattern. Ein grausliches Jammern, verbunden mit Funkenflug.

„Er will da oben ein Fenster einbauen", sagte Moni.

„Merkt er nicht, dass er gerade einen Baunagel (Schifter 31cm) besäumt?" Moni zuckte mit den Schultern. Jeder andere würde doch nach der ersten Berührung mit dem Nagel den Schnitt um vielleicht einen Zentimeter versetzen.

„Jetzt ist Licht geworden", und Horsts Gesicht strahlt aus der Aussparung. „Die Kette ist zwar kaputt, aber ich hab ja noch eine!" Ihm war es egal, und dadurch war er mir überlegen. Ich dachte mir, der kann mich mal ... und machte mir ein Bier auf. Er hingegen ließ das

Aggregat brummen und saugte die Sägespäne aus den Fliesenfugen, während er noch einige Fliesen lostrat. Er summte dabei eine undefinierbare Melodie und meinte: „Hast recht, mach mal Pause."

21. Juni 2001: „Brennerei aufgestellt und zum ersten Mal seit vielen Jahren wieder auf der Hochecker-Alm Wurzeln gegraben."

Am 27. Juni 2002 schrieb ich ins Hüttenbuch: „Mit Edi Wurzen gegraben. Um 16.10 Uhr war es dann so weit, es kamen die ersten Meisterwurztropfen mit 87 Vol.-% Alkohol – und der Raum füllte sich mit einem mir sehr angenehmen Duft. Die Brennerei funktioniert und ich habe die vierte Brennhütte wieder in Betrieb genommen."

4.7.2002: „Die Wassertrogsäule gearbeitet und hergezogen." Ein verzinktes, ein Zoll starkes Rohr, das an einem Holzpfahl Halt und mit einem Wasserhahn den Abschluss findet, stellt hier die Wassertrogsäule. Ich hielt schon eine Zeit lang Ausschau nach einem geeigneten Baum, an dem sich eine gewachsene Trogsäule befindet. Dieser Baum sollte nicht zu weit weg und natürlich eine Lärche sein. Der dicke Ast, der den Ausleger, den Auslauf der Säule bilden soll, darf auch nicht zu weit oben am Baum sein, denn die Wahrscheinlichkeit, dass er beim Fällen abbricht, ist groß. Dreihundert Meter von der Hütte entfernt wurde ich schließlich fündig. Auf einem Felsenband in einer Wand stand das Exemplar mit vielleicht 20 Meter Höhe. Mindestens drei, wenn nicht sogar vier Trogsäulen konnte ich vom Boden ausmachen. Die langsam gewachsene, raue Steinlärche musste auf das Felsenband gefällt werden, ansonsten wäre sie über die Wand gestürzt und zerstört worden. Einige starke Äste schlug es beim Aufprall ab, wir konnten aber noch zwei Säulen aus dem Stamm schneiden. Nachmittags traf eine fünfzehn Mann starke Gruppe junger Amerikaner zur Übernachtung auf der Wasseralm ein. Sie wurden nach der Lagervergabe und der Suppe rekrutiert und durften mit uns die Säulen zur Hütte ziehen. Jeweils drei Mann zogen an einem Seil, zwei Mann am Hand-Holzrückegerät (Sapi) und zwei sorgten dafür, dass der Ausleger immer nach oben zeigte, um nirgends hängen zu bleiben. Bei der Hütte ging die Arbeit erst los: Die Rinde und das Splintholz wurden abgehackt, nur das rote Kernholz durfte übrig bleiben. Danach putzten wir die Werkstücke mit Ziehmesser und Hobel glatt. Mit einem langen Handbohrer wurde jeweils von unten bis zum Ausleger der Kern herausgebohrt, ein weiteres Loch vom Ausleger bis in den Stammkern, wo sich die zwei Löcher treffen sollten. Die eine Trogsäule kam ihrer Bestimmung nach an den Wassertrog und die andere wurde eingewickelt, um sie mit dem nächsten Hubschrauber ins Tal zu bringen.

Lieber Leser(in), wenn Sie noch nicht gegessen haben, sollten Sie das noch vor den nächsten Zeilen erledigen; wenn Sie neben dem Lesen naschen (vielleicht auch noch Schokolade), würde ich zur Unterbrechung raten.

Zur Morgentoilette nehme ich mein Fernglas mit und verbinde sie mit Spaziergängen in den jungfräulichen Tag hinein, bei denen ich die Umgebung kennenlerne. Mir ist jeder Strauch und jeder Baum bekannt und ich weiß, was für Blumen momentan blühen, verblühen oder welche Knospen gerade zu sprießen beginnen. Weit weg von der Hütte und den Wegen erledige ich mein „Geschäft" in irgendeiner Felsspalte, Mulde oder hinter irgendeinem Baum, zwischen Gams- und Hirschlosung.
An der Wasseralm drängeln sich derweil die Leute um einen Sitzplatz auf den zwei Plumpsklos, in denen es ziemlich übel riecht. Kaum hab ich mich der Überbleibsel meiner kulinarischen Leckereien entledigt, tummeln sich hunderte fette Fleischfliegen auf dem Haufen, um einen Platz zum Eierablegen zu ergattern. Zwei Tage später hat

sich der Blumenduft schon wieder durchgesetzt. Das Praktische an der Sache ist, dass sich der Kot im Wald selbstständig zersetzt – und wer kein Klo benutzt, der braucht auch keines putzen. Die Plumpsklos müssen immer wieder ausgeräumt werden, um die Fäkalien an anderen Stellen zu vergraben oder zu kompostieren; oder der Dreck wird in Plastikbehältern mit dem Hubschrauber weggeflogen, um im Klärwerk Berchtesgaden entsorgt zu werden – allemal stinkt es zum Himmel. Mir kommt ein passender Trinkspruch in den Sinn:

> Zwei Ochsen zogen – und das ist nicht gelogen,
> ihren eigenen Mist den Berg nach oben.
> Da sprach der eine Ochs zum anderen:
> So was müsst man vorher wissen,
> dann hätten wir gleich auf den Berg raufgeschissen.

Die Leute wissen es nicht, zumindest macht sich keiner darüber Gedanken, wie schwierig es ist, ein Trockenklo sauber zu halten. Es gibt nur wenige Orte in Deutschland, die über keine Kanalisation verfügen. Sogar die meisten Alpenvereinshütten besitzen eine Kläranlage. Die Menschen in unserer Zeit sind Schwimmklosetts mit einer 8-10 Liter Wasserspülung gewöhnt und viele behaupten, sie können im Freien nicht „aufs Klo" gehen. So verdrücken sie ihren Dreck und schleppen ihn durch die Gegend, bis ihr Auge etwas Viereckiges erkennt und das Gehirn die Meldung gibt: Rosette öffnen, Dickdarm entleeren. Dann pressiert es aber:
„Wo ist hier das WC?"
„Da hinten, aber ohne W."
Stundenlang gingen sie an tausenden Openair Klos vorbei (jeder Baum wäre ein Klo) und hätten ihr „Geschäft" unter freiem Himmel und ohne Gestank verrichten können, ohne dass der nächste schon an der Tür rüttelt. Vielleicht ist dieses Verhalten ein Überbleibsel aus der Urzeit, eine Nuance, die im Laufe der menschlichen Evoluti-

on nicht ganz verschwunden ist; den Rastplatz, den Lagerplatz mit geruchsstarken Körpersekreten zu markieren, um klarzustellen, wer momentan das Territorium in Anspruch nimmt.

Der Gipfel der Genüsse entwickelt sich, wenn sich jemand vor der Klobrille dermaßen ekelt, dass er sich mit den Bergschuhen hinaufstellt und im freien Fall versucht, ins Schwarze zu treffen, wobei die Klobrille meist nur ein ausgesägtes Holzbrett ist. Verbindungen, die aus dem Dreck der Profile der Schuhsohlen herausfallen und den mit Kolibakterien versetzten Querschlägern, gemischt mit harnsäurehaltiger Flüssigkeit, zwingen den Nachfolgenden zum begeisterten Frohlocken.

„Wie lange hast du noch warmes Wasser", wollte Horst wissen, als er in die Brennerei platzte.

„Eine knappe Stunde", sagte ich, und er kam kurz darauf wieder. Diesmal ausnahmsweise nicht mit Schlappen, sondern mit Gummistiefeln und Arbeitskombi.

„Da hat mir wieder so ein Dreckwuzl das Klo versaut." Mit einem Kübel Putzwasser und einer Wurzelbürste bewaffnet, wurden die sanitären Anlagen wieder auf Vordermann gebracht. Das Klo und Horst waren wieder sauber, der Arbeitskombi trocknete schon an der Wäscheleine und die ersten Bergsteiger bogen zur Wasseralm ein. Die Freude war groß über die Gastfreundlichkeit, die Radlermaß und die Maß Bier wurden als rettendes, isotonisches Serum genossen und die Gemüsesuppe als beinahe vegetarisches Aufbaumittel aufs höchste gelobt. Den Speckstückchen in der Suppe verhieß man, die Kraftreserven bis zum Funtensee zu tragen, wo man spätestens am Abend ankommen möchte. Man redete mit dem Hüttenwart über das schöne Wetter, über die Wegbeschaffenheit und über den Schnapsbrenner. Plötzlich platzte Horst wieder zur Tür herein:

„Hast du noch immer heißes Wasser?"

„Nur noch den Eimer voll."

„Kann ich den haben?"

„Meinetwegen." Er gab eilig einen Spritzer Putzmittel hinein und schnappte die Wurzelbürste, dann ging er gelassen zu den zufriedenen Bergsteigern, die sich die Sonne auf den Pelz scheinen ließen. Aus fünf Zentimeter Höhe klopfte der Eimer auf den Tisch – tack. „Sollen wir jetzt den Eimer auch noch austrinken?" Darauf Gelächter. Horst hielt die Wurzelbürste einer Frau hin und verlautete: „Muss ich was sagen, oder geht's auch so?"

Die Frau war sichtlich überrascht und nahm nach einem kurzen Verlegenheitsgrinsen in die Runde die Bürste und den Putzeimer und ging in Richtung Plumpsklo. Als die Gäste weg waren, sagte Horst zu mir, „die hat schon so verdächtig geschaut, der hab ich's direkt angesehen, dass sie mir das Klo versaut – und meistens immer dann, wenn ich gerade zuvor geputzt habe".

Selbstversorger, zumindest die, die hier an der Wasseralm anwackeln, sind Gestalten, die nach Alaska oder Sibirien gehörten und dort jämmerlich krepieren würden. Sie schleppen riesige Rucksäcke mit, als wollte man den Nanga Parbat bezwingen, und sie sind merkbar beleidigt, weil sie von Horst nichts wussten. Dicke Daunenschlafsäcke, Iso-Matten, Hüttenschuhe, Turnschuhe, ein Aluminium-Trinkbecher baumelt lässig an einem Riemen, oftmals ein Kletterseil außen für alle sichtbar aufgeschnallt; es gibt auch welche, die haben noch Steigeisen und einen Eispickel dabei. Esbit- Kocher oder sogar Gaskocher sind wichtige Bestandteile, die man natürlich braucht, wenn man von Hütte zu Hütte wandert. Sie verweigern abweisend Horsts Gastfreundschaft und die Gemüsesuppe, die in der warmen Stube verzehrt wird und zündeln draußen an der Selbstversorgerkochstelle herum. Sie sind meist abseits von den anderen Hüttengästen und ignorieren Bier, Wein und Schnapsangebot, auch die alkoholfreien Erfrischungsgetränke – würde ja sonst auffallen, dass sie Möchtegerne sind. Außerdem sind sie irritiert, dass ihnen ein Schlafplatz zugeteilt wird. (Die gehören doch wirklich in die Wildnis; auf keinen Fall in die Nähe einer menschlichen Behausung.) In der Früh macht Horst für seine Gäste Frühstück. Die meisten sind froh über den Luxus und genießen den schon fertigen Kaffee. Die Selbstversorger murksen wieder draußen mit ihrem Spielzeug rum. Die normalen Bergwanderer nehmen den Vorteil des schon fertigen Tees in Anspruch oder machen sich ihren eigenen Tee mit dem heißen Wasser aus Horsts Küche und bezahlen dafür sage und schreibe einen Euro extra, bezahlen für die Gemüsesuppe und für die abendliche Zeche. Frisch gestärkt und zufrieden verabschieden sie sich. Horst bzw. Moni wünschen ihnen eine gelungene Tour und einen schönen Tag.

„In unserem Wanderführer steht, dass hier ein Ofen sein soll, mit dem wir unser Wasser heiß machen können".

„Da ist der Ofen, ihr steht direkt daneben, draußen ganz rechts ist der aktuelle Brennholzstoß und Feuer habt ihr wohl selber dabei", erklärte Horst kurz angebunden.

Moni und Horst waren längst damit beschäftigt, das Matratzenlager zusammenzuräumen, den Boden zu kehren und die Decken zu lüften. Zwei Stunden später, das normale Volk war schon über alle Berge, waren die Selbstversorger dann so weit.

„Was habt ihr denn alles gehabt?"

„Wir bezahlen nur die Übernachtung."

Unverständlicherweise kostete diese Nacht zwei Euro mehr pro Nase, als sie aus ihren Reiseunterlagen entnehmen konnten. Doch ehe sie ihren Frust über diese Wucherpreise freien Lauf lassen konnten, grinste Horst sie an:

„Schaut her, das ist doch ganz einfach, ich habe genügend heißes Wasser da – kostet bei mir halt einen Euro der Liter. Ihr wollt euch selber heißes Wasser machen, verbrennt aber dabei Brennholz, das ich gemacht habe; so kommen wir, ganz einfach gerechnet, auf doppelten Energieverbrauch. Wenn man dann noch bedenkt, dass ich den Ofen jetzt wieder saubermachen muss, weil ihr so rumgesaut habt, sind zwei Euro geschenkt – das müsst ihr halt bei eurer nächsten Wasseralmübernachtung einkalkulieren. Wo wollt ihr eigentlich hin?"

„Zum Kärlingerhaus am Funtensee."

„Na, die werden Freude mit euch haben – servus."

24. Juni

200 m hinter der Hütte, allerdings an einer Stelle nahe der Felswand, an der kaum Sonne hinkommt, befindet sich noch immer ein hartnäckiger Schneefleck. Doch der Rest der Wasseralm ist seit heute total gelb, am Bachrand blühen die Sumpfdotterblumen (Caltha palustris) und auf der Wiese bewegt eine leichte Brise die Butternocken, wie wir hier die Trollblumen (Trollius europaeus) nennen, und lässt sie leicht und flockig tanzen – ein Freudentanz. Schade dass Michaela nicht hier ist, um sich mit mir über die wunderbare Blütenpracht zu freuen. Butternocken sind nämlich ihre Lieblingsblumen und ich denke, in so üppiger Pracht hat sie sie noch nicht erlebt.

Nach dem Frühstück stiegen meine Eltern ins Tal ab. Ich spielte ihnen mit der Posaune die Weise „Von den Bergen muss ich scheiden" nach und obwohl die Wasseralm im Wald liegt, kam ein einfaches Echo zurück. So nebenbei bemerke ich, dass mir Michaela und die Kinder ganz schön fehlen. Ich hab hier eine glückliche Familie, aber nicht meine eigene. Das leere Bett, das noch immer klamm ist, spielt auch eine Rolle. Am Kulinarischen liegt es mit Sicherheit nicht, heute Mittag gab's Fisch aus der Pfanne mit Weinsauce, Butterkartoffeln und Zucchinigemüse.

Angenehm! Hier funktioniert kein Handy. Totale Funkstille. Wer telefonieren will, muss 20 Minuten gehen, um über den Handysender von St. Bartholomä Empfang zu bekommen. Natürlich könnte man über Satellit auch Radio und Fernsehen hier hereinbekommen, aber Monika und Horst sind der gleichen Meinung wie ich: wenn man für einige Wochen hier oben lebt, sollte man den Rest der Welt vergessen. Die wichtigen Nachrichten tragen einem die Leute herauf. Achtung: Die Einstellung zur Unerreichbarkeit änderte sich mit dem Brandfall im letzten Jahr drastisch. Ein Satellitentelefon wurde installiert. In Notsituationen ist es einfach gesünder, zu einem Telefon greifen zu können, um den Rettungshubschrauber zu alarmieren. Was hilft die romantische Abgeschiedenheit und die totale Abkömmlichkeit, wenn man bei einem Unglück nicht in der Lage ist, Menschenleben zu retten.

Ein Jahr später baute Horst eine gasbetriebene Warmwassertherme ein. Seine Kinder waren dann nicht mehr so oft im kalten Bach. Zum Geschirrspülen und zum Waschen muss man seitdem nicht immer erst einheizen.
Ja, der alte Jäger passt sich der Zeit an, er lockert seine alten Gepflogenheiten und Prinzipien. Den entscheidenden Beitrag dazu liefern mit Sicherheit seine junge Frau und die zwei kleinen Kinder, aber auch der Umgang mit den Gästen. Früher bewahrte er seine Ortskenntnisse als Geheimnis, um möglichst wenig Menschen im Revier zu haben – heute zeigt er den Leuten die Schleichwege und arbeitet, wenn's die Zeit erlaubt, an den Zugangswegen zur Wasseralm. Horsts Umstände haben sich gewandelt – er blieb derselbe.

Alt? Alt ist jemand der bald stirbt – nicht der, der meint er wäre alt, oder sich nur alt fühlt. Also weißt du nie, ob du schon alt bist. Besser ist, du fühlst dich jung und kümmerst dich um dein Geburtsdatum nicht. Nur die Einstellung macht dich alt oder jung (vorausgesetzt du bist gesund.

Gehst du nicht mit der Zeit, so gehst du mit der Zeit. Du musst dem Neuen immer flexibel gegenüberstehen, denn nichts ist beständiger als der Wandel.

25. Juni

Es war noch finster, als ich zu arbeiten begann für die letzte Meisterwurzdestillation auf der Wasseralm Brennhütte in diesem Jahr. Bevor die Brennblase zu heiß wurde, erledigte ich noch den Kupferputz mit der Paste, die über einen Anlaufschutz verfügt, damit sie im nächsten Jahr noch glänzt. Ich verpackte meine Musikinstrumente. Dabei fiel mir auf, dass ich sie kaum in die Hände nahm, lediglich einen Abend gestaltete ich für Monika und Horst, meine Eltern und einige Übernachtungsgäste und sang meine Lieder mit Gitarrenbegleitung. Geübt hab ich eigentlich nie; kaum spielte ich einige Takte, schaute wer bei der Tür herein und gab seinen Senf dazu. Die Passagen, die nicht gut laufen, wiederhole ich immer wieder und das hört sich ziemlich nervig an. Ich konnte mich nicht genug konzentrieren, um erfolgreich zu sein. Nach einer Weile war's mir aber auch egal, es gab so viel anderes zu erleben – die Musik bekommt schon wieder ihre Zeit.

Der letzte Tag auf einer Hütte ist für mich immer sehr intensiv. Das Feuer knistert im Ofen und der Regen prasselt aufs Schindeldach. Ich denke über die letzten Wochen nach und bin bedacht beim Zusammenpacken, um nichts zu vergessen. Die Schmutzwäsche kommt in meinen Rucksack. Alles andere wird am nächsten Mittwoch mit dem Hubschrauber abgeholt und fliegt nach Kühroint. Dort holt man das Meisterwurzdestillat mit dem Lastwagen ab und bringt es in den Schnapsstollen, der sich im Felsen unter Berchtesgaden verbirgt. Dort muss das Meisterwurzdestillat mindestens ein halbes Jahr in Steinzeug (Tongefäßen) ruhen. Mein ganzes anderes Zeug fliegt dann, zusammen mit frischen Lebensmitteln, die mir Michaela immer zusammenstellt, weiter zum Funtensee.

Hoffentlich hört es bis Nachmittag auf zu regnen, ich hab mir nämlich geschworen, die Röthwand bei Regen nicht mehr zu gehen. Vor zwei Jahren flogen mir die Steine um die Ohren. Das viele Wasser, das in den Felsenrinnen abläuft, schwemmt natürlich auch Steine und Geröll aus – und du hörst es nicht, da ja das Wasser rauscht. Ich dämpfe das Brenngerät, lass das Wasser aus Kessel, Kühler und Wasserbad. Kleinteile der Brennanlage montiere ich ab und tu sie in den Kessel, dann finde ich beim nächsten Mal alles wieder. Horst kehrt freundlicherweise den Ofen, wenn die Asche abgekühlt ist. Wir sitzen noch zur Brotzeit zusammen und plaudern ein bisschen. Monika findet das Muttersein voll stressig. Ich denke aber, sie hat den sinnvollsten Beruf der Welt.

Wir wünschen uns gegenseitig einen schönen Sommer. Die Sonne hat den Boden längst getrocknet und ich geh Richtung Röthwand, schau mich noch einmal um, alle vier winken sie mir nach, Monika, Horst, Moritz und Johanna, ich mach noch einen Juchiza und verschwinde in der Klamm. Beim Abstieg gehen die Gedanken schon wieder nach vorne ins Wochenende hinein, zum Holzmachen für Zuhause, zur Geburtstagsfeier eines Professors mit dem Oxn-Aug'n Trio und zu einer Taufe.

Seltsame, aufdringliche Gerüche aus den Parfümerien der ganzen Welt vergewaltigen meinen Geruchssinn; zwischen Asiaten, schwarzen, braunen und weißen Menschen, für die ich mit meinem langen Stakestecken anscheinend eine Sehenswürdigkeit bin, bremsen meinen zügigen Gang am Obersee entlang. Im Slalom durch den Touristenstrom rette ich mich zur Saletalm, um mit dem Wirt einige Worte zu wechseln. Ich berichte ihm, was es auf der Wasseralm so Neues gibt und er erzählt von den Neuigkeiten im Tal und von der ehemaligen Brennhütte auf der Sonntagsalm, die 1965 abgebrannt ist. In der Nacht sei ein rotes Licht zu sehen gewesen. Allen war klar, was das bedeutet und sie hofften, dass niemand in den Flammen umgekommen ist. Am Morgen stieg nur noch eine leichte Rauchfahne in den Himmel und schon bald kreiste ein Hubschrauber über der Stelle, an der die Hütte stand. Als die bleichen schockierten Arbeiter zur Saletalm kamen um zu berichten, dass nach der Nacht im Jäger-stüberl ihre Arbeitsstelle nicht mehr da war, bangten sie um ihren Arbeitsplatz. Ihr Boss saß zur selben Zeit noch im Hubschrauber – rausgeschmissen hat er sie nicht. Sie arbeiteten sogar noch im hohen Rentenalter für die Firma.

Die Fahrt mit dem Kursboot über den Königssee verkürzte mir ein seliger Schlaf.

Funtensee – Perle der Alpen.

4

Täglich grüßt das Murmeltier
am Funtensee

An einem Tag im April scheint die Sonne an die Hänge, die sich in der Funtenseemulde verlieren und optisch das stützende Fundament des Viehkogels (2158 m) bilden. Der meterdicke Schneestock ist hart gefroren, nur die oberen dreißig Zentimeter werden im Laufe des Tages zu sumpfigem Firn. Von der Brennhütte ist nur ein Buckel zu sehen, aus dem nur der Giebel herausragt. Von den fast vier Metern Schnee im Winter sind noch 2,50 m übrig. Das Seeufer ist durch eine leichte Vertiefung und ein wässriges Aussehen zu erahnen. Tiefe Gruben im Schnee sind da, wo sich fließendes Wasser befindet, an dem sich schon spärlich einige grüne Sprosse ihren Platz sichern, ansonsten ist alles weiß. Ein leises Scharren ging voraus, als einige kleine Schneebrocken den Hang hinunterrollten und plötzlich ein dunkler Fleck im tadellosen Weiß auftauchte. Einer der größten Schätze dieser Gebirgslandschaft ist munter geworden. Egal wie viel Schnee noch liegt, die Zeit des Schlafens ist vorbei. Beim genaueren Hinsehen erkennt man einen Kopf mit kleinen Ohren und braunem Fell, schwarzen und auch grauen Haaren, dunkle Augen, die im grellen Licht blinzeln. Nach einem halben Jahr die ersten Sonnenstrahlen! Schließlich kommt ein abgemagertes, armseliges Mankei (Murmeltier) zur Gänze aus dem Schnee gekrochen. Es muss ein schrecklicher Anblick für den Nager sein, keine grünen Almmatten vorzufinden, wo doch jetzt Fressen angesagt wäre, um wieder zu Kräften zu kommen. Aber irgendwie schaffen sie es immer wieder und die stärksten überleben auch noch den magersten Frühling. Sie sind die Wurzengraber dieser Jahreszeit, in der der Winter immer wieder gnadenlos zurückkehrt und sie weite Strecken zurücklegen müssen, um an einem ausgeaperten Baumstamm zu scharren, um die

Knospen von Sträuchern und kleinen Bäumen, die aus dem Schnee spitzen, zu ergattern. Vor der Hüttenrückwand machen sie auch nicht halt, der aus Eschenholz gezimmerte Klapptisch scheint auch so etwas wie eine Notration zu sein.

28. Juni

Mein geschätzter Musikkollege Michael, Flügelhornist der Priesbergmusi, der seine Brötchen mit dem Warten von Aufzügen verdient, hat sich eine Woche Urlaub genommen, um mit mir zum Funtensee zu gehen. Wir fuhren mit den Köchen der Gastwirtschaft von St. Bartholomä über den Königssee, wo wir beim Fischer einen Schoppen Wein zu uns nahmen. Aus der Räucherkammer qualmte der Buchenrauch und es garten Saiblinge und Forellen für den Tagesansturm der Ausflügler. Der Fischermeister packte uns ein paar Fische ein und fügte den Spruch dazu: „Bringt mal denen da oben was G'scheites zu essen mit." Als wir losgingen, regnete es noch immer. Nach einer Viertelstunde Gehzeit kreuzte der Weg den Wasserablauf der Watzmann Ostwand – den Eisbach. Dieses Gewässer schuf in Jahrtausenden die Halbinsel von St. Bartholomä und schwemmt auch heute noch bei Gewittergüssen, Dauerregen und bei der Schneeschmelze tonnenweise Geröll in den Königssee. Wir mussten Schuhe und Strümpfe ausziehen um durch ihn hindurchzuwaten. Bis zu den Oberschenkeln reichte das reißende Wasser und die kurzen Hosen wurden trotz meiner ziemlich langen Beine nass. Der Weg führte uns weiter nach Schrainbach und Unterlahner, durch die 34 Serpentinen der Saugasse und über die lang gezogene Steigung am Oberlahner zum Kärlingerhaus am Funtensee. In den Wanderführern steht diese Wegstrecke mit vier Stunden Gehzeit, wir schafften sie aber in zweieinhalb Stunden – und das mit schwerem Rucksack und trotz der Hochwasserübung.

Das Funtenseehaus steht seit 125 Jahren. Es fügt sich aus zwei unterschiedlichen Bauten zusammen: Dem alten Hüttenteil, in dem sich die Gaststube befindet und einige Lagerplätze im oberen Geschoss und dem aus Bruchsteinen gemauerten „Alpenhotel", welches 25 Jahre später dazugebaut wurde. Diesen mächtigen Bau mit insgesamt circa 180 Übernachtungsmöglichkeiten ließ bereits Kajetan Kärlinger bauen, der Vorsitzende der Alpenvereinssektion Berchtesgaden von 1900-1915. Seitdem spricht man vom Kärlingerhaus am Funtensee.

Wir machten uns bei den Wirtsleuten bemerkbar, um sogleich die Fischmahlzeit loszuwerden. Ein herzlicher Empfang. Ella und Sepp, schon seit 22 Jahren die Wirtsleute, schätzen sich glücklich, mal wieder für ein paar Wochen Nachbarn zu haben. (Diesen Sepp werde ich einfach nur Wirt nennen.) Um einen Begrüßungsschnaps kamen wir nicht herum und eine frische Halbe Bier vor einer paradiesischen Kulisse mit Blick auf die Brennhütte am See, die etwa fünf- bis sechshundert Meter Luftlinie entfernt sein dürfte, ließen wir uns auf der von der Sonne gewärmten Hausbank schmecken. −45,9 °C wurden in dieser Mulde am 24.12.2001 gemessen, das machte den Funtensee als Kältepol Deutschlands berühmt. Man sagt, der Funtensee ist der kälteste Ort in Deutschland. Ein netter Ort, der auf einem Quadratkilometer verstreut ist, mit einem Alpenvereinshaus, einer aufgelassenen Almhütte und einer Brennhütte, wo nur alle paar Jahre im Sommer Schnaps gebrannt wird. Der Zoll unterhält in der Brennhütte einen Raum als Unterkunft für die Grenzstreife. Seit aber die nahe gelegene Grenze zu Österreich offen ist, sieht man hier selten einen Zollbeamten im Dienst. Dann gibt's noch eine Hütte, die sich Jäger, Wegarbeiter, Forscher und die Polizei teilen und das war's auch schon. Der See, der im größten Durchmesser 250 Meter hat und maximal 5,5 Meter tief ist, befindet sich am tiefsten Punkt der Mulde auf 1601 Meter und dort sind auch die beiden Wetterstationen (meteomedia-Kachelmann und Deutscher Wetterdienst) aufgebaut, unter denen man sich aber kein Gebäude vorstellen darf. Es ist jeweils nur eine Stange, an der ein paar Messgeräte angebracht sind. Die Stromversorgung gewährleisten Solarzellen, die Wetterdaten werden online gesendet.

Die Brennhütte selber steht nicht weit vom See im Grünen. Keine Straße, kein Weg führt zu ihr. Wir müssen den Trampelpfad erst mal ausmähen, um nicht dauernd nasse Füße zu bekommen. Das Herzstück im Inneren der Hütte ist das Brenngerät, vier Glasfaser-Gärbottiche mit je 480 Liter und ein Kachelofen mit grünen Kacheln im Gärraum. Die letzten Holzgärfässer wurden 1996 vernichtet – sie lagen jahrelang im Dreck und waren dadurch unbrauchbar geworden. Im darüberliegenden Stock sind zwei Schlafräume und eine Zirbenstube, die ebenfalls über einen gekachelten Herd verfügt. Im Anbau, welcher in das Gebäude integriert ist, befindet sich die Wurzelhackbank, eine gewisse Ansammlung von ausgedienten Werkzeugen und noch brauchbaren Arbeitsmaterialien. Darüber ist der Bereich des Zolls, Übernachtungsmöglichkeit für zwei, Kochnische und Esstisch. Die Jahreszahl 1841 steht im Giebel dieser Brennhütte. Von 1939-1949 wurde sie aufgestockt und somit wohnlicher gestaltet. Wenn die Schneedecke vereist ist, es aber trotzdem regnet, läuft die Schneemulde, in der die Hütte dann steht, mit Wasser voll. Das kann dann ein Weiher mit zwei Meter Tiefe sein wie zuletzt laut Berichten in den 50er Jahren. Letztes Jahr wurde berichtet, dass Vandalen an der Brennhütte das Brennholz umhergeworfen haben. Als ich zum Nachschauen kam, merkte ich beim Öffnen der Tür, dass diese Unordnung vom Wasser verursacht war. Auch im Hütteninneren war das Holz verstreut, Stühle und Tisch lagen herum, die Gärbottiche durcheinander mit voll gelaufenen Eimern und mit wassergefülltem Aschenschuber. Mindestens 80 cm tief war irgendwann im Winter die Bude abgesoffen – der Wohnbereich im Obergeschoss verschont geblieben.

Wir öffnen die Windläden und heizen sogleich den Ofen, um die Kälte aus dem Kamin zu vertreiben. Das kann sich ein paar Stunden hinziehen, bis der Rauch den Weg durch den eiskalten Kamin bevorzugt. Das Bettzeug wurde fürs Erste zum Lüften rausgehängt. Es moderte ziemlich stark, die Matratzen erquickten uns auch nicht und so warfen wir alles zum Fenster hinaus, um nur noch zwei notdürftige Schlafmöglichkeiten zusammenzustellen. Der Rest wurde verbrannt und von den alten Seegrasmatratzen blieben nur die Federkerne übrig. Auf den Wiesen um die Hütte blüht die Silberwurz (Dryas octopetala) und die Hänge sind lila vom Pyrenäen Drachenmaul (Horminum pyrenaicum), einer Blume, die ich nur vom Funtensee kenne. Schon fast lästig: die Warnrufe der Rotschwänzchen, die im verbliebenen Brennholzstoß ihr Nest haben, das sie partout nicht anfliegen, solange wir in der Nähe sind. Unter dem Giebel befindet sich ein Gebirgsstelzennest, das sehr ausgiebig befüttert wird. Wir freuen uns über unsere Untermieter – oder sind wir die Untermieter?

Die Öfen hatten schon eine angenehme Wärme und konnten etwas Gemütlichkeit verbreiten. Doch wir gingen zum Essen ins Kärlingerhaus, zum Kochen hatte keiner mehr Lust, davon abgesehen war die Esskiste noch nicht eingetroffen und wir hätten gar nicht kochen können. Nach der Hüttenruhe, die für die Gäste eisern eingehalten wurde, saßen wir in der Küche mit den Wirtsleuten und Gehilfen zusammen und ich bekam eine Zusage für besseres Bettzeug, da der Alpenverein in neue Matratzen und Decken investiert. Wenn wir uns die besten Decken und Matratzen aussuchen, haben wir auf alle Fälle gewonnen.

Als ich 1997 die Brennerei am Funtensee in Betrieb nahm, hätte mir eigentlich klar sein müssen, dass ich meine musikalischen Tätigkeiten einschränken muss. Das Probenlokal der Marktkapelle in Berchtesgaden war einfach zu weit weg. Ich wusste aber, dass der Funtenseeweg für mich keine Barriere darstellte, denn ob rauf oder runter könnte ich locker unter zwei Stunden am Ziel sein. Nur der Königssee sollte mir nachts den Weg versperren. Ein eigenes Schiff wäre die Lösung gewesen – für mich aber unerreichbar. So sollte des Problems Lösung das Wimbachtal sein.

Ich organisierte mir eine Fahrgenehmigung bis zur Wimbachgrieshütte (1326 m) und fuhr schließlich mit Wurzengraber Otto so weit ins Gries, bis es auch mit dem Geländewagen nicht mehr weiterging. Otto fand die Idee, dem Königssee auszuweichen, auch nicht schlecht. Doch merkten wir schnell, dass die Fahrt auf dem von Unwettern zum Teil verlegten Weg länger dauert als mit dem langsamen Kursboot über den Königssee. Auf einer Sandbank am Schönfeldgraben, die Lawinen und Muren von der Watzmann-Westwand geformt hatten, ließen wir den Wagen zurück und stiegen nach Trischübel (1798 m) auf. Otto hatte auf einer Aluminiumkraxe den Proviant für 14 Tage geladen und war froh, dieses Gewicht nicht durch die Saugasse schleppen zu müssen. Von Trischübel aus ginge es nur ein Stück nach unten, so dachte ich zumindest, und dann rechts ab über Oberlahner zum Funtensee.

In einer angenehmen, leicht belegten Frequenz redete das dürre vollbärtige Original mit einem Gamsbock, der uns nicht weit vom Weg beäugte: „Ja was tut er denn, ja wo ist er denn unser Sepperl..." Der Bock lauschte und konnte Otto mit Sicherheit verstehen: „Du wenn wüsstest, dass ich Berufsjäger war und mit dieser Unterhaltungstechnik deine Vorfahren austrickste bis es krachte, wärst du längst schon stiften gegangen." Und der Gamsbock suchte das Weite. Mit einmal kam aus seinem krausen Vollbart ein Gemurmel, dass mit Sicherheit für keine Gams bestimmt war.

„Ja so ein Hanswurst, verstehst, wir kommen ja immer weiter runter – ich dachte der kennt sich aus."

„Du meinst wohl mich?"

„Ich sehe sonst keinen."

„Ich wusste nicht mehr, dass es da wieder so weit hinuntergeht. Das letzte Mal bin ich vor Jahren diesen Steig mit einer Freundin gegangen."

„Verstehe, da hast du natürlich was anderes im Kopf gehabt und den Bezug für Entfernungen total verloren."

Als wir schließlich in Richtung Oberlahner querten, bekamen wir einen Blick in die Saugasse und wir waren nach über zwei Stunden Gehzeit nicht höher als in Mitte der Saugasse. Er ließ mich bis zum Funtensee immer wieder spüren, dass er sein Zeug zum zweiten Mal aufwärts tragen muss. Den vorgeschlagenen Rucksacktausch schlug er mit einem Stirnrunzeln aus.

„Ja freilich, dann erhebst du Anspruch auf meine Kost, ich hab nämlich lauter gute Sachen dabei – weil so ein alter, ausrangierter Jäger lässt sich's gut gehen auf der Hütte."

Heute Abend ist Standkonzert im Kurhaus und da muss ich nicht nur spielen, sondern auch noch ansagen, so dachte ich mir. Doch wenn ich um vier Uhr Nachmittag am Funtensee abhaue, bin ich, ohne Gepäck, vielleicht in zwei Stunden am Auto; wenn ich eine Stunde Fahrzeit durchs Wimbachtal bis nach Hause rechne, habe ich um 19 Uhr nicht einmal die Lederhose an, geschweige denn bin ich mit Hut und Bindl (für Berchtesgaden typische kleine Krawatte) am Kurhaus, um freudig die Zuhörer, Einheimische und Gäste, zu begrüßen. Also wäre der Abmarschtermin spätestens um 15 Uhr. Ich müsste aber dann um 4 Uhr früh zu Hause aufbrechen, um um 8 Uhr wieder am Funtensee zu sein. Und das alles wegen einer Stunde Konzert? Abgesehen davon wäre der Steig im Dunkeln nur mit einer Stirnlampe zu begehen – und was wäre, wenn's regnet? So oft am Abgrund?

So hab ich den überaus mobilen Musikanten verworfen und blieb am Funtensee. Ich dachte mir ein Experiment aus, wie ich mich entwickeln würde, wenn ich den ganzen Sommer hier alleine arbeite und zu keiner Musikprobe erscheine? Bis dahin war ich fast jeden Abend auf Achse und einer von denen, die sich wichtig vorkamen. Ich merkte aber schnell, wie unwichtig man ist, wie schnell die Abwesenheit akzeptiert wird und dass die Welt da unten ohne mich genauso weiterläuft.

Diese Geschichte sollte nur dokumentieren, wie abgelegen der Funtensee ist, obwohl er geografisch gesehen nicht weit weg von Berchtesgaden liegt.

29. Juni

Nach einer einigermaßen guten Nacht und einem Frühstück, für das wir Brot, Butter und Marmelade vom Wirt mitbrachten, zog es Michael vor, zum Enzianwurzelgraben zu gehen. Ich schrubbte die Böden und entfernte so manche Mauslatrine. Das Mobiliar wurde mit heißer Lauge geputzt. Mit der Radltruhe (Schubkarre) holte ich Stück für Stück die „neuen" Betten von der anderen Seite des Sees. Einige Stunden bin ich da hin und her. Die ausgemusterten Matratzen und Decken vom Alpenverein waren viel schöner als gedacht und so suchte ich für fünf Betten das Zeug zusammen. Glücklicherweise wurden noch alte Bettgestelle gefunden und ich konnte meine Schlafstätten komplett sanieren. Für so manchen Bergsteiger war es ein komischer Anblick, mitten im Gebirge einen Menschen mit Schubkarre anzutreffen, der ein komplettes Bett dabeihat. Da kam einer nicht drum herum zu fragen: „Was machen denn Sie?"

„Ich hab den Urlaub satt und gehe wieder nach Hause!", antwortete ich.

Als Michael vom Wurzengraben zurückkam, war alles eingerichtet, die Betten aufgestellt und überzogen, der alte Schund zersägt und zerhackt und ein frischer Geruch in der Hütte.

30. Juni

Das Funtenseegebiet liegt nahe der Baumgrenze und ist im meist sehr verkarsteten Boden schwach bewaldet. Seit der Gründung des Nationalparks im Jahre 1978 wird hier kein Holz mehr geschlagen und so bekomme ich das meiste Brennholz bis vor die Hütte geflogen. In manchen Wintern donnert eine Lawine über die Brennhütte, die ihr aber nichts anhaben kann – dazu ist sie zu tief verschneit. Sie bringt aber meist Brennholz, das ich natürlich aufarbeite. Von der Konsistenz her ist das Holz von hier oben schwerer, als das aus dem Tal. Man kann die Jahresringe kaum zählen, so langsam ist es gewachsen, und beim Schüren muss man vorsichtig dosieren, denn es gibt Hitze ab beinahe wie Briketts. Meine Vorgänger mussten das Holz im Frühjahr arbeiten und mit großen Hörnerschlitten in den Vormittagsstunden auf dem noch festgefrorenen Schnee zur Hütte ziehen.

Für das Kärlingerhaus wird das gesamte Holz hinaufgeflogen. Die lichten Lärchen-/Zirben-/Fichtenmischwälder sind auch zu schade, um sie (in der heutigen Zeit) zu verheizen. Drei Kubikmeter (Ster) Holzscheite, die Tal-Brenner Roman zersägte und nach Kühroint brachte, sind glücklich bei der Brennhütte gelandet. Den ersten Sack hat der Hubschrauberpilot, der sein Gerät exzellent beherrscht, mit Schwung unters Vordach gesetzt. Er ist ein Hundertprozentiger, etwas arrogant, aber das muss man als Flieger wohl sein, um oben zu bleiben. Fast den ganzen Tag fliegt er zwischen Kühroint und Wasseralm, Kühroint und Kärlingerhaus hin und her und immer wieder auch zur Brennhütte am Funtensee. Am Nachmittag war dann alles über die Runden gegangen. Die sehnsüchtig erwartete Esskiste von Michaela, das Brennereiinventar und die Musikinstrumente von der Wasseralm und das Bier waren da. Das Meisterwurzdestillat ist auch unversehrt im Tal angekommen. Ich bin immer froh, wenn so ein Flugtag glücklich vorüber ist – und ich habe noch lange den Lärm der „Wespe" im Ohr. Ich putzte die Gärbottiche und stellte sie in Position. Michael grub den ganzen Tag Enzianwurzeln.

1. Juli

Seit gestern Abend sind wir zu fünft. Zur Verstärkung kamen Freunde und zugleich Wurzengraber Sepp, Peter und Stefan. Peter spielt bei der Priesberg Musi Gitarre und ist Gemeindemitarbeiter; Stefan ist Elektriker und als Hausmeister tätig. Während Michael, Stefan und Peter Enzianwurzeln graben, bin ich mit Wurzenwaschen beschäftigt. Dazu wurde der Bach mit Steinen angestaut, so dass sich die Wurzeln verfangen und in der Strömung beinahe selbst reinigen. Sind die Wurzeln zum Grossteil von der Erde gesäubert, kommen sie auf die Hackbank und werden mit breiten Äxten zerhackt. Anschließend gibt man sie in die Gärbottiche, schließt sie mit Wasser auf und rührt Hefe dazu. Das Ganze sollte knappe dreißig Grad haben und der Gärraum muss schon temperiert sein. Die Enzianwurzeln haben circa 15 % Fruchtzucker, das meiste davon ist ein Trisacharid, die so genannte Gentianose, welche ausschließlich nur in Enzianwurzeln vorkommt, bestehend aus zwei Molekülen Glucose und ein Molekül Fructose. Ein geringer Anteil an unvergärbarem Sorbit, Bitterstoff Gentiopikrin, Alkaloid Gentianin und ein gelber Farbstoff Gentisin, um die markantesten Bestandteile zu erläutern. Viel Pektin hält die Wurzel zusammen, darum ist sie so hart, besitzt aber keine Stärke. Das Wichtigste während der Gärzeit ist, dass sich der Fruchtzucker in Alkohohl und Kohlendioxyd umwandelt. Das Kohlendioxyd kann durch die Wassertauchränder zwischen Bottich und Deckel abziehen und der Alkohol verbleibt in der Maische.

Sepp repariert inzwischen die geplatzte Wasserleitung unterm Fußboden im Eingangsbereich, wobei ich neben ihm assistiere. Ich hab mit ihm darüber gesprochen, dass ich ein Buch schreiben will. Er meinte dazu, dass man das lieber den Studierten überlassen sollte und schaute mich verdutzt an.

„Ich kann doch jetzt kein Abitur und kein Studium nachholen, nur weil ich ein Buch schreiben will!" (Das Abitur wurde es freilich nicht mehr, aber ein sehr positiver Lernprozess.)

„Über was willst du denn schreiben?"

„Über meine einzigartige Arbeit, über meine Gedanken und Erlebnisse, die ja auch einzigartig sein müssten."

„Ja aber ein Buch mit 250 bis 350 Seiten?"

„Ein Buch zum Lesen. Keine Broschüre mit drei Sätzen und tausend Bildern."

„Hubert, überleg doch mal, wie viele Wörter du in deinem Wortschatz hast, das reicht nie und nimmer für ein Buch. Zudem musst du dir vorstellen – wenn es überhaupt mal einer liest, werden es auch Doktoren und Professoren lesen, und für die..."

„Sollte das eine Prophezeiung sein, dass es gelesen wird? Wenn es Gelehrte und Professoren lesen und sie müssen nur einmal schmunzeln, bin ich schon weit über mein Ziel hinausgeschossen. Sepp! So weit bin ich aber noch lange nicht – das wird noch Jahre dauern. Wenn ich dann so weit bin, muss ich mir sowieso einen Verlag suchen, der an meinem Weltbestseller interessiert ist".

„Ha! Weltbestseller!"

„Jawohl, Weltbestseller! Er wird in mindestens vierzehn Sprachen übersetzt, da ja die Japaner, Weißrussen und Amis auch was von meinem Schmarrn wissen wollen. Vielleicht auch die Chinesen. Erstens würde mich interessieren, wie das Ganze in chinesischen Schriftzeichen aussieht, zweitens spricht eine Milliarde Menschen auch dafür – und da gibt es sicher ein paar, die meinen Quatsch brauchen." (Davor, dass die alle meinen Enzian trinken wollen, hätte ich aber schon eher Angst).

„Na ja – aber ich darf es als Erster lesen, wenn ich da schon drinstehen soll. Die viele Arbeit, die du da reinstecken musst – und dann war es doch umsonst – warum nicht gleich siebzehn Sprachen; sollte es nicht auch gleich verfilmt werden – und wir zwei als Hauptdarsteller beim Wasserleitung richten, ha, ha?"

„Was heißt umsonst? Ich gehe an die Sache mit einer geballten Ladung Selbstvertrauen ran, wie bei allem, was ich so mache. Ohne

Selbstvertrauen könnt ich mich ja gleich aufhängen und außerdem hab ich bemerkt, dass ich durch die Schreiberei auf keinen Fall blöder werde. Interessiert es tatsächlich keinen, haben die Kinder mal eine Erinnerung von mir. Wie soll ich jemals wissen, ob ich es kann, wenn ich es nicht ausprobiere? Sicher hat ein Studierter bessere Vorraussetzungen und mehr Wörter, aber meine Geschichte und mein Konzept, das hab nur ich. Mein Buch kann dann auch einer lesen, der auf der Hauptschule sein Studium machte. Mozart und Strauß hatten auch nur zwölf Töne zur Verfügung und wurden damit weltberühmt. Außerdem finde ich, dass Schriftsteller, die dauernd ihre Fremdwörter raushängen lassen, sodass es schon fast nicht mehr deutsch ist, doch auch nerven."

„Willst du damit sagen, du hast schon ein Konzept?"

„Ich hab schon einen Titel, „2004 und die Zeit", und das erste Kapitel steht schon, zumindest das Gerüst. Man muss in der Lage sein, aus Wenig etwas zu machen. Ein Kunstmaler hat doch auch nur Schwarz und Weiß, Rot, Blau und Gelb."

„Warum bleibst du nicht bei deiner Musik und bei deinen Liedern?"

„Ich denke, ich schreibe es aus demselben Grund, aus dem ich Bergschnapsbrenner geworden bin; aus demselben Grund, aus dem ich Posaune spiele; aus demselben Grund, aus dem wir zwei hier die Wasserleitung reparieren."

„Und was wäre das für ein Grund? Dass die Leitung gerichtet werden muss, ist doch klar. Wer hat die eigentlich geflickt?"

„Es ist das Andere, das Besondere, das mich reizt, und das ich immer schon gesucht habe. Als damals in der Musikschule die Leihinstrumente auslagen, wollten die meisten die Trompete. Ich sah nur die komische Trompete, die etwas größer war und keine Ventile hatte – nur so einen langen Bügel. Warum denkst du schreibe ich meine Lieder selber? Nur weil es sie noch nicht gibt – sie sind einzigartig. Schau doch mal, wo jetzt unsere Baustelle ist, das ist doch eine Einzigartigkeit, die unübertrefflich ist. Kennst du jemanden in unserem

Bekanntenkreis, der ein Buch schreibt? Außer Heinz Zembsch, der auch nur auf die Idee kam, weil er der einzige ist, der die Watzmann-Ostwand schon über dreihundert Mal bezwungen hat und nicht, weil er außergewöhnliche schriftstellerische Fähigkeiten besitzt."

Sepp schnaufte auf: „Nein. Eisensäge bitte!"

„Übrigens, zu deiner anderen Frage: das war ich vor sieben Jahren. Ich merkte es erst, als ich mit dem Brennen begann, dass die Leitung geplatzt war. Es füllte sich das Balkenlager, ehe ein Bächlein unter dem Türstock entsprang. Ich stoppte den Brennvorgang, hebelte einige Läden aus dem Fußboden und lief zum Wirt rüber. Dort fand ich einige brauchbare Gegenstände: Das Stück Plastikschlauch, Hanf und Draht zum zusammendrehen."

„Das war auch eine einzigartige Installation eines einzigartigen Bergbrenners! Wenn da im Winter kein Wasser drin gewesen wäre, hätte das wahrscheinlich ewig gehalten. Gewindeschneider! Hanf! Rohrzange! Verschraubung", so Sepp mit dem Kopf unter dem Boden und Schweißperlen auf der Stirn.

Für das Maischen nahm ich die Brennerei in Betrieb, um das Wasser auf 30 °C zu erwärmen.

Es handelt sich wie bei den anderen Brennereien in der Enzianhütte Eckeralm, auf der Brennerei Wasseralm und auf der Priesberg Brennhütte um eine 150 Liter Brennblase mit Wasserbad. Auf 1940 ist die Herstellung datiert und das Gerät hat eine besondere Geschichte, denn es ist das letzte Wandergerät. Von 1940 bis 1957 tat es seine Dienste hier am Funtensee, denn in dieser Zeit wurde ausschließlich am Funtensee Enzian gegraben und gebrannt. Zerlegt und mit Kopfkraxen nach St. Bartholomä getragen wurde es im Jahre 1958 (das schwerste Teil war der Kessel mit Wasserbad, der 75 Kilogramm wiegt). Über den Königssee geschippert und mit einem Geländewagen zur Priesberg Brennhütte gebracht, kam es dort von 1959 bis 1963 seiner Bestimmung nach. Im Herbst wurde das Brenngerät zur tiefer gelegenen Königsbachalm gebracht und schließlich im Sommer 1964 mit einem Hubschrauber wieder zum Funtensee gehoben. Ich nutzte die Gelegenheit und machte gleich den wichtigen Probebrand, destillierte einige Liter Wasser und erzeugte heißes Kühlwasser, das wieder mal zur Körperpflege genutzt wurde. „Denn so ein Wurzengraber ist zwar ein Erdferkel aber keine Sau", so Peter.

Der wichtigste Raum ist der Gärraum. Es hat geregnet und die Graber kamen nass und voll Dreck zurück. Vor dem Kachelofen hängen die schweren Bergschuhe, die vollgesaugten Wettermäntel und Filzhüte, nasse Flanellhemden und Unterhemden und eine wirklich tolle Unterhose (von wem sag ich nicht!), neben den mit Erde verschmierten Grabersäckchen. Socken und Strümpfe hängen an allen Nägeln, die im Laufe der Hüttengeschichte in die Wände geschlagen wurden und füllen den warmen Raum, so dass die Nase auch was davon hat.

Heute wird gekocht und Stefan ist der Chefkoch. Wir wissen nicht, ob der arme Kerl zu Hause auch kochen muss – eigentlich ist er ja verheiratet; vielleicht kocht er aber auch nur hobbymäßig – uns ist's egal. Aus der weißen Brottüte haben wir ihm eine überhohe Kochhaube gebastelt, so fallen keine Haare ins Gericht – was für Haare? Hat er überhaupt noch welche? In gebückter Haltung, er würde sonst an der Mansarde anstoßen, brät er den Schweinebauch (Wammerl) heraus und überwacht unser Zwiebel- und Rotkrautschneiden; das Kartoffelschälen wird auch vom Fußvolk erledigt. Gasofen und Holzherd sind in Betrieb, jeder versucht sich an dem, von dem er meint, das kann er am besten. Es brutzelt, köchelt und dampft, die einen decken den Tisch, die anderen spülen schon einen Teil des Küchenwerkzeugs. Dann wird gemampft und die Probeesser loben die Küchencrew aufs Höchste; vor allem den Sternekoch, der auch beim Essen seine Kopfbedeckung auflässt, weil sie so schön aussieht. Im Nu ist wieder alles gespült und abgewischt. Am sauberen Tisch (Wurzengraberstammtisch) wird erzählt, diskutiert, gesungen und gelacht...

Fünf Männer schnarchen in der Hütte. Männer, bei denen die Chemie stimmt. Für Außenstehende pflegen sie einen derben Umgangston, doch die fünf wissen voneinander genau, wie weit des anderen Humorbogen zu spannen ist. Es sind die Wurzengraber, natur- und heimatverbundene Individuen, die gerne nach getaner Arbeit einen „aufs Recht" trinken. Alle sind sie Handwerker, die sich Zeit nehmen für die schönsten Arbeitsstunden im Jahr. Auf einmal ein Schrei: „Die darfst nicht ausgraben!" – Kurze Stille, abgelöst von Schnarchtönen unterschiedlichster Frequenz, die die einsam gelegene Brennhütte in der Funtenseemulde scheinbar vibrieren lassen. Da träumt doch einer vom Wurzengraben. Es ist der Elektriker, der normalerweise Aufzüge repariert. Er träumt von einer Wurzel gigantischen Ausmaßes, wobei ihn die Sammelleidenschaft tiefer und tiefer graben lässt. Es ist die Mutterwurzel! Die Mutter aller Enzianwurzeln, die unter Funtensee und Kärlingerhaus durchreicht und mit allen Enzianpflanzen, welche punktiert (Gentiana punctata) und lila (Gentiana pannonica) von Juni bis August auf den Bergwiesen blühen, verbunden ist. Der Ruf des Brennmeisters schreckt den Schlafenden auf: „Die darfst nicht ausgraben!"
Die Enzianwurzeln sind nicht miteinander verbunden. Sie werden bis zu 1,20 Meter lang und können einige Kilo schwer sein. Um den Fortbestand der Pflanze zu sichern (ähnlich wie bei Meerrettich oder Löwenzahn), wird nur das obere Drittel der Wurzel entnommen. Wichtig ist, dass der Wurzengraber anschließend die Grasnarbe sorgfältig verschließt, nach dem Motto „wir ernten ohne zu säen". Dann kann dieselbe Pflanze in frühestens sieben Jahren wieder gegraben werden. Es ist schon irgendwie verblüffend, wenn man nach einigen Jahren an der gleichen Stelle wieder gräbt und Wurzeln zum Vorschein kommen, als wäre dort noch nie ein Wurzengraber vorbeigekommen. Wie oft hat hier jemand den Boden umgewühlt in den vier Jahrhunderten? –Vielleicht siebzigmal? Nach einem arbeitsreichen Tag in gebückter Haltung mit dem Blick auf den Bo-

den träumte schon so mancher Graber von einer Riesenwurzel. Der Schnapsbrenner dreht sich noch mal in seinem Bett, in Kürze wird auch er wieder schnarchen und die Hütte wackelt wie ein vibrierendes Telefon.

2. Juli

Zuhause im Tal schlafe ich wie ein Stein und ich würde ohne Wecker nicht munter werden, denn da ist meine Frau die Chefin. Auf den Brennhütten schlafe ich ebenfalls hervorragend, aber eher wie eine Katze. In dieser Ruhe fällt jedes Geräusch auf. Die steile Viertel-Wendeltreppe knarrt, wenn einer zum Wasserlassen nach unten muss. Doch um 6.30 Uhr ist die Nacht vorbei und ich setze das Kaffee- bzw. Teewasser auf, decke den Frühstückstisch und peile die Lage vor der Hütte, wie das Wetter sein mag. Es dauert nicht lange, da raunzt es durch die Bude und die Wurzengraber werden, wie im Frühling die Murmeltiere, nach und nach munter. Nach einem unterhaltsamen Frühstück, bei dem jeder sein Morgenbrot als das einzig wahre zelebriert, sei es die Wurst-Käsevariante, sei es die Nutellaschnitte, das Marmeladenbrot oder der Fertigkuchen, hinuntergespült mit Skiwasser (Wasser mit Himbeersirup), Cappuccino, Pfefferminztee oder aufgegossenen Bohnenkaffe, richten wir uns alle fünf zum Wurzengraben. Zuvor spült einer das Geschirr, einer kehrt den Boden, einer legt im Gär-Ofen Holz nach. Mit festem Schuhwerk verlassen wir die Hütte und verschwinden im Gelände. So aufgeräumt wie jetzt ist die Hütte selten. Wenn ich alleine bin, stehen immer mein Frühstücksgeschirr und mein Mittagsbesteck für den nächsten Einsatz auf dem Tisch bereit.

Unsere zwei Enzianarten sind hier ausreichend vorhanden. Der gelb punktierte Enzian ist gut zu graben, die Hauptwurzel befindet sich knapp unter dem Boden und ist nur von Moosen und Gräsern überwuchert. Viele dünne Stränge, die beim Graben abreißen, greifen ins Erdreich. Der intensivste Arbeitsgang ist das Putzen des Wurzelstocks, das Abschneiden oder Abdrehen der Stängel und Blätter, das Herauspulen der Erde und Fremdwurzeln. Das geht die ersten Tage noch in die Finger. Die Wurzeln des Pannonischen Enzian (lila) sind dagegen bis zu 120 Zentimeter lange, oft armdicke Rüben, die tief in den Boden wachsen. Man schlägt hinter der Pflanze (Bergseite) mit dem Pickel ein, um die Wurzel zwischen den zwei Stahlzacken herauszuhebeln. Das gelingt aber nur im besten Falle. Meistens muss man den Wurzelhals freilegen, um sie dann mit den Händen herauszuziehen. Bei der ersten Vergabelung wird die Wurzel abreißen und so ein weiteres Nachgraben uninteressant machen. 30 – 40 Zentimeter gehören dem Wurzengraber, den Rest behält sich der Boden. Begleitet wird die Graberei von aufgebrachten Bergpiepern (Bergpieper ist ein braungrauer Singvogel). Viele Jungvögel tapsen schon beinahe flügge im Gras herum und die Altvögel kreisen um unsere Köpfe. Die Piepserei reißt den ganzen Tag nicht ab – sie haben mindestens genauso viel Ausdauer wie wir.

Wenn mehrere Wurzengraber nicht weit voneinander ihre Arbeit tun, sieht einer des anderen Sack „vollwachsen". Dies treibt natürlich an und wir buddeln wie die Erdferkel. Ein stärkendes Bier im Kärlingerhaus stoppt die Karawane, die sich am Abend mit Schubkarren und schwerer Last gen Brennhütte bewegt. Die alte Kälberwaage zeigt 95 Kilo und Peter wird durch diese „Tagesstrecke" zum Erdferkel 1 gekürt. Nach dem Sauberkeitsritual begibt sich die Gruppe wieder zum Kärlingerhaus.

Wir meiden meistens den Aufenthaltsraum. Da sitzen Menschen drin, die in die Berge gehen, um sich abzukapseln. Sie starren nur auf ihren Tisch und möchten von den anderen nichts wissen. Sie brauchen unbedingt eine warme Dusche, seifen sich ein und verstellen die Wassertemperatur solange, bis die Zeituhr dicht macht. Dann laufen sie nackt durch die Gänge, um noch mal drei Euro zu holen, um sich den Schaum doch noch abzuwaschen, fühlen sich dann zwar sauber aber abgezockt. Die einen spielen Mensch ärgere dich nicht, die anderen Mühle, Mau-Mau oder Dame, oder sie lesen fette Bücher, die sie mitschleppen; andere studieren ihren Tourenplan aus dem Internet. Sie nennen sich Alpenvereinsmitglieder, wollen alles zum halben Preis und finden alles viel zu teuer. Sie meckern über das Essen und mit sparsamem Blick gehen sie (zum Glück) schon um 9 Uhr ins Bett. Bei uns heißen sie einfach nur Teebeutel-Mitschlepper. Ein frei heraus gesungenes Liedchen von den Wurzengrabern ist für sie störend, das Genick wird eingezogen und die Köpfe wachsen noch weiter zusammen. Selten gibt es Gruppen, die es wert sind, dass man sich dazugesellt. Dem Erdferkelgerede können die Übernachtungsgäste in der Gaststube nicht folgen, aber Peter ist sich sicher, so einen Platz wie heute gibt es nicht noch einmal. „Wenn's jeden Tag so gut laufen würde, wäre Enzianwurzelgraben mein Beruf." Mit dem Finger auf mich gerichtet: „Aber der da schickt uns meistens an die magersten und kargen Stellen, an denen man ohne Lupe überhaupt nichts findet. Nur weil er heute selber dabei war, durften wir ins Schlaraffenland."

Durchschnittlich gräbt ein Wurzengraber so an die dreißig Kilo Enzianwurzeln täglich. Oft sind die Grabgründe zwei Stunden entfernt, da ist man mit dreißig Kilo auf dem Buckel gut bedient. Im steilen Gelände verwenden wir Griffe, die, am Sack angebunden, sich frei ausdrehen können. Der Wurzensack rollt dann neben einem her, ohne dass man sich den Arm ausdreht. Der eleganteste Abtransport ist trotzdem der unsicherste, denn wenn man den Sack loslässt, sollte man sicher sein, dass das Gewebe den Sturz, das Kullern und Hüpfen aushält und er auch wirklich da anhält, wo man es geplant hat.

In meiner Bundeswehrzeit grub ich einige Tage am oberen Rossfeld direkt am Fagstein im Priesberggebiet. Der Platz war hervorragend, an der Außenseite der vielen Viehgangeln konnte man die Wurzeln des Punktierten Enzians relativ leicht herausziehen. Ich grub mich regelrecht ein und die Säcke füllten sich, bis mir die starke Nachmittagssonne die Kräfte raubte. Ich hatte mal wieder übertrieben und war so kaputt, dass ich es vorzog, die Säcke erstmal liegen zu lassen und stieg ab. Frisch gestärkt und ausgeschlafen war ich am nächsten Tag wieder vor Ort und buddelte stetig weiter – den ganzen Tag. Mit zwei Säcken, einen auf dem Buckel, den anderen gezogen, stieg ich wieder ab, um am dritten Tag noch mal zu graben. Ich musste dann dreimal gehen, um das Grabgut hinabzubringen, stürzte die Säcke aber übers untere Rossfeld (Brandl) hinab. In der richtigen Trasse bretterten die Säcke bis hinunter zur Priesbergalm und kamen vor der obersten Almhütte, an der der Wagen stand, zu liegen. Außer einem, den hat's um etwa dreißig Meter verschlagen. Er stürzte über einen fünf Meter hohen Wandabbruch und zerfetzte im Gehölz. Im meterhohen Farn und Dost, im Gewirr der Erlensträucher konnte ich dann meinen Fleiß nochmals auf die Probe stellen und sammelte auf, was noch zu finden war. Ich hatte damals zwar in drei Tagen über fünf Zentner Enzian ausgegraben, hatte aber auch nach drei Tagen keine Lust mehr, weiterzuarbeiten.

Der Wirt holte uns dann zu unserer Freude in die Küche und es wurden noch einige Gläser Rotwein getrunken. Im Gänsemarsch wanderten wir anschließend zum See hinunter, in absoluter Stille, denn auch das Pfeifen der Murmeltiere verstummt nachts. Kurzes Lauschen an der Teufelsmühle. So nennt man den unterirdischen Ablauf des Bergsees, der an einer Wand ein leises Rauschen verursacht. Schließlich an der Hütte wieder angekommen, wurde noch das Gaslicht in der Zirbenstube entfacht, um so als Betthupferl „einen aufs Recht" zu trinken.

Die Sage von der Teufelsmühle

Eingebettet zwischen hohen Bergen, am Einstieg zum Steinern Meer, liegt der Funtensee. Vor vielen Jahren stand an seinem dunklen Wasser eine Hütte, das Heim eines Jägerburschen. Dem tat die Not nicht weh. Frisch und froh übte er sein Waidwerk aus, und hatte er lange Fasttage bei kärglichem Mahl, so war er einer der lustigsten an den hohen Festtagen in den Wirtsstuben drunten im Tal. Einmal ist's anders worden. Auf der Mankeijagd an den Schroffen des Sees lag vor dem Jäger im Felsgeröll ein Haufen blitzblanker Taler. Unheimlich kam ihm der Schatz vor, aber nach einigem Sinnieren stopfte er die Taschen und den Hut voll mit dem Wundergeld. Dann führte er ein Leben in Saus und Braus. Jagen konnte wer wollte, aber nicht er, dem die harten Taler in der Tasche klimperten. Sie klimperten gar nicht zu lange, und bald war er ärmer als ehedem. Der Pirsch war er ledig geworden, und so stieg er empor zur Wand, wo er einst das runde Silber gefunden. Aber kein Geldstück war zu sehen, und schon wollte er missmutig umkehren, da stand ein Mann vor ihm mit übermächtig großem Kopf und zwei Hörnern auf der Stirn. „Willst's mit mir halten oder nicht"? fragte der Böse, und der Jäger hat sich dem Teufel verschrieben. Gleich kugelten von der Wand Steine, die sich vor dem Jäger in Taler verwandelten. Nur kurze Zeit hat er ein neues Freudenleben geführt. Holzknechte fanden ihn zerschmettert an der steilen Funtenseewand, fast überschüttet von den herabkugelnden Steinen. Seitdem hört man an dem See ein Geräusch gleich dem Klappern einer Mühle. Der Teufel mahlt dort Steine zu Silbertalern, um Seelen zu fangen.
(Aus Toni Eichelmann: Berchtesgadner Sagen)

Der Spruch „einen aufs Recht" beruht auf einer alten Tradition, die meine Vorgänger schon pflegten. Das Schnapsrecht bekommen Personen, die der Brennerei gut gesonnen sind, oder diejenigen, die immer wieder mithelfen und zupacken.

Als mir damals der „Alte" die Hüttenschlüssel in die Hand drückte, sagte er: „Jetzt bist du der Brennmeister vom Berg. Aber eines muss ich dir sagen, du musst dich ganz gewaltig auf die Füße stellen, sonst machen die da unten mit dir, was sie wollen", und er wusste wovon er sprach, denn er war einer der Besitzer der Firma und leitete sie schon 40 Jahre lang; so lange war er selber „der da unten". Mein Vorgänger Hardl wurde mitten im Sommer krank (er war schon weit im Rentenalter) und der „Alte" sprang für ihn ein. Er gab seine Firmenanteile weiter und den Chefposten ab, um zum Schnapsbrennen in die Berge zu gehen, bis dann ich so weit war, um ihn abzulösen. Als Diplombraumeister (Bierhersteller), so sagte er zumindest, hätte ihm die praktische Arbeit viel besser gefallen, „doch der Bürokram wurde immer mehr und mehr und so saß ich, eigentlich widerwillig, 40 Jahre im Büro. Ich bin dankbar für die drei Jahre hier oben – und jetzt heißt es endgültig vom Arbeitsleben Abschied zu nehmen". Sehr amüsant war er im Umgang mit den Gästen; er tat immer so, als wäre er Zeit seines Lebens nicht vom Berg runtergekommen: „Können sie mir sagen was so eine Flasche Enzian kostet?" Antwort: „Ich bin zwar schon über 40 Jahre bei der Firma, hab aber noch nie eine Flasche verkauft." Man merkte, dass er sein Inkognitodasein genoss. Er drehte seinen Kopf aus der halbgeöffneten Autotür seines Subarus, um mit nach hinten gestreckter Geste hinzuzufügen: „Ach ja, da gibt es Leute, die haben das Schnapsrecht, die können so viel Schnaps saufen, wie sie wollen. Bei mir waren das die Holzknechte, die Förster, natürlich die Wurzengraber und einige Almbauern." Ich sollte aber nicht damit geizen, denn „die saufen eh alle fast nichts mehr!" Peter war nicht mitgekommen, er „musste" noch mit dem Spüler vom Kärlingerhaus eine rauchen. Müdigkeit legte sich über uns, bis plötzlich eine Hand zum offenen Fenster hereinprangte, als wollte der Teufel nach unseren Seelen greifen. Mit Urschrei verdächtigem Gebrüll verbunden zog diese Hand einen stämmigen Körper zum Fenster herein und wir mussten feststellen, dass Peter lieber den wackligen Holzstoß als die Treppe benutzte. Er rief: „Jetzt trinken wir noch einen aufs Recht", packte die Gitarre und der Männerchor stimmte ein:

Das Wurzengraber Lied

Wann i wieder moi auf'd Welt soit kemma,
Na woaß i mia scho wos zum doa
Im Summa Wuizn grobn
Im Winter Brandwein drogn
Do kimm i auf an gar schenan Lohn.

Und a jeda is a armer Narr sog i
Der de Wuizngrober-Leit belacht
Weil se san eh nix z'nein
Wia Durscht und Hunger leidn
Und nembei drongs, bis dass der Buckl kracht

A so a Enzianwurzn, is a guade Wurzn
Gibt a ganz a guade Medizin
Wanns duat im Bauch drin schneidn
Und duat recht sakrisch treibn
Dann nimmst hoid alleweil a Glaserl ei.

Und auf'd Nocht wenn ma schlofn geh'n
Schlof ma olle auf'm Hei
In da Fria ja, wann ma aufstehn
San ma alle wieder Brandwein frei.
(Altes Volkslied)

Die zweite Strophe des Wurzengraberliedes wurde mit einem breiten Lächeln und mehr Druck vorgetragen, denn der Tisch war inzwischen voll mit Flaschen, süßen und salzigen Leckerlis. Die Müdigkeit wurde so noch einige Stunden unterdrückt.

Des Teufels Geheimnis
Es war im Sommer 1997. Ich hörte immer wieder ein Klopfen aus
Richtung der Teufelsmühle, ich sah aber nichts. Versucht der Teufel
auszubrechen, hat er genug vom Silbermahlen? Indem ich die Zuluft
und den Kaminabzug verringerte, drosselte ich den Brennvorgang
und ging zur Teufelsmühle hinüber. Da waren Forscher am Werk,
die das Geheimnis des Teufels lüften wollten. Schon einige Male
hatten sie Farbe in den Ablauf gegossen, um zu klären, wo, wenn
überhaupt, das Wasser wieder herausläuft – vergebens. Sie klopften

mit einem 200-Gramm-Hämmerchen und einem lausigen, stumpfen Meißel „ärmlichst" am Fels, der die Sicht zum hinabstürzenden Wasser versperrte. Mit einem Greifzug sollten die Felsen aufgeseilt werden um einen eventuellen Zugang zur Höhle zu schaffen. Man munkelte schon über eine Turbine, die unendlichen Strom fürs Kärlingerhaus liefern könnte. Ich zeigte mich empört über das Vorgehen dieser „Haubentaucher", doch nach einigen blöden Bemerkungen von meiner Seite und einigen Wortwechseln packte mich auch die Neugierde und ich wurde just zum Höhlenforscher. Ich lief zur Hütte zurück, um schweres Gerät zu holen. Mit einem Vorschlaghammer und einer 1,80 Meter langen Eisenstange kehrte ich zur Ausgrabungsstelle zurück. Es wurden einige Felsbrocken aus der Vertiefung gehebelt. Ich lief wieder zurück, um die Brennerei zu kontrollieren und kam mit einer Flasche Enzian Kräuter wieder, um die Aktion zu „versüßen". Nur noch eine große Platte versperrte den Blick in den Teufelsschlund. Wir scheiterten an ihr. Ich eilte wieder zur Brennerei und ließ die Gruppe allein. Spät am Nachmittag kam Wurzengraber Otto mit einem Sack Enzianwurzeln zurück und fragte, was die „Tagdiebe" wieder mal an der Teufelsmühle treiben. Ich getraute mich nicht zu sagen, dass ich für kurze Zeit auch zu denen gehörte, so wetterte er über die Forscher.

Am Abend war der Ablauf des eiszeitlichen Bergsees natürlich Thema Nummer eins im Kärlingerhaus. Da gingen die Meinungen auseinander. Die einen beteuerten die Unantastbarkeit eines Naturdenkmals und die Ehrfurcht vor der Schöpfung, die anderen konnten sich mit der Kraftwerkillusion anfreunden, wobei klar war, dass man nichts davon sehen sollte und das Rauschen an der Funtenseewand unbedingt erhalten bleiben müsste. Doch wenn es finanzierbar wäre und umweltverträglich gebaut werden könnte, würde das Vorhaben am Bürokratismus scheitern, da war man sich einig. Die Speläologen hingegen liebäugelten mit dem Gedanken, einen Verbindungsschacht zur Salzgrabenhöhle zu entdecken. (Die Salzgrabenhöhle ist eine der längsten Höhlen Deutschlands. Derzeit sind neun Kilometer Gänge erforscht, die sich über 414 Meter Höhenunterschied erstrecken. Der Zugang zu diesem Riesenloch befindet sich nach dem ersten Viertel des Funtenseewegs am Simetsberg (1865 m) rund 1000 Meter unterhalb der höchsten Erhebung.) Mit am Diskussionstisch war ein junger Sprengmeister, der in der Saugasse einen großen Felsbrocken in die Luft jagte, um den Funtenseeweg wieder für den Traktor und die Tragtierkompanie freizuräumen: „Einige Gramm Plastik – und der Fall wäre erledigt". Einen Auftrag bekam der Sprengsüchtige nicht, es war auch keiner da, der die Befugnis gehabt hätte, für so einen Eingriff grünes Licht zu geben.

Am nächsten Tag hörte ich einen Schlag. Der Funtensee lag ruhig und gelassen in seinem Bett. Selbst den Fischreiher ließ der Knall kalt und er blieb auf seinem Baum sitzen. Der Widerhall der Sprengung verlor sich zwischen Viehkogel und Glunkerer (1932 m). Mehr als eine kleine Spalte, aus der das Rauschen des Wassers zu hören war, konnte nicht freigelegt werden. Die Forscher waren so nah an ihrem Ziel, doch der Sprengmeister verweigerte eine weitere Sprengung. So musste auch keiner auswandern, um dem Spott und dem Ärger aus dem Weg zu gehen, der einem logischerweise nacheilen würde, wenn man zu denen gehörte, die ein Berchtesgadener Wahrzeichen verschwinden ließen.

Im darauf folgenden Frühling löste der Frost eine Felsenplatte aus der Funtenseewand, die den Spalt wieder verschloss und nichts erinnerte mehr an diese dreisten Menschen, die am Versuch, des Teufels Geheimnis zu lüften, scheiterten. So mahlt er heute noch, wie eh und je Steine zu Silber und lädt jeden, der an der Teufelsmühle vorbeikommt, zum Lauschen und Nachdenken ein.

3. Juli

Mit Michael, Peter und mir ist die Hälfte der Priesberg Musi schon vor Ort. Die anderen drei (noch ein Sepp, der die Klarinette spielt und für Witz und Gaudi zuständig ist, und zweimal Franz fürs Notenschreiben, für Bässe und Harmonikas) kamen heute auch zum Funtensee, um die Feierlichkeiten zum 125-jährigen Bestehen des Kärlingerhauses musikalisch zu umrahmen. Sepp kam standardmäßig über die Saugasse hoch, die beiden „Franzein" übers Steinerne Meer. Als die beiden etwas verspätet am Funtensee eintrudelten, sagte einer der zwei: „Wo ist Peter, den bringe ich um, wie kann der behaupten, dass der Weg von Maria Alm kürzer und schöner ist? Wir sind dauernd im Schnee eingebrochen – von uns beiden hat doch jeder über hundert Kilo – einmal bin ich sogar bis zum Hals im Schnee verschwunden", und er fuhr sich mit der Handkante über den Kehlkopf. „Da braucht ihr gar nicht lachen – wäre der Franz nicht gewesen, wäre ich da nie mehr rausgekommen, dann hätten sie mich in tausend Jahren als Mumie, so wie den Ötzi, wieder gefunden." Der Klarinetten-Sepp sagte darauf: „Die hätten geschaut, wenn sie dich in tausend Jahren gefunden hätten, was es zu früherer Zeit für figurbetonte Konsorten gegeben hat." Der andere Franz sagte: „Ja gut, so schlimm wie du sagst, war es auch wieder nicht, immerhin sind wir noch nebenbei die Schönfeldspitze gegangen."

„Ach ja, die haben wir so im Vorbeigehen noch mitgenommen." Michael wollte wissen, ob das kleine Gipfelkreuz noch oben ist und aus Franz schoss es heraus: „Das ist aber wirklich ein kleines mickriges Gipfelkreuz, es war umgefallen – wir haben es wieder aufgestellt – für das sind wir eh gut in der Zeit gewesen – jetzt haben wir aber einen Durst..." Außer den beiden wussten wir alle, dass auf der Schönfeldspitze ein mächtiges Gipfelkreuz steht, die Mutter Gottes mit Christi Leichnam in den Armen und das Ganze ist fünf Meter hoch. In einer großen Baukiste wurden die Musikinstrumente geliefert, welche der Hubschrauber schon am Mittwoch am Kärlingerhaus absetzte. Kontrabass, Tuba, Ziehharmonikas und auch die kleineren Musikinstrumente wie Flügelhorn, Klarinette und Gitarre wurden aus der Kiste geholt. Mit der Hl. Messe begannen die Feierlichkeiten. Im Gebirge ist es von Vorteil, wenn man einen Pfarrer hat, der auch gut zu Fuß ist. Die Bergmesse wurde im Freien zelebriert und unsere Weisen und Lieder schallten an den Wänden des Viehkogels wider, schlugen weiter oben noch ein paar mal an und verklangen im akustischen Durcheinander. Regungslos wohnte man den Klängen bei, auch die Menschen auf den Wegen und die am Funtensee-Ufer hielten sich für die Dauer des Echos ruhig. Nach einigen Ansprachen folgte der gesellige Teil, der sich mit Witz, Polkas und Walzer in die Länge zog. Die Gaststube war voll mit Einheimischen – eine ausgelassene, schöne Stimmung.

Sehr gut gelaunt marschierten Wurzengraber und Schnapsbrenner wieder in ihr Reich, um am schon obligatorischen Halt an der Teufelsmühle festzustellen: Hier ist das Paradies, ohne Autos in absoluter Stille. Wie oft sind wir hier schon nachts entlanggegangen – nüchtern oder beschwipst, und nie ist etwas passiert; gut, einige Stolperer mit blauen Flecken oder Kratzern; einmal ist einer in den See gepurzelt, aber nur bis zu den Füßen.

Am Morgen verabschiedete ich mich von meinen Zeitgenossen und Freunden, die noch zum Frühschoppen am Kärlingerhaus blieben und erst nachmittags ins Tal absteigen wollten. Wir schmiedeten noch einige Zukunftspläne... Nächstes Jahr muss das Schindeldach der Hütte erneuert werden – eventuell eine Arbeitsaktion für die Wurzengraber.

Der Zeitgenosse, ein wunderbarer Begriff, der eigentlich die Frage Krieg oder Friede zunichte machen müsste, denn alle Mitmenschen sind Zeitgenossen, sie leben zur selben Zeit wie du. Stell dir vor, du lebst alleine ohne Zeitgenossen – wäre doch langweilig. Blöderweise leben aber noch andere neben dir! Krieg oder Frieden? Schießen und Schlachten? Oder doch lieber ein Schwätzchen bei Kaffee, Tee,

Bier oder Wein? Du bist halt anders als ich, du interessanter Mensch. Bloß nicht hetzen lassen, von keiner Macht der Welt! Wir sind doch alle Genossen unserer Zeit!

Ich werde die Zeit, die mir noch bleibt,
mit meinen Zeitgenossen genießen,
sodass meine Zeitgenossen, wenn ich nicht mehr bin,
die Zeit genossen mit einem Zeitgenossen,
der es verstand, seine Zeit zu genießen.

Ich überließ ihnen die Hütte und eilte ins Tal, um mit dem Oxn-Aug'n Trio im Bierzelt zu spielen. Vorher musste ich aber noch vom Tal aus zur Brennhütte am Priesberg fahren, um einige gebrochene Zaunstangen zu erneuern.

Im Jahr darauf wurde tatsächlich das Schindeldach von der Wurzen-grabergruppe neu gedeckt. Neu in der Partie war der Lehrling Markus. Markus war einer der 12 Destillateurlehrlinge dieses Jahrgangs in Deutschland und lernte das Alkoholveredeln bei der Enzianbrennerei von unserem Destillateurmeister Franz Hölzl – seinem Vater. Ich hatte ihn bei unserem Chef beantragt, um ihn für ein paar Tage aus der Giftküche herauszuholen. Mein Chef erwies sich als gnädig und sagte: „Nimm ihn nur mal mit, damit er auch bisschen was fürs Leben dazulernt."
Dieser Spruch ehrte mich im höchsten Maße und ich hatte zum ersten Mal in meiner Laufbahn einen Lehrbuben. Die Schindeln einer kompletten Dachseite, die 31 Jahre lang ihren Dienst taten, wurden runtergerissen und man begann mit dem Aufnageln der neuen Schindeln. Der Lehrling wollte auch gleich mitnageln und fragte, wo er anfangen sollte. Ich sagte zu ihm:
„Du weißt doch noch gar nicht wie es geht, musst erst eine Zeit lang zuschauen. Du kannst doch Ziehharmonika spielen?"

„Ja wenn eine da wäre."

„Du steigst jetzt vom Dach und gehst in meine Kammer, auf der linken Seite, auf dem Stuhl findest du, was du brauchst."

Der Bub kam mit dem Harmonikakoffer wieder heraus.

„Und jetzt?"

„Jetzt packst du das Instrument aus und kommst damit aufs Dach."

Er stieg vorsichtig über die Leiter auf das steile Dach.

„Und jetzt?"

„Jetzt setzt du dich auf den Kamin und spielst."

Sogleich erklang eine Polka und die Arbeitsstimmung war super.

„Und jetzt?"

„Jetzt spielst du noch einen."

„Und jetzt?"

„Spiel noch einen und schau uns beim Nageln zu – du willst doch was lernen."

„So und jetzt?"

„Du kannst doch sicher mehr Stücke, mit musikalischer Life-Umrahmung arbeitet es sich viel leichter. Das müsste man mal den Baufirmenbesitzern verklickern."

„Ich weiß noch ein Stück."

„Du lernst schnell."

„So einen Lehrtag werde ich wohl nie vergessen."

Von der anderen Dachhälfte murmelt Stefan:

„Hat der was gesagt? Der soll spielen – wird ja schließlich dafür bezahlt."

Als ihm dann irgendwann doch die Stücke ausgingen und er genügend abgeschaut hatte, bekam er noch den Einführungskurs, der Schindelabstand, Nageltechnik usw. beinhaltete; dann war bald Mittag – Brotzeit unter freiem Himmel, tafeln wie die Fürsten. Nach dem Essen wollte der Lehrbub mit Ehrgeiz am Dach zu nageln beginnen. Ich fragte ihn, ob ihn jemand damit beauftragt hätte?

„Nein, aber ich dachte?"

„Du steigst jetzt wieder vom Dach runter und gehst zum Kärlingerhaus und holst das Schlauchboot."

„Ja wenn du das sagst – servus."

Eine Zeit lang war von dem Buben nichts zu sehen und die Wurzengraber (in dem Fall die Dachdecker) lästerten schon:

„Jetzt hast du deinen Lehrbuben vergrault, der ist sicher abgestiegen", sagte Sepp.

„Der wird da drüben erst eine Halbe zwitschern, bevor du ihn wieder mit deinem Blödsinn konfrontierst", lachte Peter lautstark.

Michael meinte, er muss auch noch seinen Senf dazugeben: „Wenn
ich er wäre, würde ich mich da drüben besaufen, dann hättest du
nämlich ein Problem – ha, ha."

Doch dann sah man einen riesigen bunten Käfer näherkommen; er
hatte schlauerweise das Boot drüben mit der Pressluft aufgeblasen,
trug es über den Kopf, und ich war stolz auf meinen Lehrling:

„Da seht ihr, was der bei mir schon alles gelernt hat!"

Markus legte das Schlauchboot an der Hütte ab:

„Und jetzt?"

„Leider bist du am See vorbeigegangen. Was sollen wir hier mit dem
Gefährt?"

„Ah, ich verstehe."

Er trug das Boot zum Seeufer vor und kam wieder.

„Und jetzt?"

„Jetzt gehst du in meine Schlafkammer und holst den Koffer unter
meinem Bett."

Mit fröhlicher Mine:

„Jawoll Sir!"

Er kam mit meinem Posaunenkoffer wieder und durfte sie auspacken
und zusammenbauen.

„Und jetzt?"

„Jetzt schnappst du dir die Ziehharmonika und ich die Posaune und
dann werden wir den See musikalisch entjungfern. Ihr macht mal

schön weiter – servus."

Wir ruderten in die Mitte des Bergsees und spielten einige Stücke.
Ich erklärte meinem Lehrling die umliegenden Berge und er war um
eine Lektion reifer geworden. Er war aber dann doch froh, als er richtig zulangen und mitarbeiten durfte.

Die Berufsschule für Destillateure ist in Dortmund. Die Wenigsten
in seiner Klasse waren in einem Betrieb, der Trinkbranntwein herstellt – Destillateure sind auch Parfümhersteller, die meisten arbeiten in der Aromenindustrie, andere kochen in einer Raffinerie Erdöl.
Markus schrieb in seinen Wochenbericht „Schindeldachdecken einer Brennhütte" und löste bei den Lehrkräften Verwunderung aus.

5. Juli

Michl R. ist nicht nur als Musikant bei den Oxn-Aug'n mein Kollege, sondern auch für die Enzianbrennerei tätig. Als Schnapsvertreter deckt er in erster Linie das Salzburger Land (Österreich) ab. Von
Berchtesgaden aus fuhren wir um den Gebirgsstock der Reiter Alm
über Lofer nach Saalfelden zum Parkplatz Fürstenbrunn in Maria
Alm. Dort trennten sich unsere Wege, Michl R. ging seiner „Hausierertätigkeit" nach und ich hatte mal einen anderen Aufstieg zum
Funtensee.

Ich ging durch ein lang gezogenes Kar, über einen steilen, felsigen,
gut gepflegten Steig mit Betonstufen und Halteseilen zum Riemannhaus auf 2177 m, welches sich genau zwischen Breithorn (2504 m)
und dem Sommerstein (2308 m) befindet. Der markanteste Punkt
ist jedoch die Pyramide der Schönfeldspitze (2653 m), die man auch
von Berchtesgaden aus sehen kann.

Als ich den Steig zu zwei Drittel oben war, kamen mir die ersten
Übernachtungsgäste vom Riemannhaus entgegen: „Sagen Sie mal,
wo kommen denn Sie her? Sie waren doch vor zwei Tagen an der
Brennhütte am Priesberg! Oder haben sie einen Zwillingsbruder?"

Als ich die gebrochenen Zaunstangen austauschte, hatte ich diesen Leuten aus Mitleid einen Enzian eingeschenkt, bin aber dann schnell wieder von der Priesberg Brennütte weg, um ins Tal zu fahren und dem Musikauftritt nachzukommen.

Wenn man bedenkt, dass sie zwei Tagesmärsche übers Gebirge machten und sie mich nur vom Priesberg kennen, ist die Verwunderung verständlich.

„Zwillingsbruder hab ich keinen, mich gibt's nur einmal auf der Welt. Wenn ihr euch mehr Zeit gelassen hättet, dann wärt ihr auch auf der Funtensee Brennhütte in den Genuss eines Enzians gekommen".

„Wir haben Enzian auf der Wasseralm bei Horst, am Kärlingerhaus und am Riemannhaus getrunken!"

„Dann ist's ja gut, die waren alle von mir." Und ich stieg weiter.

Nach einer Rast am Riemannhaus ging ich übers Steinerne Meer, ein gewaltiges Hochplateau aus verkarsteten Kalken, eine scheinbar

Die Brennhütte am Funtensee neu eingedeckt.

140

trostlose Steinwüste auf 2000 Meter Höhe. Doch von Nahem gesehen ist das Steinerne Meer ein Biotop mit einer sagenhaft dichten Vegetation. Zwischen den über Jahrtausende vom Wasser zerfressenen Steinplatten, die oft mit Muschel-Versteinerungen (Megalodonten) und mit durch die Verwitterung herauspräparierten Korallenstöcken durchzogen sind, sind überall Graspolster und Blumenteppiche und in den Mulden liegt immer noch Schnee. Das Vergissmeinnicht ist viel kleiner und gebündelter als im Tal und hat ein viel kräftigeres Blau. Viele Blüten in unterschiedlichen lila und rosa Farbtönen – und immer mischt sich ein Gelb dazu, umrahmt von den verschiedensten Steinformationen. Ich kenne alle diese Blumen, aber nur die Hälfte beim Namen; hauptsächlich die markanten Blüten sind mir geläufig, für die anderen müsste ich mich in einem Blumenbuch schlau machen. Wobei die Namen eigentlich unwichtig sind. Für den Betrachter sind sie einfach nur schön.

Bis zum Funtensee verliert man 500 Meter an Höhe und taucht ein ins Paradies. Das Grün überwiegt immer mehr. Zum Teil steht die Alpenrose, oder wie man hier sagt der Almrausch (Rhododendron ferrugineum und hirsutum) in voller Blüte, an anderen Stellen öffnen sich erst die tief rosa Blüten, die gebüschelt an den Zweigen sitzen. Die Waldgrenze kündigt sich mit Latschenbewuchs an. Zwischen kniehohem Wacholder und Grasbewuchs führt der Weg zum „Baumgarterl", ein Platz, der mich als Kind schon fesselte. Wer es nicht weiß, der merkt nichts von der österreichisch-bayerischen Grenze, die zwischen den solitären Zirben und Lärchen eine erdachte Linie der Menschen darstellt. Hier war damals der Weg für die bayerischen Holzknechte, mit denen ich als Jugendlicher arbeitete, zu Ende. Von unserer Arbeit ist leider fast nichts mehr zu sehen, die Witterung hat den Weg dahingerafft, man hat ihn verkommen lassen. In einem Durcheinander von Bachläufen, Gräben und Pfaden dann der erste Blick zum Funtensee, einer smaragdgrünen Lache im absoluten Grün – dann mein Ziel, unter der Sonne des blauen Himmels mein Arbeitsplatz – die Brennhütte.

Wenn ich zurückschaue, steht südlich das Schottmalhorn mit 2225 Metern, welches oft mit der Schönfeldspitze verwechselt wird, die man aber aus der Funtenseemulde nicht sehen kann. Weiter südöstlich die mächtige Stuhlwand mit ihrem höchsten Punkt dem Stuhljoch (2448 m), von wo sich der Grat zum Funtenseetauern hinüberzieht. Im Osten erhebt sich der Glunkerer (1932 m), ein zerklüfteter, mit Nadelholz bewachsener Steinbrocken. In nördlicher Richtung ragt der Schneiber (2330 m) über dem Kärlingerhaus empor. Weiter nordwestlich schaut die Spitze des Großen Hundstod (2592 m) hinter der Flanke des Hirschen (1993 m) hervor. Um diese Jahreszeit ziert den Hundstodgipfel ein Schneefleck, welcher für einige Tage einem Playboy-Hasen verblüffend ähnlich sieht.

Auf einer herrlichen Wiese blühen der Stengellose Enzian, der Punktierte Enzian, Hornklee, Storchschnabel, Trollblumen und Mehlprimel gleichzeitig.

Wenn man aus dem zweiflügligen Panorama-Dachgaubenfenster schaut, welches das meiste Licht in die Zirbenstube lässt, denkt man nicht an ein überbesiedeltes Mitteleuropa. Mich erinnert dieser Blick an Yellowstone in Kleinformat. Der Funtensee ist der Yellowstone Lake, nur die Elche fehlen, die in dem Verlandungsgürtel äsen, in Sumpfbinsen, Seggen und Wollgras. Die einzige heiße Quelle ist allerdings nur die Brennerei und der einzige Geysir bin ich, wenn ich mit meinem bleichen Körper aus dem heißen Wasser des Trogs steige. Außenrum die Rocky Mountains, ein wenig Grand Teton und ein Hauch Glacier Nationalpark (Montana USA) – dort wächst der Weiße Germer (Veratrum album) genauso üppig wie hier. Die Büffel (Bison) fehlen. Auch die Bären, das stimmt aber nicht ganz, denn die dicksten Murmeltiere, die Männchen, nennt man hier Bären. In der Jägersprache und bei den Einheimischen spricht man auch von

Katzen – den Weibchen, die man aber kaum von den Männchen unterscheiden kann, und von den Affen – den Jungtieren.

Heute sehe ich zum ersten Mal in diesem Sommer die Affen – sie sind rausgekommen. Ein wenig wackelig sehen sie das erste Tageslicht in ihrem Leben. Mit perfektem Fell, neugierig und dumm, leichtsinnig und voller Kraft – der erste Trip in die Freiheit oder die Welt, kaum behütet von irgendeinem Verwandten, ein leichtes Opfer. Bei jeder Sippe schauen ein bis fünf Junge heraus. Bei maximal 15 Jahren Lebenszeit wäre es fatal, wenn sie alle überleben würden. Der Fuchs hat's jetzt leicht – er sitzt am helllichten Tag unter dem buschigen Weißen Germer und muss nur darauf warten, dass ein Nager vorbeikommt – egal ob Bär, Katze oder Affe. Sie haben keine Namen und es ist egal, wer die nächsten Jahre den Hügel bewacht – irgendeins halt, das noch lebt, das Fuchs, Adler und Krankheit entkam – halt das Murmeltier.

Mit offenen Augen durchs Leben zu gehen, scheint mir eine der wichtigsten Gaben, die mir mitgegeben wurden. Ich denke, dass das Schauen und Beobachten gelernt sein will. Wer es als Kind nicht gelernt hat, seine Umwelt zu sehen und zu begreifen, der läuft oft halb blind durch die Landschaft. Wer keine Blumen erklärt bekam und nicht auf den Gamsbock aufmerksam gemacht wurde, bemerkt oft die schönsten Motive nicht. Ich sage immer, wer hier an einem Schönwettertag einen Adler sehen möchte, der sieht auch einen, aber er muss sich Zeit nehmen zu schauen und wissen wo.
Bei meinen Wanderungen durchs Gebirge schau ich in alle Richtungen, fixiere die kommenden paar Wegmeter, um nicht auf die Schnauze zu fallen und sehe jede Gams, jedes Murmeltier, den Steinadler oder den ziehenden Hirsch, die Wolken des Himmels (die sollte man wegen der Wetterentwicklung auf den 2000ern sowieso nicht aus den Augen lassen), jedes Blümlein am Wegrand, die Bäume und Sträucher, den Bergsalamander. Und ich nehme mir die Zeit, zu

schauen, die Zeit, um stehen zu bleiben für ein kurzes Innehalten, um mit geschärftem Blick meine Welt zu erkunden, erforschen und genießen. Ich kann stundenlang am Gipfel sitzen und die Konturen, Risse und Spalten der Berge ansehen, die verschiedenen Farben und Formen der Gesteine in mich aufnehmen oder einfach nur in die Ferne starren, hinaus ins Flachland oder zu den höchsten Gipfeln der Hohen Tauern, zum Großglockner und Großvenediger.

Du siehst die Berge nicht obwohl du dort bist,
du siehst die Heimat nicht obwohl sie schön ist,
du riechst die Blumen nicht und hörst die Vögel nicht?
Entweder bist du nicht gesund,
oder ein ganz saudummer H....

Ich bin den ganzen restlichen Tag am Wurzelhacken und Einmaischen. Am Nachmittag kommt ein Föhnsturm auf. Der sonst ruhige See schlägt weiße Wogen, die Hütte knarrt und die Fensterläden schlagen. Sonst nur ich und meine Arbeit.

6. Juli
Enzianwurzeln gegraben.

7. Juli
Wurzen gehackt und eingemaischt.
Die ersten Stunden sind schwer, das Hacken schmerzt im Rücken. Die Muskulatur ist noch nicht aufgebaut. Am zweiten und dritten Tag spürt man den Muskelkater, hauptsächlich im Kreuz, am vierten Tag läuft es wie selbstverständlich. So eine Wurzelhacke, mit der man auf die Hackbank einschlägt, wiegt fünf Kilo und die Klinge misst 46 Zentimeter. Der Hackenstiel ist leicht gebogen. Jede Ha-

cke ist ein Unikat, unterschiedlich aufgeschweißt und geschmiedet. Zwei der Werkzeuge sind neueren Datums, sie liegen schlecht in der Hand und benötigen mehr Kraftaufwand als die älteren.

Oft taucht die Frage der Rentabilität auf. Das Wurzelhacken ist Brauchtums- und Heimatpflege. Ich werde für diese Arbeit bezahlt, aber ein Stück Idealismus gehört dazu. Zum Schnapsmachen gehört eine Portion Philosophie, nicht anders als bei Köchen oder Winzern. In der jetzigen Zeit ist beinahe alles auf billig und günstig ausgerichtet; schnell muss es gehen und soll nichts kosten. Die Qualität geht dadurch natürlich flöten.

(Das trifft heutzutage in beinahe allen Branchen zu. Made in Germany hat dadurch den Stellenwert verloren und ist oft nicht mehr das, was es früher versprach – beste Ware. In Zeiten, in denen weitgehend die Produktion ins Ausland verfrachtet wird, weil man dort billiger produzieren kann, und aus Deutschland so allmählich nur noch ein Bürostandort wird, könnte es sein, dass bald „Made in Germany" nur noch auf Rechnungen und Steuerbescheiden draufsteht.

Solange es Konsumenten, sprich Schnapsgenießer mit der gleichen Philosophie wie die des Schnapsbrenners gibt, die den Preis für dieses Produkt (Funtensee Enzian) bezahlen, solange kann in diesem Stil weitergemacht werden, um die über Jahrhunderte währende, traditionelle Handarbeit fortzuführen.

8. Juli
Enzianwurzeln gegraben.

9. Juli
Enzianwurzeln gegraben. Abstieg nach St. Bartholomä; muss morgen auf einer Isar-Floßfahrt von Wolfratshausen nach München Musik machen.

Ich hatte jetzt sehr unkreative Tage, zumindest was das Schreiben anbelangt. Die viele Arbeit nimmt alle Zeit in Anspruch. Vor allem das Wurzelhacken beschäftigt mich. Bei dieser stupiden körperlichen Arbeit, die mir aber am besten taugt, kann man super nachdenken und sich stundenlang irgendwas zusammenspinnen, aber am Abend bring ich meine Gedanken nicht mehr zu Papier. Ich sitz dann vor einem Blatt und die so schön gedachten Sätze wirken auf mich miserabel und haben keinen Klang; sie hören sich eckig und stumpf an. Jetzt hab ich auf dem Tisch in der Brennerei immer den Block schreibbereit liegen, um die oft nur sehr kurzen Gedankenblitze festzuhalten. Schreiben im Augenblick des Gedankens ist die Lösung.

Das andere Problem, das immer wieder auftaucht, ist Faulheit. An vielen Tagen muss ich mich überwinden, etwas aufzuschreiben und mein innerer Schweinehund sagt, dass an diesem Tag nichts gewesen ist, das es wert ist, aufgeschrieben zu werden. Jeder Tag könnte hier oben ein Büchlein füllen – das heißt, wenn ich nichts schreibenswert finde, liegt es nur an mir.

Die Einstellung, mit der man sich einer Sache nähert, ist ausschlaggebend. Man kann an eine Arbeit mit Lustlosigkeit und miesepetrig herangehen – und es wird lustlos und mies sein und eine Ewigkeit dauern. Wenn man aber zu sich selber sagt „das ist halb so schlimm, das haben wir gleich", geht man mit einer selbst erzwungenen, positiven Einstellung an die Sache ran, welche sich im Tun von selber einstellt und automatisiert. Die Stunden, der Tag vergehen wie im Fluge.

Momentan sitze ich vor einem Satz, der nicht gelingen will, ich bring ihn jetzt einfach nicht hin, aber ich hab ihn notiert, um ihn nicht zu vergessen, denn es kommt die Minute, in der er wie von selber aus dem Handgelenk rollt.

Wenn ich es nicht tue, wird der Welt etwas abgehen
und keiner merkt es.

12. Juli

Ich bin wieder am Funtensee, es ist saukalt, in der Nacht hatte es nur + 3 °C. Der Schnee schaut von der Stuhlwand herab. Sehr seltene Besucher verweilen vor der Hütte und machen „mäh". Nur bei extremem Sauwetter kommen Schafe in die Funtenseemulde. Sie wurden vom Pinzgau aufgetrieben und rupfen den Sommer über im Steinernen Meer. Sie bevorzugen das kurze Gras und die Kräuter bis zum Stuhljoch hinauf. Die Rotschwänze sind heute trotz des schlechten Wetters ausgeflogen und die Warnrufe der Altvögel verstummten. Christian, der Spüler vom Kärlingerhaus, heizt an den Tagen, an denen ich nicht da bin, den Gärofen, in den 80 Zentimeter lange Scheite hineinpassen. Er nützt seine freien Zimmerstunden auch, um an der Brennhütte eine zu rauchen und einen aufs Recht zu trinken. Den Raum hat er genau auf dreißig Grad gehalten und somit konnte der Wettersturz der Maische nichts anhaben. Ich hab noch 50 Kilogramm Enzianwurzeln gegraben und bin bald ins Bett.

Irgendwie reicht es mir langsam mit dem Wurzengraben. Mir kommt's so vor, als gäbe es keinen geeigneten Grabplatz mehr. Überall ist es zu steinig und die Wurzeln sind alle mikrig klein. Auch das Wurzelhacken ist mir leid geworden, obwohl mittlerweile die Frequenz viel höher als am Anfang ist und ich mehr Bizeps und Brustmuskeln bekommen habe. Das Ende ist in Reichweite und die gewollte Wurzelmenge hab ich schon bald. Müsste ich noch 1000 Kilogramm Wurzeln ausgraben, könnte ich mir diese Einstellung nicht leisten. Ich müsste mich weiter konzentrieren wie bei einem Musikstück, das erst zu Ende ist, wenn der letzte Takt abgeschlossen ist. Bei den gehackten Wurzeln ist es umgekehrt; die Brösel sind immer noch zu groß und ich hacke sie noch exakter als zu Beginn der Saison. Aber auch hier lässt die Lust nach und die Hackerei will und will nicht enden. Das Ende des Tunnels ist in Sicht und dies verleitet gerne zu Schleifereien.

Die Gärung läuft perfekt. Mit Freude beobachte ich, dass die Deckel vom austretenden Kohlendioxyd angehoben wurden und schwimmen – jetzt arbeiten die Hefen (normale Bäckerhefe) in der Maische selbstständig für mich – wenn nur die dreißig Grad gehalten werden. Ich schlafe direkt über dem Ofen und der Fußboden ist warm wie bei einer Fußbodenheizung. Ein leichter Rauchgeruch, der vom Gärofen stammt, zieht durch die Hütte. Es kratzt in meinem Hals und ich habe beschlossen, den Ofen noch in diesem Sommer abzutragen, um ihn zu ersetzen. Er ist schon sehr marode, nicht zuletzt wegen des Hochwassers in manchem Winter, verbunden mit anschließendem Frost.

Mit einem „Frosch" im Hals bin ich aufgewacht, teilweise hab ich gar keine Stimme und ich bin sehr zerschlagen. Ich habe mir wohl eine Sommergrippe geholt, mit Sicherheit schon auf der Isar-Floßfahrt, bei der es nur regnete und ich im Durchzug saß. Das Sonnenlicht schmerzt in den Augen und das Wurzengraben ist eine Qual. Ich hab am Nachmittag aufgegeben, bin noch zum Wirt auf eine Suppe und hau mich wieder aufs Ohr.

15. Juli

Wenn um 4.20 Uhr der Bergpieper seine ersten Laute von sich gibt und sich das zarte Rauschen des Stuhlgrabenbachs immer mehr in mein Bewusstsein schleicht, werde ich munter. Von meinem Bett aus sehe ich durch zwei kleine Fenster die Stuhlwand, den Grieskogel (2543 m) und die Farben des Himmels. Mein erster Gang führt zu einem kleinen Blechwaschbecken, welches in einem Schrankabteil der Zirben-Einbaufront installiert ist. Bei jeder Bewegung vibriert der Fußboden und lässt die Teller im Regal leicht scheppern. Ziemlich heftig ist das Rauschen beim Füllen des Wasserkessels, doch nach jedem Geräusch von mir nur das zarte Glucksen des Stuhlwandbaches – sonst Ruhe. Es ist so ruhig, dass ich sogar die Schritte der

Bachstelzen auf dem Dach höre. Die Bachstelzen haben den Oberbelag des Gebirgsstelzennestes entfernt und neu renoviert; sie sind drauf und dran, mit der Brut loszulegen. Der See liegt dunkelgrün wie eine Glasscheibe und ebnet den tiefsten Punkt der Mulde.

Hunderte Augen schauen mir beim Frühstücken zu; die Äste des Zirbenholzes verwerfen die Holzmaserung an Decke, Wände und Mobiliar – im wahrsten Sinne eine Augenweide.

Zwischen den zwei Giebelfenstern umrahmen zwei Hinterglasbilder, die hl. Anna und der hl. Silvester, das hölzerne Kruzifix, außerdem dreizehn Gamskrucken. Darunter ist eine Tafel angebracht auf der steht:

„Zur Erinnerung an Herrn Enzianbrennereibesitzer Sylvester Grassl der von 1900 bis 1957 in Funtensee Enzian brannte und an seine Ehefrau Anna Grassl, die ihm beim Ausbau der Brennhütte im Jahre 1939 und in den schweren Kriegs- und Nachkriegsjahren bis zur Bauvollendung im Jahre 1949 treu zur Seite stand.

Am 1. September 1957 nahm Herr Sylvester Grassl Abschied von der Funtenseehütte und ging mit Josef Gruber, Wurzengraber, zu Tal.“

Gestern war wieder Flugtag für das Kärlingerhaus. Ich erwartete aber keine Lieferung und hatte auch keinen Abtransport. Ich wollte gerade zum Wurzengraben los, da donnerte der Hubschrauber über den See, um vor der Brennhütte zu landen. Als erstes polterte ein 30 Liter Bierfass aus dem Fluggerät und es stiegen vier Mann aus. Die zweite Lieferung brachte noch mal vier Holzknechte. „So“, sagte Hans, „jetzt sind wir da, um dir zu helfen, wir, die besten Holzknechte von der Au. Eigentlich ist es sowas wie ein interner Betriebsausflug, aber offiziell sind wir deine Wurzengraber“. Sofort wurde das Fass angezapft und die mitgelieferten Würstel heiß gemacht. Es hatte sogar jeder seinen eigenen Bierkrug dabei. Der Förster war mit von der Partie und wollte wissen, wie das mit dem Wurzengraben funktioniert.

Und ich nutzte die Gunst der Stunde und lud sie alle zum Wurzengraben ein. Im Nu hatte ich die 100 Kilo und war sehr erleichtert, da ich noch immer angeschlagen war. Mit fünf Wurzelhacken wurden sie zerkleinert, man wechselte durch – jeder wollte sein Bestes geben. Miteinander wurde der Bottich eingemaischt und mir schmeckte das Bier wieder. In der Zirbenstube wurde schließlich gefeiert und der Förster sang seine lustigen Lieder. Um Mitternacht war das Fass leer und die Betten voll mit fröhlichen Kameraden. Zwei schliefen auf dem warmen Fußboden, einer auf der Bank und einer wollte besonders schlau sein und verkroch sich in den Gärraum. Letzterer schaute am nächsten Tag ziemlich zerrissen drein, denn im Gärraum ist ganz schlechte Luft, zumal der Ofen qualmt. Außerdem ist die Gärung in vollem Gange und das Kohlendioxyd kriecht am Boden umher. „Einen Auer Holzknecht bringt so was nicht um", wurde wahnwitzig vermerkt.

„Das hätte saublöd ausgehen können, aber es wird schon so sein", schloss ich mich dieser Satire an. Sie bedankten sich für die ausführliche Betriebsführung und für die Gastfreundlichkeit, „wenn's auch ein Überfall war", und wanderten nach dem Frühstück nach St. Bartholomä. Meine körperliche Verfassung wandelte sich wieder zum Guten. An eine Sommergrippe konnte ich mich bis dahin noch nicht erinnern.

Immer wieder hört man von Todesfällen durch Kohlendioxyd in Brennereien. Man merkt es nicht und schläft einfach ein. Wie zuletzt in der Zeitung stand: Zwei Schwarzbrenner im Keller erstickt. Sie hatten Maischefässer und Brennerei in einem geschlossenen Kellerraum – alles dicht, damit niemanden was von ihrem Treiben in die Nase fährt. Der Raum war zu einem gewissen Maße mit Kohlendioxyd gefüllt und sie kosteten an ihrem ersten Brand. Schon bald wurden sie müde und schliefen am Tisch ein. Die Gärung lief weiter, das Feuer verbrauchte die restliche Luft und erlosch genauso wie ihr Leben.

Die Murmeltiere, es soll im Funtenseegebiet an die 1200 Exemplare geben, sehen jetzt auch wieder gut aus – sie sind bereits wohlgenährt und futtern in den Wiesen, die zur Zeit mit kräftigem Rosa gefleckt sind, denn der Almrausch steht in voller Blüte.

Dieses Jahr ist ein Fischreiher (Graureiher) hier, der von Zeit zu Zeit den See überfliegt. Als ich Kind war, gab es in Berchtesgaden keine Fischreiher. Den ersten Fischreiher sah ich mit etwa 15 Jahren an der Königsseer Ache. Hier am Funtensee war bis jetzt auch noch nie einer. Bei schönem Wetter fängt er die circa fünf Zentimeter kleinen Elritzen (Friein), die einzige Fischart im Funtensee. An Regentagen pickt er die schwarzen Bergsalamander vom Weg, die nur bei nasser Witterung aus ihren Verstecken unter den Steinen hervorkommen. Die Murmeltiere können ihn nicht so richtig einstufen – ob Feind oder nicht. Sie pfeifen (was eigentlich ein greller Schrei ist) unterschiedlich. Wenn ein Adler einfliegt, kommen höchstens zwei Pfiffe, die sehr kurz gehalten und wehleidig von der Frequenz her abfallen. Die Murmeltiere sind in Sekundenschnelle alle in ihrem Bau verschwunden. Fliegt der Fischreiher von seinem Schlafbaum, herrscht große Unschlüssigkeit. Die einen pfeifen kurz, die anderen lang, die einen hauen ab, die anderen machen Männchen. Lang und dünn gestreckt wie Kerzen stehen sie auf dem Aushub vor ihrem Bau und beäugen den Exoten. Ist der Reiher wieder gelandet, beruhigt sich die Situation. Kommt der Feind vom Boden, sind die Pfiffe sehr kräftig und kommen in kurzen Intervallen. Es wird geschimpft, was die Stimmbänder hergeben, um vor dem Fuchs, Marder oder Hund zu warnen; vielleicht auch, um ihn zu vertreiben. Ich kann mir vorstellen, dass das schrille Pfeifen Tieren, die besser hören als wir Menschen, in den Ohren wehtut. An den Menschen sind die Murmeltiere gewöhnt, solange sie auf den Wanderwegen bleiben. Die Wurzengraber pfeift man auch die ersten Tage aus, dann aber sind die buckelnden Gestalten und die Schubkarren akzeptiert.

Ziemlich nahe am Kärlingerhaus gibt es einen Murmeltierbau, der von einem furchtlosen Exemplar bewohnt wird. Dieses vielleicht 60 Zentimeter große Tier verteidigt seine Familie, indem es die Hunde, die ja zahlreich von Bergwanderern mitgeführt werden, regelrecht auspfeift. Die Hunde, die nicht angeleint sind, laufen zu ihm hin, doch das Murmeltier bleibt stehen und pfeift, was geht. Einige Hunde ziehen verdutzt einen Meter vor dem Murmeltier den Rückzug vor, die Mutigeren machen Bekanntschaft mit dem Schaufelwerkzeug des Murmeltiers und kratzen dann winselnd die Kurve. Die andere Version: Der Hund kommt angefetzt, das Murmeltier pfeift und verschwindet im Bau, kurz bevor sich der Köter am Ziel wähnt, um einige Meter daneben pfeifend wieder herauszuspähen. Das kann dann eine ganze Weile so hin- und hergehen. Sicher wird dieses Verhalten das Murmeltier eines Tages das Leben kosten, aber es hat keine andere Wahl, so nahe an dieser stark frequentierten Hütte.

20. Juli
Seit die Musik CD fertig ist, hat sich meine Arbeitsmoral gedreht. Ich schreibe immer mehr und übe immer weniger mit den Musikinstrumenten. Im Gegenteil, wenn ich jetzt versuche, in die Posaune zu blasen, schießen oft schreibbare Gedanken in meinen Kopf und das Instrument wird zur Seite gelegt. Ich hab sogar schon nachgedacht, ob ich nicht für ein paar Jährchen die Musik an den Nagel hängen sollte, um mich voll auf das Lesen und Schreiben zu konzentrieren, aber das ist es dann doch nicht wert. Es war ein nicht ernst zu nehmender Gedanke. Ich würde mich zu viel mit Literatur auseinandersetzen und wäre zu sehr von dem Gelesenen beeinflusst, würde anfangs übertreiben und dann doch aufgeben. Denn einer, der nur vor Büchern sitzt und zu viel liest, lebt in einer Scheinwelt, in einer Welt, die sich nur im Kopf abspielt.

Du musst das meiste Wissen aus dem Gelebten holen und das Gelesene nur als Ergänzung dazunehmen und nicht umgekehrt. Das reicht für dein eigenwilliges ungenormtes Leben. Du brauchst kein übergroßes Allgemeinwissen; du musst gar nicht überall mitreden können. Mitreden, auch wenn man nichts darüber weiß. Da ist zwar ein gewisses Wissen da, aber nur das Gelesene oder Gehörte – du kannst doch nur mitreden, wenn du dich damit wirklich (tatkräftig) befasst hast, und mit was sollst du dich noch alles befassen?
In der Zeit, in der du vor einem Buch oder vorm Computer sitzt, bist du Theoretiker – du liest es nur, du lebst es nicht, da gehören auch die Stunden dazu, die du vor dem Fernseher verplemperst.

Ich sehe meinen literarischen Ausflug als Abenteuer, als eine neue Herausforderung und finde mich dabei irgendwie albern, aber gerade das macht Spaß. Die richtigen Worte zu finden, für etwas, was mir schon lange klar war, wird die größte Herausforderung sein.
Das Geschäft mit dem Oxn-Aug'n Trio und der Priesbergmusi läuft gut. Außerdem hab ich ja eine Familie zu ernähren und dafür ist mein Lohn und das Musikgeld eine ideale Mischung. Überhaupt wäre es reine Illusion zu glauben, dass ich einmal mit der Schreiberei Geld verdienen würde. Ich möchte immer nur noch wissen, ob es für mich möglich ist, ein brauchbares Buch zu verfassen. Verdiene ich irgendwann ein paar Groschen dazu, darf ich nicht daran denken, wie viel Zeit ich in dieses Werk investieren musste.
Ich war am Wochenende in einer Buchhandlung. Vielleicht hat Sepp doch recht – so viele Bücher! Es dürfte nichts geben, was nicht schon aufgeschrieben oder beschrieben wurde. Wahrscheinlich gibt es Abertausende Bücher, so wie meins eines werden könnte. Die Zweifel an meinem Schaffen sind momentan gewaltig.

Jeder, der die Einsamkeit sucht und oft seinen Alltag alleine verbringt, bekommt mehr Einblick in sein tiefstes Inneres und betrachtet seine Umwelt mit einer präziseren Schärfe. Das merkt man aber erst so richtig, wenn man darüber schreibt. „Meine Umwelt ist eine der schönsten Landschaften der Welt". (Ich dachte der Spruch sei von mir, aber Alexander von Humboldt wusste das auch schon – aber nicht vom Funtensee.) Verbunden mit der Zeitlosigkeit meiner Arbeit, meiner Familie und dem Musikantentum entstehen meine Schlüsse und meine Einstellung. Ob ich dies alles zu Papier bringen kann? Ob ich nur durch Aneinanderreihen von Buchstaben den Leser einwickeln kann und ihn mitnehmen, mit mir einen Bergsommer zu verbringen? Ich werde es erst wissen, wenn ich den Mut aufbringe, mein „Werk" jemanden lesen zu lassen, der von Literatur wirklich was versteht und vom Schnapsbrennen in meiner Heimat null Ahnung hat. Bis dahin muss ich weiterschreiben, denn so wie jedes einzelne Leben etwas Besonderes ist, so wird dieses Buch auch ein Unikat. Ist der letzte Satz geschrieben, werde ich froh sein, dass ich durchgehalten habe, dass ich nicht schon am Anfang der Strecke das Handtuch warf.

Jedes Mal wenn ich zufrieden bin, denke ich, die Zweifel an der Richtigkeit meines Tuns sind Vergangenheit – und trotzdem kehren sie immer wieder.

21. Juli

Sie sehen mich von oben herab; sie sehen auf mich nieder; sie sind da, obwohl ich sie nicht brauche; sie sind nur ihrer selbst wegen hier und ich bin froh, wenn ich sie wieder los bin. Ich schreibe von meinen Untermietern, die seit zwei Tagen den Zollbereich bewohnen. Hochgestellte Beamte, die ein paar Tage die Hütte als Ausgangspunkt für ihre Wanderungen in Anspruch nehmen. Hochgestellt – hochgestellt ist meist das Zeug, das keiner mehr braucht. Dieses Zeug kam nicht selber auf den Schrank, es wurde immer höher hinaufgeräumt, aus Augenhöhe verbannt, ins oberste Abteil, wertlos und verstaubt – so wertlos, dass sich keiner die Mühe macht, es zu entsorgen!

Sie sind den ganzen Tag unterwegs und ich habe wenig mit ihnen zu tun. Sie gehören einer anderen Kategorie Menschen an und ich weiß, dass ich auf sie extrem abweisend wirke, obwohl ich versuche, mir nichts anmerken zu lassen. „Was, heute schon so fleißig", sagte einer.

„Was heißt hier fleißig, ich mach halt meine Arbeit."

„War nur ein Scherz."

„Da kenn ich bessere."

„Wir gehen auf den Viehkogel und können ihnen leider nicht helfen", so der andere.

„Ich bin's gewöhnt, alleine zu arbeiten und ich denke ihr wärt keine besondere Hilfe."

„Mit einer Schaufel können wir gerade noch umgehen."

„Der Beweis wird wahrscheinlich ausbleiben – einen schönen Tag."

Schon aus einiger Entfernung: „Da sind wir ja gespannt, ob Sie, wenn wir wieder kommen, damit fertig sind!"

Ich hatte die paar Quadratmeter Fehlboden im Eingangsbereich herausgenommen und Bachsteine mit dem Vorschlaghammer einrouliert. Nach dem Motto, gut rouliert ist halb betoniert, und der Tatsache, dass Wasser ebnet, begann ich mit dem Sand, den ich aus 150 Meter Entfernung herbrachte, zu betonieren. In der Schubkarre mischte ich Zement, Wasser und Sand zusammen und war Betonwerk, Hilfsarbeiter und Maurerpolier in einem.

Ich war längst am Holzmachen, Holz das die riesige Staublawine im Winter aus den Wänden riss und um die Brennhütte verstreute. Die gewaltige Staublawine kommt nur sehr selten (ich kann mich an eine einzige von dieser Größe erinnern), wenn der Wind den Neuschnee auf die Südostseite des Viehkogelgipfels „hinkoffert" und dann die labile Schneedecke von selber abreißt. Einen guten Kubikmeter hatte ich schon hergeschleppt und zersägt, da kamen sie wieder und ich wusste, sie haben meine Überlegenheit (zumindest hier oben) bemerkt, denn mein Name stand schon vor ihnen im Gipfelbuch, mit der Zeitangabe 5.30 Uhr.

„Bitte nicht in den frischen Beton treten!"

„Alles fertig?"

„Fertiger geht nicht!"

„Sie waren ja heute auch schon am Viehkogel."

„Ich sehe mir gerne die erwachende Welt von einem Berggipfel aus an."

„Aber sie waren doch schon um acht Uhr früh wieder hier am Arbeiten?"

„Es gibt Wege, die bleiben anderen verborgen."

Ich machte schleunigst Feierabend, verschloss meine Tür und ging zum Kärlingerhaus. Als später die zwei schließlich fragten, ob sie sich zu mir an den Tisch gesellen dürften, an dem ich schon beim Bier saß, sagte einer: „Jetzt ist uns der schon wieder voraus!" Die Animositäten wurden ein wenig abgebaut, ehe uns der Viehkogelschatten von der Terrasse in den Gastraum trieb.

23. Juli

Der erste Enzianbrand seit sieben Jahren hier am Funtensee. Diese Brennerei arbeitet noch mit abnehmbarem Helm und ohne Ablassstutzen. An dem Gerät befindet sich kein Schauglas, in dem man die aufsteigenden Dämpfe niederschlagen sieht. Man brennt mit der Hand und fühlt mit der zunehmenden Hitze die aufsteigenden Dämpfe. Das Kühlsystem verfügt über keinen Thermostaten und der Kühler ist offen, also kein Druckkühler. Das Kühlwasser muss ebenfalls mit der Hand geregelt werden. Mit diesem Gerät zu brennen, macht am meisten Spaß, obwohl es am arbeitsaufwendigsten ist und sehr viel Aufmerksamkeit und Fingerspitzengefühl erfordert. Dass es schon 65 Jahre alt ist, hat auch Vorteile; es braucht weniger Holz als die neueren Geräte und die Scheite können 80 Zentimeter lang sein. (Das war in Zeiten, als es noch keine Motorsäge gab von großem Vorteil. Bei nur 40 Zentimeter Länge müsste man schon doppelt so oft schneiden – und das mit der Hand!) Bei jeder Neubefüllung muss der Helm (kreuzweise wie beim Autoreifenwechseln) mit Muttern wieder verschraubt und das Geistrohr damit verbunden werden. Die so genannte Schlempe (die abdestillierte, entgeistete Maische) muss nach dem Brand aus dem Kessel herausgeschöpft werden. Ohne sich (ja nicht!) zu verbrühen, leert man die Eimer durch ein kleines Fenster in die außen befindliche Schubkarre, um die abgekochten Wurzelreste im Gelände zu kompostieren – sie kommen wieder dahin, wo man sie entnommen hat. Schnapsbrennen ist eine Tätigkeit, bei der „langsam" gut ist, wo es doch sonst in dieser Zeit überall zu pressieren scheint. Beim Schnapsbrennen muss man behutsam einheizen, die Hitze langsam steigern, um den Schnaps langsam kommen zu lassen. Das hat doch schon was Erotisches ... und es hat sich über die Jahrtausende nicht geändert – nicht beim Sex und nicht beim Schnapsbrennen – Zeit lassen!

Biologischer geht's nicht. Bei der Herstellung dieses Enzians ist alles Handarbeit. Keine Maschine, kein Motor ist im Einsatz und es wird kein Treibstoff verbraucht. Der Rohstoff wurde nie gedüngt, außer von den Gämsen und Hirschen, und kam mit keinem Kunstdünger in Berührung. Wir ernten, ohne zu säen. Der Bestand an den Grabstellen erholt sich in den nächsten Jahren von selber. Es wird nur heimisches Brennholz aus den umliegenden Wäldern verwendet. Der einzige Schönheitsfehler ist der „Himmelbulldog". Aber wenn man bedenkt, dass das Kärlingerhaus sowieso mit dem Hubschrauber versorgt wird und die meisten Rückflüge nach Kühroint leer sind, hält sich dieser Energieaufwand auch in Grenzen.

„Und wieviel brennen sie schwarz?" Das ist die Frage, die von sehr vielen Leuten automatisch gestellt wird, wenn sie eine Brennerei betreten. Ich sage dann oft: „Alles was die Zöllner selber saufen", oder „die Zeiten des Schwarzbrennens sind längst vorbei; wenn man den Arbeitsaufwand betrachtet, ist es besser, man kauft sich eine gute Flasche und verfüttert sein Obst an die Schweine." (Ach ja, es hat ja kaum noch wer Sauen, weil keiner mehr die behördlichen Auflagen erfüllen kann. Es soll ja nur noch Groß-Mästereien geben – na dann vielleicht doch Schnapsbrennen?) Oftmals kommt dann noch die Erinnerung der Älteren an die Zeit nach dem Krieg, in der schwarzgebrannt wurde, was die alten Waschkessel so aus sich rausholen ließen. Ein Alter blinder Opa in der Nachbarschaft saß damals immer vorm Haus und erzählte uns Kindern vom Krieg und von seiner Kriegsverletzung, an der er erblindete. Ein anderer Opa, einige Häuser weiter, erzählte von den Kirsch- und Zwetschgenbäumen und vom Schnapsbrennen; er erzählte, „der Nachbar da drüben hat alles gesoffen, auch den größten Fusel, sogar Vorlauf, solange bis er blind geworden ist – vom Krieg hat der das nicht"!

Mitte September 1997 fragte mich der Wirt, ob ich nicht mal Lust hätte, etwas anderes zu brennen als Enzian und Meisterwurz? Ich musste lachen: „Was soll ich anderes brennen, hier auf 1600 Meter Höhe? Hier kann man Zirbenzapfen in Alkohol einlegen und mit ein bisschen Zucker einen harzigen Schnaps erzeugen, der auch seine Liebhaber hat, oder man sammelt irgendwelche Bergkräuter und macht einen Kräuterlikör aus meinetwegen Thymian, Schafgarbe und Wermut. Da kann man spielen wie man will – ich hab anfangs so was auch öfter ausprobiert, aber nur aus Neugierde und höchstens jeweils ein Fläschchen. Die anderen Schnäpse machen doch die im Tal und aus den Destillaten, die ich nach unten liefere, werden eh nicht nur der Meisterwurz, Edelwurz Enzian und der Funtensee Enzian, sondern auch der Enzian Bitterlikör und der Enzian Kräuterlikör hergestellt."

158

„Ich denke aber eher an Weinbrand. In drei Tagen kommt wieder der Hubschrauber und ich hab noch genügend Silvaner Weißwein hier im Felsenkeller. Ich muss nur meinen Weinhändler anrufen, damit mir der Schoppen für die Gäste nicht ausgeht."

Zwei Tage später kam der Wirt mit seinem Knick-Traktor zur Brennhütte (damals war der Weg zwischen Kärlingerhaus und Brennhütte noch befahrbar) und die Kiste war, vorsorglich unter einer Decke, mit Flaschenwein voll. Rasch schleppten wir die Kartons in den Gärraum, danach ging jeder wieder seiner Tagesbeschäftigung nach. Um 11 Uhr nachts klopfte es an der Hüttentür: „Ich bin's, der Wirt". Und ich öffnete. Die Fensterläden waren zweckmäßigerweise geschlossen und die Brennblase vorgeheizt. Dem Jagdhund des Wirts wurde ein Platz unter dem Tisch zugewiesen und er rollte sich auf seiner Filzjacke gemütlich ein. „Brotzeit hab ich auch dabei – es wird heute eine lange Nacht."

Dann begann die Arbeit: Die Weinflaschen aus den Kartons heben, die Korken herausreißen, die 120 Flaschen in den Brennkessel entleeren, anschließend zurück in die Kartons und ab in den Gärraum. Ich gab noch einige Liter Alkohohl dazu, um die Ausbeute zu erhöhen, und sagte: „Wir müssen ihn ganz langsam kommen lassen und am Vorlauf probieren – die ersten Tropfen werden noch leicht nach Enzian schmecken."

„Eine Nuance Enzian darf der Funtenseeweinbrand schon haben – soll doch was Besonderes sein" und er küsste Zeigefinger und Daumen. „Das schon, aber er soll sauber sein und nicht kratzen."

Eine Flasche wurde nicht in den Kessel geleert, denn zur Brotzeit wollten wir noch ein wenig über unseren Brennwein „fachsimpeln". Uns war beiden klar, dass diese Aktion einmalig ist und hier noch nie Wein gebrannt wurde – und auch wohl nie mehr jemand so eine chaotische Idee haben würde. Doch wir freuten uns, dass es nicht bei den Sprüchen blieb. Der Schwur, niemanden etwas davon zu erzählen, wurde natürlich geleistet, ein Geheimnis zwischen zwei Gebirglern unter dem Geist des Brandes, unter den Zeugen von Hund und Bergwind. Denn mir war klar, wenn dieser Brand auffliegt, wäre das für meinen Arbeitsplatz nicht gut. Als der Schnaps dann schließlich zu laufen begann, wurde geleckt und geschnüffelt und der Wirt war begeistert, dass er seinen Wein degustierte und eindeutig herausschmeckte. Immer wieder fuhr man mit dem Finger unter die Vorlage um zu testen, um den richtigen Zeitpunkt der Nachlaufabscheidung nicht zu übersehen – denn von Erfahrung konnte in diesem Fall nicht die Rede sein. Um 2 Uhr früh gingen Wirt und Hund wieder zum Kärlingerhaus, um, wie er sagte, noch ein par Stündchen zu rasten, ehe ihn seine Gäste wieder auf Trapp halten. Ich führte die Sache noch zu Ende und war dann auch froh, ins Bett zu kommen.

Als wieder offiziell Enzian gebrannt wurde und die Funtenseemulde beinahe menschenleer war, knatterte der Traktor am Vormittag wieder zur Brennhütte, um das Leergut und den Weinbrand zu holen. Wir luden die ersten Kartons wieder in die am Traktor befestigte Kiste, da fiel mir beinahe einer aus den Händen. Gerd stand plötzlich vor uns und fragte: „Was macht ihr denn da mit so viel leeren Weinflaschen – habt ihr Weinbrand gemacht?"

„Hast du nicht mehr alle" schoss es mir aus dem Mund, wohl wissend, dass Gerd erst seit ein paar Wochen als Zollbeamter pensioniert war! „Denkst du ich würde meinen Arbeitsplatz riskieren?"

Der Wirt gab ihm einen Stoß, „trag mal die zwei Kanister mit destilliertem Wasser heraus, die passen jetzt genau ins Ladeprogramm"!

„Mann möchte gar nicht glauben, was man den Sommer über so an Wein säuft", sagte ich.

„Das war schon eine gute Idee, dass du dir deine Auslöse in Wein zahlen lassen hast", warf der Wirt noch hinzu.

Gerd lachte laut: „Ha! Ha! Ha! Ihr seid wilde Hunde; ihr destilliert Wasser für die Batterien im Kärlingerhaus – kommt natürlich billiger als Rauffliegen, den Wein für die Auslöse musste dir Huberts Chef abkaufen und den Gewinn daraus habt ihr euch wahrscheinlich auch noch geteilt!" Er brachte auch Verständnis für die vielen Weinflaschen auf, denn man hat ja auch ab und zu Gäste und da läppert sich im Laufe der Zeit schon einiges zusammen. Und er lud die Kanister auf, in denen echter Funtenseeweinbrand, keinesfalls Wasser war.

Einen Tag später, am Abend nach der Sperrstunde im Kärlingerhaus, saßen wir drei am Tisch in der Küche. Gerd half seit seiner Pensionierung dem Wirt, meistens als „Bodenpersonal" im Tal. Das sind die Leute, die für den Wirt einkaufen, die Waren zum Hubschrauberplatz nach Kühroint bringen und die einzelnen Ladungen zusammenstellen. Das sind auch die Leute, die, wenn etwas fehlt, den Anschiss kassieren. Wenn beispielsweise die Eier gefehlt haben, dann muss der Hubschrauber noch mal starten und das von Salzburg aus. Bei einem Tarif von circa 30 Euro die Minute sind dann die paar Lagen Eier eine teure Angelegenheit.

In diesen Wochen war Gerd als Küchenscherge eingeteilt. Ich erzählte ihm von meinem Vorhaben, am Grünsee zu fischen. „Das ist ein Friedensangebot" sagte er darauf, er habe seine Teleskopangel dabei. Ich hatte mir eine alte Angelrute organisiert und somit waren wir gerüstet.
Um 4 Uhr früh stand ich vorm Kärlingerhaus, um Gerd abzuholen. „Du bist ja pünktlicher als die Maurer", flüsterte er und im Licht der Taschenlampen gingen wir unseren Weg.
 Der Grünsee ist in etwa so groß wie der Funtensee und liegt eine Stunde Gehzeit vom Kärlingerhaus in Richtung Wasseralm auf 1481 Meter. Im See schwimmen Elritzen und Saiblinge. Die Saiblinge wurden mit ziemlicher Wahrscheinlichkeit zu Zeiten der Almwirtschaft auf der Grünsee-Alm als Abwechslung im eintönigen Speiseplan der Almleute eingesetzt. Es könnte aber auch sein, dass Fischeier durch Enten hier eingeschleppt wurden. Weit hinaus warf ich den Blinker und träumte von vielen großen Saiblingen, die voller Hunger beißen

und nichts wissen von einer Nylonschnur. Gebissen haben sie aber erst auf Elritzen, die wir mit einem kleinen Kescher fingen und auf den Hacken pieksten, sodass sie noch schwänzelten. Fünf Saiblinge gaben uns ein Petriheil. Scit der Gründung des Nationalparks wird der Grünsce nicht mehr befischt, und wie der Fischer vom Königssee prophezeite, waren die Fische schmal und hatten verhältnismäßig große Köpfe. Der See ist wohl zu klein und zu kalt, es werden wenige Fische alt; vielleicht hat's ja auch was mit Inzucht zu tun? Als der Tag hereinbrach und die ersten Leute sich lautstark ankündigten, machten wir uns wieder aus dem Staub.

Gerd verschwand in der Küche und ich ging wieder zur Brennhütte. Bevor wir uns trennten, sagte Gerd: „Schwarze Tage – ha, ha, ha; aber der Weinbrand braucht noch mindestens ein halbes Jährchen" (soviel zum Thema Dichthalten!). Ob ich den Drang zum Verbotenen habe, fragte er mich noch, worauf ich ihm antwortete: „Ach weißt', ich hab das Bubsein nie aufgehört – bin halt nie ganz erwachsen geworden", und dass ich es liebe, am Rande der Normen zu leben, „und sei ehrlich, unsere Fangaktion tat doch keinem weh, wir hatten unseren Spaß und es gab keine Verletzten und Tote (die fünf Fischlein ausgeschlossen). Es ist alles wie vorher, niemand muss sich daran stoßen. Die Kunst liegt doch darin, wenn man etwas Verbotenes tut, dass man sich nicht erwischen lässt – man darf niemanden oder so wenige wie möglich damit belasten. Was man nicht weiß, macht ein' nicht heiß. Wenn dabei kein Schaden für Einzelne oder die Öffentlichkeit entsteht, ist's, salopp gesagt, scheißegal. Ein Psalm kommt mir da in den Sinn: „Und weht der Wind darüber, kann sich der Ort, an dem du standest, nicht mehr daran erinnern."

„Ha, ha, ha, du könntest mein Sohn sein – mir geht es genauso – Bubsein nicht aufgehört – das gefällt mir..."

Die Fische wurden am Abend gegessen. Es herrschte aber Einigkeit darüber, dass des Fischers mit Buchenholz geräucherte Saiblinge aus dem Königssee unschlagbar sind. Der Weinbrand lagerte im Eichenfässchen im Felsenkeller des „Berghotels" und wurde, bevor er so richtig gut war, in zwei Jahren wegprobiert.

Die sehen nur gut in die Ferne, für die Nähe sind sie fast blind – so kommt es mir jedenfalls vor. Ich stehe in der Brennereitür, da kommt ein Murmeltier daher und macht einen Meter vor mir ein Männchen, schaut nach allen Seiten, bemerkt mich aber nicht. Es setzt sich wieder ab und wühlt im Boden, macht wieder ein Männchen (irgendwas ist doch komisch) und das Ganze wiederholt sich, bis es mir zu lange dauert und ich sage: „Du hast ja gar keine Angst." Erst dann geht das Murmeltier stiften – wie ein Blitz rauscht es durch den Alpenampfer und verschwindet in einem Erdloch.

Der Mensch hat doch auch in Höhlen gelebt, doch wie weit hat er's gebracht? Lebt er nicht immer noch in Höhlen? Höhlen die mit drei, vier oder fünf Sternen ausgezeichnet sind, vor deren Eingänge rote Teppiche liegen. Das Murmeltier hat nur einen Sandhaufen vor seiner „Tür". Es lebt im Paradies und das sehr glücklich, denn hier sind keine schweren Kühe, die dauernd die Terrassen zertrampeln.

Selbst der Adler tut sich hier in so freiem Gelände schwer, Beute zu schlagen. Man sagt, er kann auf 1000 Meter eine Maus erkennen, aber einen spektakulären Sturzflug macht er eher nicht. Lieber fliegt er auf einen Baum und wird dabei von den Murmeltieren natürlich gesehen. Aber er hat Zeit, hält sich ganz ruhig und die Murmeltiere kommen wieder raus (sie müssen wieder raus, um zu fressen). Dann sind seine Chancen, Beute zu schlagen, relativ gut – aber hier sind die Bäume ziemlich weit weg.

Der Hotelbesucher ist bereits Beute und die Taxifahrer lauern ihm auf. Termine, Stress und das Geld drücken die Menschen an den Rand ihrer Belastbarkeit und der aufrechte Gang ist oft nur optische Täuschung. Das Murmeltier steht nur gelegentlich auf, um die Lage zu peilen – ansonsten futtert es genüsslich Kräuter in sich hinein und macht einen gelassenen Eindruck.

Der moderne Mensch entfernt sich immer weiter von der Natur, im Luxus bezwingt und verdrängt er sie. Er verdrängt sogar seine eigene Natur und hat für das Leben eigentlich keine Zeit. Jemand der zum Leben nicht Zeit hat, könnte doch genauso gut tot sein – macht doch keinen Unterschied! „Zeit ist Geld". – Dieser grausame Spruch ist der Untergang des Gemüts. Es ist, als würden wir von Wölfen gejagt werden; immer in Panik, immer in Bewegung, immer auf der Hut, immer auf der Flucht. Die Wölfe werden uns immer weitertreiben und vor lauter Panik vergessen wir, dass sie nicht klettern können. Du musst auf einen Baum steigen, um die Meute vorbeikläffen zu lassen, dann wirst du die Freiheit spüren. Doch Hunger und Durst werden dich wieder auf den Boden zwingen – dann musst du in die andere Richtung gehen, um nicht wieder auf die Wölfe zu treffen. Und schließ dich niemals den Wölfen an, denn ein Jäger ist bei den Gejagten verdammt unbeliebt – vergiss niemals, dass du kürzlich noch zu den Gejagten gehörtest... Hier oben am Berg gibt es keine Wölfe.

Der Kaminkehrer hat enormen Stress. Er kommt alle Jahre hier herauf und wird mit dem ersten Hubschrauberflug des jeweiligen Tages zum Kärlingerhaus gebracht. Dort hat er einige Öfen und Kamine zu kehren, läuft danach zur Jagdhütte, um die drei Öfen mit Kamin zu kehren, hastet anschließend zur Brennhütte und kehrt ebenfalls den Kamin. Er erklärt mir, dass hier eigentlich nichts nach Vorschrift abläuft, schlabbert noch schnell eine Halbe Bier und läuft wieder zum Kärlingerhaus, um mit dem letzten Hubschrauberflug zu verschwinden. Nur durch dieses Zappeln, so sagt er selber, ist ihm letztes Jahr die schwere Ofenplatte des großen Küchenherds im Kärlingerhaus auf die Finger gefallen; die Finger schmerzen zum Teil heute noch. Er ist selbstständiger Kaminkehrermeister und anscheinend nicht in der Lage, sich die Zeit einzuteilen. Er ist Wolf und Gehetzter in einer Person. Er sieht, wie schön es hier ist, und schwärmt von der Zeit, die gewiss „schoon" irgendwann kommt, in der er heraufgeht, um diese Landschaft zu genießen. Er merkt nicht, dass er schon da ist. Dass er für die drei Posten den ganzen lieben Tag Zeit hätte, um zu übernachten; vielleicht auch zwei Nächte einzuschieben, drei Tage Urlaub zu schreiben und noch auf den Vieh- oder Feldkogel zu gehen, in Ruhe abzusteigen, in Bartholomä einzukehren, kommt ihm nicht in den Sinn. Schade für ihn, er wird sich nie in seinem Leben Zeit dafür nehmen, denn wenn er es jetzt nicht kann, kann er es nie – aber das weiß von uns beiden anscheinend nur ich.

Die Murmeltiere haben schon lange bemerkt, dass der Schnapsbrenner auf ihre Warnsignale genauso reagiert, wie einer ihrer Artgenossen. Ich hab von ihnen gelernt. Ich stehe auf und peil die Lage, um mit dem Fernglas den Himmel nach Greifvögeln bzw. den Boden nach Mensch oder Tier abzusuchen. Kann ich nichts entdecken, oder ist klar, was den Alarm auslöste, gehe ich wieder meiner Beschäftigung nach. Es ist die Macht der Einsamkeit, man schließt Freundschaft mit Pflanzen und Tieren. Im Herbst 1997, nach dem Sommer, in dem ich ausschließlich am Funtensee arbeitete, schrieb ich dazu:

Mein Empfinden wurde immer intensiver und ich wurde sehr emotional. Ich sprach mit den Tieren, den Blumen, mit Gegenständen und mit mir selber. Sie waren gute Zuhörer und widersprachen nicht. Das einzige was mir gelegentlich widersprach, das war ich selber. Meine Stimme wurde gediegener und ich glaube, ich redete noch langsamer.

Und wenn wir jetzt schon bei den Tiergeschichten sind, muss ich den Tod einer Kreuzotter beklagen, den ich selber eingeleitet habe. Die Schlangen sonnen sich gerne auf der ausgebreiteten, warmen Enzianschlempe – da sind sie auch gut aufgehoben, aber eine liegt immer unter meiner Türschwelle und das ist höchst unpraktisch. Einen Biss von dem giftigen Reptil will ich nicht einkassieren, ich müsste damit zum Kärlingerhaus gehen und sehen, dass mich ein Hubschrauber in die Klinik fliegt. So hatte ich das Tier mit der Schaufel in ein Fass geschleudert und fortgetragen. Am nächsten Tag wäre ich bald draufgestiegen – sie war wieder da. Mich hat's so gerissen, dass ich ihr dieses Mal die Schaufel draufgeschlagen habe.

Als Mäusefänger sind die Schlangen anscheinend unschlagbar, denn ich habe hier kaum Mäuse gesehen. Hätte ich nicht schon stundenlang Mausdreck weggeputzt und eimerweise zur Hütte hinausgetragen, würde ich behaupten, dass es hier kaum Mäuse gibt. Sie wohnen nur im Winter in der Brennhütte, so meine Theorie. Wäre ich Maus, würde ich im Winter in der Brennhütte wohnen; doch im Frühjahr kommt der Wirt mit lauter Leckereien vom Tal. Was macht die Maus namens Hubert? Richtig, sie schnürt ihr Päckchen und zieht samt Familie ins Kärlingerhaus ans andere Seeufer.

26. Juli
Nach einer Mammutspielerei, acht Stunden Stimmung machen beim Seefest an der Königssee Seelände, bin ich wieder hinaufgeschnauft und glücklich darüber, dass ich hier bin.

Der Druck am Darmausgang ließ mich am Eisbachdelta in die Büsche verschwinden. Plötzlich krachte und donnerte es und der Lärm knallte von einer Wand zur anderen. Mir lief es kalt über den Buckel. Um Gottes Willen, das Knallen war nicht von mir! Steine und Felsbrocken jagten über den Funtenseeweg und klatschten in den Königssee. Wieder mal ein Beispiel, wie viel Glück zum Leben dazugehört, denn wäre ich durchgegangen, wäre ich mitten im Inferno gewesen. Hätte ich dies überlebt? Ziemlich unwahrscheinlich!

Im letzten Jahr bin ich bei einer Feierabendtour in einen Steinschlag geraten. Die kopfgroßen Steine schlugen rings um mich ein – ich hätte keine Chance gehabt – und die Theorie, schmeiß dich unter einen Felsvorsprung, ist wirklich nur Theorie, denn bis ich unter dem besagten Vorsprung wie ein frierendes junges Kätzchen zitterte, war längst alles vorbei. (Zum Sterben brauchst du keinen Himalaja!) Und der Gedanke: „Was sorgst du dich um das, was kommen mag", war unverdrängbar. Mein Glaube sagt mir, das ist der richtige Weg, denn bis jetzt war ich immer auf dem richtigen Weg; er sagt mir, gut dass ich diesen Weg gegangen bin, wer weiß wie's am anderen gewesen wäre.

Nur ein Schritt in die verkehrte Richtung, nur um einen Schritt zu langsam oder zu schnell und dein Weg ist zu Ende. Du kommst an eine Kreuzung und die Entscheidung links, rechts oder geradeaus verändert deinen Lebenslauf. Das Chaos ist neu gemischt bis zur nächsten Kreuzung, die schon der nächste Gedanke, der nächste Wimpernschlag, der nächste Schritt sein kann. Das Leben besteht nur aus Kreuzungen und bei jeder gibt es Abertausende Richtungen, du aber hast immer nur eine Möglichkeit und daraus entsteht dein Weg – dein einziger. (Bei meiner Lebensfreude muss ich das manchmal bedauern, es wären so viele Lebensstile interessant gewesen. Ich würde gerne wissen, was aus mir geworden wäre als Langläufer – hätte ich wirklich das Zeug dazu gehabt, um mich in der Weltspitze einzureihen? Wäre ich ein anerkannter erfolgreicher Alpinist geworden?) Instinktiv oder durchdacht, ob du dich zwingst oder locker bleibst, du weißt niemals, wo die Weichen zwischen Glück und Pech liegen. Eine Bergtour kannst du öfter gehen, jedes Mal wird sie anders verlaufen und du hast meist die Möglichkeit, umzukehren; deinen Lebensweg kannst du nur einmal gehen – umkehren unmöglich. Da gibt's auch keinen Neuanfang, wie so oft behauptet wird, da gibt's nur dramatische und weniger aufregende Richtungsänderungen.

Mein Weg führt oft durch Wälder und Schluchten, wo Bäume fallen und Steine schlagen. Ich schneide den Baum nicht heraus, der da im Weg liegt; ich kann ihn umgehen oder steige darüber und vermeide somit, dass mich mein Baum (es ist mein Baum, sobald ich ihn bearbeite) erschlägt. Und liegt da ein ganzer Wald, ich werde ihn, wenn möglich, umgehen. Erst wenn ich nicht mehr die Fähigkeit des Ausweichens besitze, muss ich den Weg freiräumen. Denen, die schon so jung am Weg herumsägen, kann ich nur zu äußerster Vorsicht raten, denn die Bäume fallen nicht immer in die gewünschte Richtung; schnell kommt man dabei um oder man schneidet einen Baum seinen Mitmenschen vor die Füße.

Wie viele Bäume sind schon vor dir umgefallen, wie viel Gebirge hat sich vor dir aufgetürmt, um wieder zusammenzufallen? Und wo hängt der Felsbrocken, wo steht der Baum, der deinen Weg zerstört? Das wirst du erst spüren, wenn es so weit ist.

Ein jeder denkt wohl ab und zu darüber nach, wie es gewesen wäre, wenn man zum Beispiel in der Stadt aufgewachsen wäre, wenn man einen anderen Beruf erlernt hät, wenn man einen anderen Partner geheiratet hätte. Man kann keine Sekunde zurückdrehen. Du kannst dich freuen oder ärgern über das Vergangene, du musst dazu stehen, was du so in deinem Leben verursacht hast. Du kannst versuchen, die Zukunft besser zu planen, oder, wie in meinem Fall, hoffen, dass es so schön weitergeht wie bisher. Du musst dir im Klaren sein, dass du dich nicht ändern kannst. Du kannst eine schwere Krankheit mit Glück besiegen – deinen Charakter nicht; deine Art kannst du nicht ablegen, du kannst nicht aus deiner Haut (wenn's auch manchmal zum Aus-der-Haut-fahren ist) – ändern tut sich im Laufe der Jahre nur dein Sichtfeld und dein Standpunkt (dein Alter), aus dem du die Sache betrachtest. Auch wenn du unheilbar krank geworden und dem Tode geweiht bist, bist du immer noch derselbe – „nur" deine Perspektive ist verdammt unglücklich. Diese Anschauung kann natürlich nur einer haben, der geistig auf der Höhe ist, denn wenn sich dein Gehirn verändert, durch Krankheit oder einen schweren Unfall, bist du nicht mehr derselbe, das Leben wird ein anderes sein.

Es gibt viele Möglichkeiten, leider nur einen Weg, und das ist der, den du gehen wirst.

Blick in die Nachbarschaft.

Und i geh

1 I geh net an die Börse,
   geh liaba ins Gebirg,
   mit an Rucksack auf'n Buckl
   lass i de Sorgen hinter mir.
   Über Wiesen und durch Wälder,
   an die steile Felsenwand,
   steig i aufi immer höher,
   mit festem Tritt und sicherer Hand.

Der Gipfel er kommt näher,
und durch die Adern schiaßt as Bluat,
mei Herz schlogt immer schneller,
denn ob'n sein – des duat so guat.

Refr. *Und i geh und i geh,*
Und i geh und i geh,
Und i geh
Und i geh und i geh,
Und i geh und i geh,
Und i geh
Und bleib net steh.

2 *Lang bleibt koana obn,*
wia's hoit so is in unserm Leb'n,
der Abstieg is oft schwierig
und so mancher dabei erleg'n.
Auf'n Bodn ganz heruntn
Doan andere am Gipfel steh'n,
doch der Drang nach ganz obn,
wird im Leben nie mehr vergeh'n.

1325 wurde erstmals Vieh zur „Sömmerung" zum Funtensee getrieben, eine fette Alm mit kniehohem Frauenmantel (Alchemilla vulgaris) und Gräsern. „Die Berchtesgadener Katzen", so nannte man die kleine, außerordentlich gebirgstaugliche Rinderrasse, die am linken Ufer des Königssees zur Salet Alm und dann zum Funtensee getrieben wurde. Seit 1922 bewerkstelligte man den Almauf- und -abtrieb mit dem Schiff – der Weg zwischen Königssee und Funtensee blieb (über 1000 Höhenmeter) für die letzten Bauern bis 1963. In den 50er und 60er Jahren wurden die Almrechte nach und nach verkauft.

Ein Relikt aus alter Zeit ist die letzte Almhütte (Kaser), die sich einen Katzensprung neben der Brennhütte befindet. Auf alten Bildern sieht man fünf solcher Almhütten, die sich um den Funtensee schmiegten. Die Hütte, die noch steht, wurde als „Doppelkaser" von zwei Almbauern genutzt. Das heißt für mich, dass ich zu spät auf die Welt gekommen bin. Mindestens sechs Sennerinnen müssten, wenn auch meist nur für 14 Tage, hier gewesen sein. Sie hausten in den armseligen, feuchten, ebenerdigen Zweckbauten mit Lehmboden und ich wäre der mit der trockenen Zirbenstube und warmem Wasser für all die Dirndl gewesen. Vielleicht wäre ich auch der gewesen, der das Gamsragout ausgibt, denn die vielen Gamskrucken und die Größe der alten Töpfe, die noch da sind, lassen darauf schließen. (Ist das Gamsfleisch von selber in den Topf gekommen? Na, dann wäre ich auch der gewesen, der geschossen hat.)

Die nutzlos gewordenen Hütten wanderten alle in den Ofen im Kärlingerhaus. Die unbrennbaren, wenigen Accessoires räumte man in die Brennhütte. Die Almhütte, die jetzt noch steht, war schon auseinandergebaut, die Balken nummeriert und die Hälfte der Hüttenteile lag im Freilichtmuseum Glentleiten. Der Bauer hatte aber die Hütte noch in seinem Grundbuch verzeichnet und so musste sie wieder an Ort und Stelle aufgebaut werden.

Ich sehe die Holzknechte, wie sie auf das lose Steinfundament frisch zugehackte Lärchenstämme legen und mit den alten Balken vernageln, im Puzzleverfahren und mit Manneskraft hebt sich das Gebäude wieder aus dem Boden. Mit von der Partie ein kleiner Junge (für die schwere Bauarbeit ist er noch zu schwach), der mit einer gefundenen, stumpfen Sense die gesamte, mit Alpenampfer bewachsene Fläche niedermäht und nur den blauen Eisenhut peinlich genau stehen lässt. In seinen Mähpausen beobachtet er die Männer, bei denen sein Vater dabei ist, und ihm ist klar, wo er später einmal arbeiten möchte.

Obwohl schon circa 25 Jahre dazwischenliegen, sehe ich diese Bilder, als wäre es erst gestern gewesen und bin gerührt, dass dieser Junge tatsächlich da hingekommen ist, wo er hin wollte.

27. Juli

Heute früh war's frostig, 0 °C, und die Bachsteine vereist, danach ein schöner Sommertag, aber immer ein kalter Wind.

Der Luther, Rohbrand oder auch Raubrand, den man vom ersten Destillieren erhält, muss wieder in den peinlich gesäuberten Kessel geleert werden, um das Ganze noch mal zu destillieren. Beim Enzian spricht man deshalb vom doppelt oder zweifach gebrannten. Zwei solche Feinbrände habe ich heute durchgeführt und acht Stunden den Kessel geheizt. Am Ende der Prozedur (Nachlauf) drehte ich den Kühler zurück und ließ das Kühlwasser mit ca. 60 °C heißem Wasser in den vor der Hüttentür befindlichen Riesen-Wassertrog laufen. Bis ich so weit war, um mein wohlverdientes Alpenbad zu nehmen, hatte das Wasser die richtige Badetemperatur.

„Ach kuck mal Erwin, was für herrlich klares Wasser!" Zwei Frauenarme tauchen in das heiße Wasser – in mein Badewasser. „Ist das schön kalt", kurze Stille, „ahh! Das ist ja heiß, das ist ja heiß, heiß, heiß!" Ein aufgebrachtes, hysterisch gewordenes, dem Herzinfarkt nahes Frauenzimmer hopste, dem Wahnsinn nahe, vor der Brennhütte. Der Brennmeister (ich halt) flitzte mit dem Kaltwasserschlauch, um zu löschen, was da so plötzlich entbrannte: „Hast aber lang gebraucht, um zu merken, dass heiß nicht eiskalt ist." Ich beruhigte sie mit Enzian Kräuterlikör und meinem Charme. Mit mir in den Trog steigen wollte sie aber nicht, wahrscheinlich weil er, der Erwin, dabei war. Nach diesem so dramatischen Zwischenfall konnte ich dann den Kessel ausschöpfen und die täglichen Reinigungsarbeiten durchführen, sodass für morgen, für die nächsten drei Raubrände, alles gerichtet ist.

Ich sitz im wohltemperierten Wassertrog, als vom See herüber ein Geschrei kommt, von harten Burschen, die mit Anlauf in den derzeit 12 °C kalten Funtensee springen. Das sind mit Sicherheit keine „Warmduscher", was man von mir nicht sagen könnte. Die meisten Wanderer ziehen aber die Dusche für drei Euro im Kärlingerhaus vor. Wenn man Glück hat, bekommt man dafür auch warmes Wasser.

Wenige Leute verirren sich hierher zum Schnapsbrenner. Nur am Spätnachmittag, nach dem Beziehen ihrer Nachtquartiere, schlendern einige vom Kärlingerhaus aus zur Brennhütte. Die meisten gehen aber nur bis zum See. Wird in den Medien eine längere Schlechtwetterperiode prophezeit, blasen viele ihre Bergtour schon zuhause ab und fahren erst gar nicht nach Berchtesgaden. Dann wird's wirklich einsam.

Als ich 1997 schon im Juni hier war, um die Brennerei brennbereit zu kriegen und die Hütte zu entrümpeln (Gerümpel, das sich in 40 Jahren Brennpause angestaut hatte), regnete es schier den ganzen Monat. Ohne Gummistiefel konnte man kaum vor die Hütte gehen, geschweige denn zum Wurzengraben. Das Kärlingerhaus war ohne Gast, selbst die Murmeltiere blieben in ihrem Bau. Ich arbeite zwar meist alleine, aber wenn solange niemand kommt, merkt man die Einsamkeit doch – man wird zum Einsiedler. Man muss auf niemanden Rücksicht nehmen, lebt seinen eigenen Rhythmus und ist von niemand abgelenkt. Keine Begegnung mit jemand anderem, keine Gespräche lenken dich von dir selber ab, du lernst dich selber besser kennen. Du kannst deine Arbeit so machen, wie du willst, und bist für Lob und Kritik selber zuständig. Ein mental schwächerer Mensch, der zur ständigen Selbstkritik neigt, könnte schnell Probleme bekommen und schwermütig werden. In die andere Richtung bleibt Selbstgefälligkeit und Arroganz nicht aus. Man braucht aber für solche Posten einiges an Egoismus und Selbstüberzeugung. Als mich damals, nach Wochen, jemand besuchen wollte, stellte ich mich tot. Ich schloss die Tür und tat so als wäre ich nicht da. Jetzt war schon so lange keiner da, da brauche ich den auch nicht mehr. Ich wartete, bis der Mann wieder abzog und war anschließend von mir erschüttert. Einsiedelei, Angst vor dem Fremden, seine Ruhe haben wollen, einen Gruß, das Gespräch vermeiden – das war ich. Kaum zu glauben!

Abends sitze ich oft mit dem Wirt zusammen und da ist klar, wer in seiner Küche das Sagen hat. Da geht es um Weine, um gute Weine, denn er kennt sich mit Wein aus; da geht es um Schnäpse, um gute Schnäpse von den besten Schnapsbrennern (hab ich ein Glück, dass er meine Schnäpse auch führt) und es geht um sein Konzept, das das einzig richtige ist, denn er ist lange genug im Geschäft. Er ist so von sich überzeugt, dass er andere Meinungen oder Ideen ungern aufkommen lässt. Wer schon so lange hier oben ist und mit lauter „Wahnsinnigen" zu tun hat (so nennt er die „Bergsteiger", die von Rucksackinhalt, Schuhen und Wegstrecke null Ahnung haben), der kriegt so eine Mentalität. Er kennt aber auch das Phänomen der Einsiedelei, bevor im Frühling die ersten Bergwanderer kommen und man nur mit Hausmeistereien zu tun hat.

Man merkt aber auch, wie wenig man eigentlich braucht, wie viel unwichtige Sachen sich der Mensch aufhalst, man bekommt das Gefühl für das Wesentliche und das ist nicht viel mehr als ein Bett, eine Kochstelle, ein Stuhl und Tisch, Messer und Gabel, eine Tasse und ein Teller, ein Stück Seife, Zahnseide, Zahnbürste und Zahnpasta – wobei die letzten drei Sachen schon mit meiner Eitelkeit bzw. Gesundheit zu tun haben. Man merkt auf so einer Hütte, wie viel Zeug man im Tal hat, das man eigentlich gar nicht braucht. Michaela ist da natürlich ausgeschlossen.

Es gibt viel, verdammt viel, was ich nicht habe, und das ist genau das, was ich nicht brauche.

Wenn du im Herzen Frieden hast, wird dir die Hütte zum Palast.
(Steht in der Enzianhütte auf der Eckeralm)

28. Juli

In der Nacht sind jetzt wieder die Rothirsche an der Brennhütte, man spürt sie fast täglich. Sie äsen zartes Grünzeug, welches im Schatten des Alpenampfers gedeiht. Sie zwicken auch den Ampfer ab und futtern die dem Rhabarber ähnlichen Stängel. Die Blätter lassen sie fallen. Sie sind die einzigen, die ich bis jetzt beobachtet habe, die das Zeug fressen, aber nicht im gewünschten Ausmaß. Könnte man aus dieser wuchernden Stickstoffpflanze (sie wachsen da am besten, wo jahrhundertelang durch die Rinder gedüngt wurde, also hauptsächlich da, wo die Hütten standen) Schnaps machen, hätte ich viel vor mir, denn die Wurzeln sind gigantisch. Die einzige Verwendung, die mir bekannt ist, ist, dass man früher die Butter mit den großen Blättern (fußgroß) eingewickelt hat. Sie blieb schön frisch, bekam eine gelbliche Farbe und konnte gut transportiert werden.

Wurzengraber Otto war damals in seiner aktiven Berufsjägerzeit im Nationalpark der „Schweinebeauftragte". Es gab für kurze Zeit hier zwei Wollschweine, die die Wurzeln des Alpenampfers ausgraben und ihnen durch Fressen zu Leibe rücken sollten. Das Ganze war aber nur ein Versuchsprojekt, zumal es klar ist, wenn der Boden umgewühlt wird, der Ampfer die nächsten Jahre noch besser wuchern kann (in Anbaumaisfeldern ist's natürlich ganz etwas anderes). Irgendwie kamen diese Sauen damals in die Küche der Gotzental-Holzstube und verwüsteten sie. Eine Sau ist bald auf der Weide verstorben (Herzinfarkt) – die Rinder haben sie angegriffen –, und so sollte sich dieser

Spuk schnell wieder aufhören und aus dem Schweinehirten wieder ein Berufsjäger werden.

Eine Hirschgeschichte, die ich bereits 1998 aufschrieb:
„Opa" war ein Hirsch von sehr hohem Alter. Er könnte schwache 20 Jahre auf dem Buckel gehabt haben. Der Wirt vom Kärlingerhaus erzählte von einem jungen „Wichser", der vor Jahren schon nach St. Bartholomä zog, um sich über den Winter zu bringen. Durch die Jagdpolitik des Nationalparks Berchtesgaden hatte der Hirsch seinen letzten Feind, den Jäger verloren. So wanderte er alle Jahre wieder zum Funtensee, um dort den Sommer zu verbringen. Im Jahre 1997 zog es auch mich zum Funtensee, nicht etwa um zu äsen, vielmehr um Schnaps aus den Wurzeln der Gentiana punctata und pannonica zu brennen. Als ich eines Tages über die Saugasse aufstieg und über Oberlahner zum Betstein kam, spürte ich, wie schon des Öfteren an dieser Stelle, Rotwild. Es saßen zwei Hirsche neben dem Weg, ein majestätischer 14-Ender im Bast und ein alter Haudegen, der nur noch eine schlichte Stange trug – Opa.
Vom Hirschen mit einer Stange hatten mir schon viele Wanderer berichtet, als aber der Alte nachmittags um halb zwei Uhr im Funtensee ein Vollbad nahm, wusste ich, dass ich Zeuge eines seltenen Schauspiels war.
Erst nach einer Stunde, als ihm fotowütige Wanderer zu nahe kamen, stieg er wieder aus den Fluten des Bergsees und verschwand.
Mit dem Längerwerden des Viehkogelschattens und dem Einsetzen des Nachtfrostes wurden die Hirsche, die den ganzen Sommer abends um die Brennhütte ästen, hitzig. In einer Nacht röhrten sechs Hirsche in der Funtenseemulde und der Schall füllte das ganze Tal. Als ich dem Wirt vom Kärlingerhaus nach einer nächtlichen, geselligen Feier (Hoagascht) mit der Posaune eine Almweise nachspielte, spürte ich auf einmal, dass ich nicht alleine war. Opa stand neben mir. Ein bisserl erschrocken bin ich schon, ich blies

aber weiter und wusste, dass dem Hirschen die Klänge vertraut waren.

Ein andermal ging ich vom Kärlingerhaus in Richtung Brennhütte. Es war stockfinstre Nacht. Auf Höhe der Teufelsmühle merkte ich, dass da noch jemand am Weg war. Ich machte meine Taschenlampe an und sah wieder zwei Hirsche. Der eine schreckte zurück, der andere ging auf mich zu. Es war Opa, der sich der reflektierenden Posaune näherte, die ich unterm Arm trug, und sie mit seinem Äser berührte. Im selben Augenblick berührte ich ihn. Erst als er meine warme Hand spürte, schreckte er zurück. Sicherlich war der alte Hirsch ein Greis und vielleicht ein bisschen verkalkt. Doch die Begegnung und die damit verbundenen Gefühle waren für mich ein außergewöhnliches Erlebnis.

Als im späten September das gesamte Rotwild in tiefere Lagen zog, blieb Opa am Funtensee. Er wird nicht mehr nach St. Bartholomä ziehen, seine Tage sind gezählt.

Rothirsch-Opa.

Am 28. April 1998 fand ihn der Wirt vom Funtensee, Sepp Amort, 100 Meter unterm Kärlingerhaus, an dem Platz, an dem sich der Hirsch niedertat, um nie mehr aufzustehen.

3. August

Der Wassertrog, der jetzt jeden Tag mit warmem Wasser gespeist wird, ist derzeit mit Schiffen der „Reederei Xaver" stark frequentiert. Es sind die einfachsten und schönsten Schiffe der Welt aus kleinen Holzscheiten, zugesägten Brettern und Schindeln. Magdalena erfüllt sich den Traum, im Funtensee zu schwimmen, der an schönen Hochsommertagen nachmittags an die 18 °C erreichen kann. Mit meiner Mutter wandert meine Familie zum Feldkogel (1886 m). Von dort aus kann man über den Königssee schauen bis ins 15 km entfernte Berchtesgaden. Sie unternehmen botanische Wanderungen um den Funtensee, bei denen Oma Luise versucht, ihre Blumenkenntnisse an ihre Enkel weiterzugeben. Das Gelb von Horn- und Wundklee (Anthyllis vulneraria) ist verblichen, das Pyrenäen Drachenmaul ist verschwunden und wurde vom Pannonischen Enzian abgelöst, dessen lila Blüten bis zu 60 Zentimeter hoch aus den Wiesen ragten. Weite Teile der Wiesen sind nun wieder gelb vom Johanniskraut und vom Weidenblättrigen Rindsauge.

Unsere Hauptmahlzeit sind zurzeit Nudeln in allen Variationen, wobei sich Michaela und meine Mutter mit dem Kochen abwechseln. Ein paar Tage in Geborgenheit, mir geht's richtig gut; zwei Frauen die für mich sorgen – ich bin halt doch noch immer ein Mamabua, obwohl ich selber schon Kinder habe.

Seit gestern Abend bin ich mir nicht ganz sicher, ob „Student" nicht ein Schimpfwort ist.

„Wir haben kein Geld, wir sind Studenten", sagten die drei zu uns. Von mir kam nur noch die Feststellung: „Was macht ihr dann hier heroben? Wenn man kein Geld hat, ist nicht die Zeit, um Urlaub zu machen. Ihr seid so lange in die Schule gegangen und habt das Einfachste nicht kapiert. Man muss erst Geld beschaffen, um mit dem Überschuss in den Urlaub fahren zu können – das ist aber meist mit Arbeit verbunden."

Vorher wollten sie „hier unterm Dach zelten".

„Dort drüben ist ein riesiges Haus zum Übernachten."

„Das wissen wir, das ist uns aber zu teuer. Haben Sie wenigstens was zu Essen und wenn's nur ein Stück Brot ist."

„Das Kärlingerhaus ist auch dazu da, um Leute zu verpflegen."

„Könnten wir wenigstens ein Stück Schokolade haben?"

Magdalena und Xaver naschten gerade an ihrer selbst heraufgetragenen Tafel Milchschokolade. Jetzt platzte mir der Kragen...

Lichtsäulen flackern im leicht welligen Funtensee. Die Spiegelung der vielen erleuchteten Fenster vom Kärlingerhaus lässt das „Alpenhotel" in der Finsternis aussehen wie eine Jacht, „nein wie die Titanic", so Xaver, auf ruhiger See. Die Brennhütte fühlt sich da eher wie ein alter Krabbenkutter an – bei jedem kleinsten Luftstoß bewegen sich knarrend die Windläden.

Meine Mutter fragt, wo die Tischdecke hingekommen ist und ich deute nur auf den Ofen.

„Du wirst doch nicht?"

Viele Dinge – Utensilien des modernen Lebens – sind zwecklos und überflüssig. Die Tischdecke gehört zweifellos dazu.

Als ich zum ersten Mal am Funtensee die wunderbar fürstliche Zirbenstube betrat, fiel mir sofort der abscheuliche Tisch ins Auge. Er war so was von hässlich, das heißt vom Tisch hat man ja nichts gesehen, nur vier Lärchenbeine, die stämmig am Hüttenboden standen. Alles andere war transparente Folie, welche eine bestickte weiße, mit Rotwein befleckte Leinentischdecke schützen sollte. Darunter kam eine elfenbeinfarbige Plastikfolie zum Vorschein, die mit Reißnägeln an der Plattenunterseite befestigt war. Meine Neugierde ließ mich auch diese Folie entfernen – und die nagelneue weiße Ahornplatte war jungfräulich und unversehrt. Vor mindestens fünfzig Jahren leimte sie irgendein Schreiner in Berchtesgaden zusammen, sie wurde von einem Träger über die Saugasse zum Funtensee geschleppt und vom damaligen Brennereibesitzer als so wertvoll eingestuft, dass er sie vor jeglichen Schrammen und Flecken zu schützen pflegte. Nach so langer Zeit bin ich der erste, der den Tisch in seiner ganzen Schönheit genießen darf. Ich kann es gar nicht glauben, dass Menschen, die etwas Schönes besitzen, es vor der Welt verstecken, sodass sie selbst nichts mehr davon haben.

Die Kinder sind froh, dass die Tischdecke nicht mehr da ist, denn es ist egal, wo die Nudelsauce klebt – mit einem Wisch ist alles weg. Auf der Büchsenalm im Priesberggebiet wird viel geschnupft, der Senner verbraucht im Jahr einige Kilo Brasil. Die Tischdecke ist an seinem Platz zurückgeschlagen, eine pflegeleichte Plastikfolie mit Blümchen verdeckt die alte Fichtenplatte. „Er mit seinem schwarzen Dreck, da müsst ich ja jeden Tag waschen", so die alte Sennerin. „Was schaust denn da unten rein?"

„So eine schöne, alte Platte – die könnt was erzählen", sagte ich, bei einem Besuch im letzten Jahr. Die Tischplatte wurde früher immer mit der Wurzelbürste abgeschrubbt, darum sind die weichen Holzfasern vertieft und die Maserung schimmert dreidimensional. Auf die Frage „Warum habt ihr die Decke drauf?", antwortete sie nur: „Ach ja, auf einmal sind so Plastiktischdecken modern geworden und seitdem ist sie halt drauf."

6. August
Meine Mutter ist schon abgestiegen. Michaela und die Kinder putzen in der Hütte und ich bin mal wieder am Packen, Brennereiput-

zen und grob das Fluggewicht zu überschlagen, denn das Brennen hab ich bereits gestern abgeschlossen. Mittags werden auch wir absteigen, um im Gasthaus in St. Bartholomä mal was anderes als Nudeln zu essen – ich denke da so an Hirschbraten oder Rinderlende.

9. August

Wenn meine Arbeit gut verläuft, war das der letzte Aufstieg zum Funtensee in dieser Brennperiode. Ich flog regelrecht über die Steine durch die Saugasse, die ich mittlerweile alle wieder kenne. Sehr zielstrebig erreichte ich schon nach eineinhalb Stunden den Funtensee. Der Funtensee hat eine besondere Kraft. Hier ist der Almfriede am stärksten. Den Ausdruck „Almfriede" würde ich so definieren: Zufriedenheit an einem „Postkartenort" in den Bergen – und den Rest der Welt vergessen. Es gibt ein Musikstück von den original Oberkrainern „Dort wo der Enzian blüht". Man könnte meinen, Slavko Avsenik habe es hier geschrieben – mit Sicherheit aber an einem ähnlichen, landschaftlich überwältigenden Ort irgendwo in den Karawanken in Slovenien. Die ganzen Wochen über brachte ich diese Melodie nicht mehr aus meinem Kopf.

Wenn ich zum Funtensee gehe, verschwindet das „da unten". Bei den anderen Hüttenstandorten ist dieses Phänomen nicht so stark ausgeprägt; es ist, als würde hinter mir der Vorhang zugezogen, als ginge mich das da unten nichts mehr an, als würde das da unten schon lange, lange her sein. In diesem Kleinod werde ich frei, freier als anderswo. Die Lunge erwischt hier mehr Luft, es scheint, sie kann mehr Sauerstoff aufnehmen. Das Herz pumpt mit Leichtigkeit das Blut durch den Körper und ich spüre die Energie, die durch und durch geht. Alles in allem ist's ein Gefühl des Verliebtseins – verliebt in die Berge.

Ich ging in den Herbst hinein. In Bartholomä blüht der Schwalben-wurz-Enzian, einer der letzten farbenprächtigen Staudenblüten im Jahr. Die Luft riecht schon anders, sie riecht nach Herbst und nach Reife und das nur nach zwei kühlen Tagen. Der Sommer, und waren es nur einige Tage, ist definitiv vorbei. Am Weg blühte schon der blaue Eisenhut (Aconitum compactum). In etwa zehn Tagen werden hier am Funtensee die Mulden mit dem Blau des Eisenhuts gefüllt sein. Vom Funtenseetauern läuft dann ein „blauer Bach" herunter in demselben Bachbett, in dem das eiszeitliche Wasser abtransportiert wurde, das jetzt jedoch trocken ist, doch nun voll mit Eisenhut, der mich schon als Kind faszinierte. Man kann diese Naturerscheinung nicht in Worte fassen, man muss es selber gesehen haben. Aber wenn ich mich als Schriftsteller versuche, sollte ich doch eine Beschreibung wagen. Empfinde ich diesen blauen Bach so intensiv, weil ich ihn von Kindheit an kenne, weil man als Kind alles größer, stärker und volu-minöser erlebt, oder ist dies doch eine gewaltige Naturerscheinung, die jeden, der nicht blind ist, faszinieren müsste? Leider werde ich diesen blauen Bach heuer nicht sehen, aber die Knospen der „Ker-zen", die dort oben circa einen Meter hoch werden, lassen heuer auf ein sehr ausgeprägtes Blühen hoffen.

Am Funtensee dominiert die Natur. Der Mensch ist hier nur Außen-seiter, ein vorübergehender Gast. Dadurch, dass nur wenige Men-schen zur Brennhütte kommen und mich ablenken, vereinnahmt mich die Natur immer wieder aufs Neue.

Übrigens füttern die Bachstelzen auch Elritzen. Sie sitzen auf dem kleinen Algenteppich am See und picken die kleinen Fische heraus – das war mir neu. Sie füttern ohne Ende und kümmern sich kaum um mich. Dass ich diese Jungvögel ausfliegen sehe, wird aber die nächs-ten Tage nicht mehr geschehen – da werde ich schon weg sein.

Eine weitere Sanierungsmaßnahme stellt der Boden im Gärraum dar und diese Baustelle wird mich die Woche über beschäftigen. Der Kachelofen fiel fast von selber auseinander; Michaela hat die Kacheln schon letzte Woche geputzt und in Kartons verpackt. Genügend Zement hab ich schon beim letzten Hubschrauberflug geordert und den morschen Boden heute Nachmittag entfernt und zu Brennholz verarbeitet bzw. der abschließenden Verwesung preisgegeben. Die Schalung für eine vorgesehene Sicker-Rinne wurde gezimmert, verankert und mit einigen Schubkarren Beton fixiert. Da schaute ein bekanntes Gesicht zur Tür herein –Thomas. Ich kannte ihn vom Priesberg, einer der beim Enzian Kräuter kein Kostverächter ist. Ich sagte zu ihm: „Bist du nicht Maurer?"

„Nein Estrichleger."

„Dich schickt der Himmel. Schau mal rein, was ich für eine schöne Baustelle habe", und er begutachtete meine Konstruktion: „Sauber im Wasser, machen wir noch einige Schubkarren Beton, dann kommst du morgen gut weiter."

Wir machten Flüssigbeton und verdichteten ihn um die Aussparung. Da schauten noch drei bekannte Gesichter zur Tür herein – Schönauer, die sich auch für die Baustelle interessierten. Ich fragte Thomas, ob er sich schon im Kärlingerhaus eingemietet hat und er sagte: „Da muss ich jetzt noch rüber, morgen will ich auf die Schönfeldspitze gehen."

„Kannst aber auch bei mir übernachten."

„Das Angebot nehm ich an. Ach weißt du was, ich helfe dir morgen betonieren – auf die Berge kann man immer wieder gehen." Die drei Schönauer beschlossen ebenfalls, dass man so eine ausgefallene Baustelle nicht ignorieren sollte.

10. August

Um sieben Uhr ging's los. Thomas sprang vor dem Frühstück noch in den See und von der anderen Seeseite sah man drei Männer mit zementbeladenen Schubkarren auf Kurs Brennhütte. Nach fünf

Stunden war alles betoniert. Thomas zog den Boden mit Gefälle zur Rinne ab ich machte den Lieferanten, die drei Schönauer radelten Sand und mischten den Beton. Für die Abzugsschicht haben wir mit einem alten Hasenstallgitter den Sand gesiebt. Anfangs sagte Thomas, er könne nicht umsonst arbeiten, er verlangte pro Schubkarre ein Gläschen Enzian Kräuter. Da ich sowieso nur noch einen fünf Liter Tetrapak italienischen Rotwein und zwei Flaschen Enzian Kräuter da hatte, stimmte ich seiner Lohnforderung zu. Ich schreibe jetzt absichtlich nicht, wie viele Quadratmeter und wie stark der Beton eingebaut wurde, sonst könnte man meinen, wir hätten gesoffen. Der Wein und der Enzian Kräuter waren auf alle Fälle weg.

Thomas freute sich: „Wir haben jetzt gearbeitet wie vor 100 Jahren. Hier kannst du nicht schnell einen Betonwagen bestellen. Ich bin froh, dass ich dir helfen durfte." Er schaute in Richtung See: „Und das an so einem herrlichen Ort." Auch die drei Schönauer waren sich einig, dass dieser Ausflug in ihren Köpfen hängen bleiben wird, und jedes Mal, wenn sie in ihrem Leben vom Kärlingerhaus zur Brennhütte schauen, werden sie sich an diesen Tag erinnern.

Für mich ist das nichts Neues. Berggehen an sich ist eine schöne Sache, sofern man fit ist und die Vorraussetzungen dafür hat. Doch am Berg zu arbeiten, oder wie in meinem Fall, sogar sein Geld damit zu verdienen, ist für Menschen wie mich das Höchste. So einer wie ich der muss Holzknecht, Berufsjäger, Berghüttenwirt oder Bergführer werden. Wobei mein Posten als Bergschnapsbrenner einzigartig sein dürfte.

11. August

Durch die großartige Unterstützung der vier Männer konnte ich meine Zelte rasch abbrechen. Im Eiltempo verpackte ich mein ganzes Zeug in die Hubschraubersäcke. Drei Flüge sollten es werden und ich war froh, als ich den letzten Sack einklinkte und der Hubschrauber über den See hinweg verschwand. Das Destillat, die alten Kacheln, Instrumente, Werkzeug und Müll, außerdem noch die zwei Holzziehschlitten (die ich wohl kaum noch mal brauche), für das Brennhüttenmuseum im Tal und die leere Gasflasche.

Nicht immer geht der Abtransport so reibungslos vonstatten. Manchmal hält die Wetterprognose den Hubschrauber in Salzburg fest. Trotz gutem Wetterbericht bleibt eine Nebelwand vom Großen Hundstod bis zur Stuhlwand hängen und macht das Anfliegen des Funtensees unmöglich. Der Bergbrenner wartet dann vergeblich und muss sein Bett wieder zusammenbauen, um noch eine Nacht zu bleiben – manchmal auch zwei.

Thomas bedankte sich noch mal für die schönen Tage und wir verabschiedeten uns herzlich voneinander. Vorsichtig, um keine Betonkanten abzubrechen, baute ich die Schalung aus dem noch porösen Beton und räumte den Gärraum wieder ein, stellte die Bottiche auf, sodass sie im Falle des Falles nicht mit Wasser volllaufen können und schloss die Tür. Der Beton kann jetzt in aller Ruhe aushärten (28 Tage) und der neue Boden wird mir erst in einigen Jahren Freude bereiten. Im Kärlingerhaus haben sie einen neuen Trockenraum mit Luftgebläse für die Bergschuhe gebaut. Die nutzlos gewordenen Holzroste der alten Schuhregale hab ich vorm Herdfeuer gerettet, sie werden dann die Sicker-Rinne abdecken und begehbar machen. Der Kamin war längst ausgekühlt und die Fensterläden verschlossen, da ging ich noch ein paar Mal um die Hütte und schließlich davon. Der Fischreiher wechselte die Seeseite und die schon so richtig dicken, fetten Murmeltiere, die jetzt alle perfekt aussehen wie nagelneue Plüschtiere, gaben einen Salut. Der Storchschnabel war bereits im Fruchtstand, die Blätter des Alpenampfers vom Morgenfrost braun verkrustet.

Die Tannenhäher ernteten bereits in großer Zahl die Zirbenzapfen und versteckten die Nüsse an markanten Stellen, die im Winter oft vom Wind abgeblasen werden. Sie finden die meisten wieder und der Vorrat reicht zum Überleben. Die Nüsse, die sie vergessen haben, können im Frühjahr keimen und den Fortbestand der Zirbenwälder sichern. Respekt vor diesem Vogel – wie imposant diese Art die Wälder hier mit anlegte.

Ich blicke nochmals zurück, den Geruch der kompostierten Enzianwurzeln noch in der Nase – einsam steht die Hütte da, als wäre nichts gewesen. Ich verabschiede mich noch am Kärlingerhaus: „Auf Wiedersehen."

„Wann kommst du wieder?"

„In ein paar Jahren – so Gott will", und stieg über Grünsee und Sagerecker Wand hinab zum Königssee.

An einer Stelle, an der man den gesamten Grünsee überblickt, hielt ich inne und dachte an die Brotzeit, die ich damals, an dieser Stelle, mit meinem Vater machte: Das trockene Brot, die harte Wurst und den süßen, schwarzen Tee aus der blauen Thermoskanne. Ich dachte an die Worte meines Vaters: „Das hier ist deine Heimat – merk dir das." Und ich hab mir's gemerkt.

Die Welt ist von Abschied geprägt, und der Gedanke daran beansprucht immer mehr Zeit meines Lebens.

Schwerarbeit im Junischnee.

Enziangraben auf der Kallbrunnalm.

Peter gibt alles!

Erdferkel Stefan.

Michael entleert den Grabersack.

Der Autor sichert die Beute.

Lieber schlecht gefahren als gut getragen.

Die Wurzelwaschmaschine.

Die Erde muss weg!

Sepp und Peter beim Wurzelfischen.

Wurzeln zerhacken.

Brennkessel Baujahr 1940.

Die Enzianmaische.

Feierabend in den Bergen.

Zweiter Brief vom Yeti

München, 24.02.11 (bin auf Seite 73)

Hej Hubert!
Ich versuche, nach meinen Vorstellungen von Rechtschreibung zu kor-
rigieren – das heißt, ohne die geringste Ahnung von den neuen Regeln
der Rechtschreibreform und ihrer diversen Nachfolgeänderungen.
Deshalb habe ich an den Stellen, wo es mir aufgefallen ist, aus Dei-
nen „dass" jeweils ein „daß" gemacht. Ich hab eben noch gelernt, dass
Doppel-s (ss) ausschließlich zwischen zwei Vokalen (Selbstlauten: a, e,
i, o, u) benutzt wird! (Deshalb ist auch „Genosse" auf S. 73 korrekt.)
Übrigens werde ich mir nicht anmaßen, an Deinen Liedtexten rumzu-
murksen. Einerseits sind davon bloß wenige in Preußisch verfasst und
andererseits will ich nicht beurteilen, was davon künstlerisch wertvoller
ist als alternative Formulierungen.

München, 25.02.11 (S. 93)

Du siehst – ich bin gestern extrem fleißig gewesen. Mir ist gerade aufge-
fallen, dass ich noch keinmal die botanischen (lateinischen) Pflanzen-
namen kontrolliert habe. Da sollte neben der Rechtschreibung auch die
Groß- und Kleinschreibung stimmen – Gattung groß, Art klein.
Übrigens gibt's im Preußischen kein „heuer", auf Deutsch müsste es „in
diesem Jahr" heißen und „die Butter" ist bei uns Preußen weiblich.

Schönau am Königssee 03.03.11

Servus Yeti!

Bei meinem Wundercomputerprogramm wird aus dem „daß" automatisch ein „dass" ob ich will oder nicht – blöde Kiste! Lustig finde ich die Sache mit dem „heuer". Ich hab Magdalena und Xaver den Satz schreiben lassen: „Heuer gehen wir wieder zum Skifahren". Magdalena hat den Satz mit „In diesem Jahr" begonnen und Xaver mit „Heuer". Tatsächlich steht's in Xavers Schülerduden drin: heuer (süddeutsch und österreichisch für: in diesem Jahr). Amüsant finde ich auch, mit welcher Selbstverständlichkeit ich „den Butter" geschrieben habe. Tja, wenn wir hier im Süden die Milch veredeln, wird aus einem Mädchen ein Bub – aus Milch „der Butter und der Kas". Während ihr Preußen „die Sahne" daraus macht, machen wir „den Rahm". Hättest Du gedacht, dass ich so viele französische Wörter drauf habe? – aber halt noch nie geschrieben! Wenn ich mal nicht mehr weiß, was ich machen soll, lerne ich Französisch – die haben echt tolle Wörter. Viel Spaß noch beim Durcharbeiten.

6
Priesberg Brennhütte

12. August

Mein Zeug ist gut im Tal angekommen. Nach dem ausführlichen Bericht bei meinem Boss über die neun Wochen Wasseralm und Funtensee, fuhr ich mit dem „Wurzenschiff", meinem Geländewagen, zur Priesberg Brennhütte, um die Tafel „Ich bin am Funtensee" zu entfernen.

„Da ist er ja endlich, wir warten schon eine geschlagene Stunde auf Sie – und jetzt gibt's doch noch einen Enzian. Wo ist eigentlich dieser Funtensee", fragten die ersten Gäste. An das habe ich gar nicht gedacht, dass viele Gäste meinen, das Schild sei so wie ein Zettel, auf dem steht: „Komme gleich."

Priesberg Brennhütte.

„Na ja, so in neun Stunden könnte man von hier aus rübergehen – wenn man gut zu Fuß ist."

„Aber Sie fahren doch sicher mit dem Auto. Bekommen wir jetzt einen Enzian?"

„Lasst mich doch erst mal die Tür öffnen." Im Vorraum lagen am Boden Zettel, deren Verfasser alle das Fehlen der gekühlten Schnapsflaschen im Wassertrog und des Bergbrenners beklagten:

„Wir konnten nicht mehr länger warten und sind traurig, dass du nicht gekommen bist. Bis hoffentlich nächstes Jahr. Die Alten Socken." Oder: „Wir waren da! Wo warst du? Mussten jämmerlich Durst leiden..."

Ich war jetzt einige Wochen in ziemlicher Einöde, bin noch gar nicht ganz hier und muss schon funktionieren, erklären und repräsentieren. Die Invasion der Menschen erfordert nun eine rasche Umstellung. Jetzt ist Hauptsaison. In den anderen Jahren kam ich schon viel früher zum Priesberg und konnte mich an die im Laufe des Sommers mehr werdenden Gäste langsam gewöhnen. Diese Brennhütte liegt im meistbegangenen Gebiet zwischen Jenner und Königssee. An schönen Tagen kommen hier sehr viele Wanderer und Möchtegernwanderer, vermischt mit Sandalentouristen, aber auch Bergsteiger sowie alljährliche Stammgäste, um an der Hütte ein Schnäpschen zu trinken. Sie besuchen eine der Almhütten, um sich mit Käse- oder Speckbrot zu laben, oder unternehmen eine tagesfüllende Bergtour. Sie informieren sich über die Enzianpflanzen und -wurzeln, wollen die Brennerei sehen, brauchen das Baujahr der Brennhütte für einen Kinder-Wanderpass, den Stempel für das Tourenbuch sowieso und suchen mal wieder sehnsüchtig nach einem Klo.

Die Klofrage ist hier individuell gelöst. Auf einen großen Baumstumpf hab ich aus knorrigen Ästen einen Thron zusammengezimmert und darauf eine rosarote Klobrille genagelt. Am Klodeckel brachte ich die Tafel an:

Gerät des amtlichen Wetterdienstes
Diese Anlage wird dem Schutze des Publikums empfohlen.
Missbrauch, Beseitigung oder Zerstörung zieht strafrechtliche
Verfolgung nach sich.
Für Unfälle wird nicht gehaftet.
Deutscher Wetterdienst

Durch ein Drehkreuz und über einen kleinen Steg, der über den
Bach führt, gelangen die Leutchen auf einem ausgetretenen Pfad zu
diesem Gaudiklo. Manche fühlen sich verarscht, aber das ist egal.
Sie sind dann schon von der Hütte weg und verschwinden meist im
Wald, um anschließend mit einem entzerrten Gesichtsausdruck wieder zu erscheinen. Der Hochthron wird oft fotografiert. Meist sind
es Wandergruppen, von denen einer auserkoren wird, sich daraufzu-
setzen. Die ersten Bilder werden geschossen, doch dann fällt ihnen
auf: „Du musst schon die Hosen ausziehen, sonst schaut das ja nicht
echt aus." Darauf folgt schreiendes Gelächter und die Fotografen bie-
gen sich. Unter der Klobrille hängen die Nüsse raus und runden das
wohl schönste Urlaubsbild ab.

Eigentlich wollte ich gleich mit dem Hüttenputz beginnen, aber das
bringt jetzt gar nichts. Ich bau eiligst die Schnaps-Bar auf, damit ich
fürs Erste Luft bekomme. Eine kleine Holzleiter verhindert das Um-
stürzen der drei Flaschen (Meisterwurz 40 %, Enzian 40 % und für
die Damen Enzian Kräuterlikör 35 %) im kühlenden Wassertrog.
Die Tafel: „Grüß Gott ein Stamperl Schnaps 1 Euro Prost" wird
angebracht, die Gläschen rausgeräumt und gewaschen – („da ist ja
noch das letzte Jahr drin"), die Tische runtergeklappt, Aschenbecher
daraufgestellt und einige informative Prospekte der Enzianbrennerei
ausgelegt. Den Müll, der sich in meiner Abwesenheit um die Hütte
ansammelte und zum Teil nicht als lecker eingestuft werden kann,

hab ich beseitigt. Das Umweltbewusstsein ist ausgeprägter als noch vor einigen Jahren, in denen man schon nach einem Wochenende einen ganzen Sack voll Müll ernten konnte. Vielleicht greift die Umweltbildung in den Schulen; es liegt aber auch am Dosen- und Flaschenpfand; seit der Einführung nehmen die Leute ihr Leergut wieder mit. Die unhygienischen Hygieneabfälle, die scheinhygienische Menschen hinter der Hütte – für sie restentsorgt – deponieren, und so beim Schnapsbrenner einen höchst unhygienischen Eindruck hinterlassen, bleiben. Die diversen unappetitlichen Geschenkartikel werden am liebsten hinter einen Holzstoß, aber auch ganz gerne zwischen die Holzscheite gesteckt. Der Schnapsbrenner freut sich immer wieder (es hat so was Weihnachtliches; erinnert aber auch ein bisschen ans Ostereiersuchen), wenn er beim Holzholen so tolle, granatenmäßige Präsente findet und denkt dann an die netten Menschen, die es so gut mit ihm meinen.

13. *August*

Michaela putzt und ich sauge. Solange Ferien sind, wird meine Familie bei mir wohnen. Das alte Aggregat rumpelt hinter der Hütte und erzeugt den elektrischen Strom für meinen Bau-Staubsauger. Xaver hat zum ersten Mal den Bach aufgestaut; dieser Vorgang wird sich noch tausendfach wiederholen. Sehr verschlossen sitzt Magdalena auf der Bank und ignoriert mein ausgesprochenes Alm-Game-Boy-Verbot. Das Bettzeug blendet in der Sonne. Eine Gruppe Rinder sieht dem Treiben zu, als möchten sie sagen: „Servus, seid ihr auch wieder da?"
Wir teilen uns ein nicht einmal 9 Quadratmeter großes Schlafzimmer, in dem ein selbst gebauter Kleiderschrank und ein altes, handgemachtes Büfett in Mahagoni mit verglasten Obertürchen stehen. 1,30 mal 2 Meter misst das Stockbett, bei dem das untere Bett ganz am Boden ist und das Obere in Mitte der Raumhöhe. Eine Auf-

stiegsleiter erleichtert das Schlafengehen für die Hochbettbenutzer. Seit die Kinder auf der Welt sind, schliefen sie Sommer für Sommer zu zweit in einem dieser Betten. Doch heute hören wir von Magdalena, dass sie nicht immer mit ihrem kleinen Bruder in einem Bett schlafen will. Für diese, schon geahnte Forderung haben wir eine Luftmatratze dabei. Der Streit, wer auf der Luftmatratze und wer im Bett schläft, macht uns den Tag nicht unbedingt langweilig.

Bevor ich dieses urige Bett, das mit einer rustikalen, gewachsenen Säule in den Raum ragt, konstruierte, waren zwei Stockbetten eingebaut. Beide waren nur 80 Zentimeter breit und 1,90 bzw. 1,80 Meter lang – Kojen wie in einem U-Boot mit rot-weiß karierter Bettwäsche wie in einer Puppenküche.

Michaela erinnert sich, wie sie mit Magdalena schwanger war und wir zu zweit in so einem Bettchen schliefen. Das obere Bett hatten wir schon abgebaut, um nicht an Platzangst zu leiden. Michaela schlief innen und ich klammerte mich an ihr fest, um nicht abzustürzen. Ihr lief in den Morgenstunden eine Maus über den Bauch. Ich sagte damals, dass es hier keine Mäuse gibt, um sie nicht zu verunsichern – doch geglaubt hat sie das sowieso nicht. Michaela fragt Magdalena, ob sie die Maus damals auch gespürt hat? Sie schaut kurz über den Spielecomputer: „Sehr komisch" und drückt weiter darauf herum. Xaver grinst vom Bach herauf: „Die Maus! Wisst ihr noch wie der Papa uns die tote Maus zeigen wollte. Die hatte ganz runde, schwarze Kulleraugen und einen Schnurrbart. Ihr Genick war ganz flach hinter dem Schlagbügel der Falle eingeklemmt. Papa sagte, wir sollen sie in Ruhe anschauen und nicht auf den Grill legen. Als er den Schlagbügel löste, flitzte aber die Maus davon! Dass die noch lebte?"

Der harte Überlebenskampf – Mann gegen Maus!

Mit Mäusen zu leben, ihre Existenz zu akzeptieren, sie aber trotzdem als Feind zu bekämpfen, das lernt man, wenn man in einer alten

Holzhütte wohnt. Durch die kleinsten Fugen und Ritzen zwängt sich der Nager, und wenn sie sich eine leckere Mahlzeit versprechen, knabbern sie sich sogar durch Bretter und Türen. Mäuse sind hervorragende und überaus flinke Kletterer, sie laufen die Wände hoch und steigen durchs Schindeldach ein. Nur ein Überhang kann sie aufhalten. Aus diesem Grund ist der Oberstock der alten Feldkästen in Berchtesgaden, in denen das Getreide gelagert wurde, übergebaut. Wenn eine Maus Hunger hat und du lässt auf dem Tisch beispielsweise einen geräucherten Presssack liegen, kommt sie auch auf den Tisch, denn hungrige Mäuse sind dünn und leicht – und ein leichter Springer kommt bekanntlich weiter als ein dicker.

Nach Buchen oder Fichtenmastjahren, wenn es sehr viele Samen gibt, haben die Mäuse einen schönen Winter. Frostsicher fressen die Wald- und Rötelmäuse unter der schützenden Schneedecke. „Ein Ross und eine Maus tragen das Jahr aus", so eine alte Weisheit, und wer jetzt weiß, dass ein Ross 11 Monate Tragzeit hat, kommt automatisch auf die Tatsache, dass eine Maus theoretisch zwölfmal im Jahr Junge bekommen könnte. Die Rötelmäuse gebären 3-4-mal, und das genau von Mai bis Oktober, und die Jungen, im Schnitt fünf, sind schon nach guten zwei Monaten geschlechtsreif. Wenn du da nicht dahinter bist, brauchst du den Rattenfänger von Hameln. Wenn du in deiner Hütte eine Rötelmaus siehst, hast du mindestens zehn. So wirst du zum Fallensteller und Jäger. Nicht etwa wegen dem ausgeprägten Jagdtrieb, sondern um den Besitzer der Brotzeitvorräte zu ermitteln und zu festigen. Außerdem sind sie Kannibalen und fressen sich in Notzeiten gegenseitig auf – zumindest fressen sie den Mageninhalt der toten Artgenossen. So dachte ich: Stell die Mausefallen draußen auf, fang sie schon, bevor sie in der Hütte sind und wenn ihre Verwandtschaft über einen Kadaver herfällt, hab ich das Gemetzel nicht unter meiner Eckbank. Diese Idee brachte aber einen enormen Mausefallenverschleiß. Dauernd waren die Fallen weg. Seitdem ein Tierfreund einen Zettel hinterlegte, auf dem stand: „Mausefallen aufstellen ist Tierquälerei", war ich der Meinung, die Leute verwerfen die Fallen. Bis ich eines Tages Meister Reineke mit Maus samt Falle flüchten sah. Ja – ein gescheiter Fuchs lässt sich die Mäuse von einem Brennmeister fangen, aber ein schlauer Bergbrenner hängt seitdem die Fallen mit einem Draht an. Und die Mäuse können der mit doppelseitigem Klebeband präparierten, am Tischbein fixierten und mit Nutella beschmierten Fangmaschine nicht widerstehen.

Einer meiner Vorgänger schrieb einmal ins Hüttenbuch:

„Fiti, die Hüttenmaus wird zum Tode verurteilt, weil sie trotz mehrmaliger Ermahnung in meinen Lebensmittelschrank eingebrochen ist und darin bös gehaust hat. Das Urteil wurde in „Absentia" gefällt, jedoch schriftlich gefertigt, am Tatort verlesen und dann quasi als allerletzte Mahnung am Kasten angeschlagen.

Schon in den frühen Morgenstunden wurde das Todesurteil an Fiti Maus vollstreckt, ihr sündiger Leib dem Feuer übergeben, die Asche in die vier Winde verstreut, ihre Seele aber der Fürbitte des hl. Franziskus anempfohlen. Die Urteilsvollstreckung wurde ebenfalls schriftlich am Tatort zum Aushang gebracht. Oh! Möge dies ruchlose Ende die übrige Sippe vom bösen Tun abhalten!

Nach der Arbeit stand ich vor der Hütte bei Gästen, die ein Stamperl Schnaps tranken. Plötzlich fiel eine dicke Maus vom Dachsparren zwischen die Weiber, die auf der Hüttenbank saßen... Das Geschrei war unvorstellbar... Ich fing die Maus, die noch ganz benommen war – ob von dem Gekreische oder von dem Sturz. Mit der Hand trug ich sie zum Hang gegenüber und ließ sie dort laufen. Grad als sich das Weibervolk beruhigt hatte, kam die Maus wieder über den Weg, unter dem Brunntrog durch, schnurstracks unter die Bank und dort in ein Loch unter die Hütte... In einer Minute waren die schreienden Weiber dahin, und nach zwei Minuten saß ich allein vor der Hütte! Gott sei Dank! Oh, möge doch öfter so eine Maus erscheinen..."

16. August

Heute Vormittag fragte mich ein Ehepaar mit fast erwachsenen Kindern, ob sie bei mir Milch kaufen können. „Ich bin doch hier kein Milchkurgarten." Ein junger Ochse alleine, weit und breit keine Herde zu sehen, stand am Zaun. Ich sagte, dass ich nur Schnaps habe und den Ochsen da, der aber leider keine Milch gebe. „Der ist immer alleine, denn die Kuhkälber mögen ihn nicht. Ist der Sack erst einmal leer, dann brauchen dich die Frauen nicht mehr." Die Frau lachte einmal: „Ha, hast du gehört, Alter?" Die Kinder schmunzelten verlegen, der Mann erwiderte: „Der Ochs hat's schön, nie Probleme mit Frauen und er kann alleine durchs Leben gehen. So wie der aussieht, ist er sogar glücklich." Als die Frau wieder kontern wollte, lenkte ich eiligst das Gespräch zurück zur Milch, die sie, eine halbe Stunde weiter, bei den nächsten Almhütten bekämen und wünschte ihnen eine schöne Zeit.

„Bis weit hinunter ins Tal hört man das rhythmische Klopfen der Hacker", heißt es in dem Infofilm, der x-mal im Jahr bei den Brennereibesichtigungen im Stammbetrieb in Unterau vorgeführt wird. Hier oben befindet sich die Wurzelhackbank an der Außenseite der Brennhütte und der Wanderweg geht unmittelbar an ihr vorbei. Ich hacke gleichmäßig auf die Wurzeln ein. Ein Wanderer bleibt stehen und fragt: „Sind das die Wurzeln?" Dass hier Steinpilze gehackt werden, oder vielleicht die Geschichte vom Alpenginseng oder von der Kartoffelchip-Produktion hätte ich ihm natürlich auch reindrücken können, aber ich sagte nur. „Erst hacken, dann fragen."

„Sind das jetzt die Wurzeln?" Autoritär mit schärferem Ton: „Hacken, dann fragen."

„Ja dann hack ich halt." Und nach kurzer Zeit waren schon zwei Hacker am Arbeiten. Ich erkläre ihm – ohne die Hackfrequenz zu ändern, wie klein die Bröseln werden müssen. Der Urlauber meint: „Das ist aber eine anstrengende Arbeit, gibt es da keine Maschine?"

„Die steht im Tal und benötigt Starkstrom, hier gibt es aber keinen Stromanschluss."

An schönen Tagen gibt's hier nur einen „Wanderer-Strom", der sich zum Priesberg und zur Gotzenalm bewegt. Diejenigen, die von der „Kleinen Reibe" und vom Schneibsteinhaus kommen und länger bei der Brennhütte „verkosten", stehen auch manchmal unter „Strom."

Ein Dieselgenerator ist zu laut und ein Gartenhäcksler würde wegen dem hohen Fruchtzuckergehalt und dem hohen Pektinanteil der Enzianwurzeln sofort verkleben – also hack zu.

Die nächsten Wandersleute nähern sich dem widerwillig hackenden Nordlicht: „Hacken Sie doch auch mal, ich mach ein Bild von Ihnen!"

Ich hole die Harmonika und es schmettern fünf Äxte, die irgendwie an die Französische Revolution erinnern, auf die Wurzeln ein. Zwischenbemerkung: „Ein Topmanager würde einen Haufen Geld für dieses seelenberuhigende Fitnesstraining bezahlen."

„Sei still – du bist aus dem Takt!"

Die Antwort darauf: Die nächste Wandergruppe übernimmt das Kommando – und so sollte es weitergehen.

Der alte Bäcker vom Dorf Königssee erzählte, dass er sich als Kuhhirte vorm Krieg gelegentlich aus dem Königstal von seiner Herde davonschlich, um für eine Stunde Enzianhacken ein schlecht eingeschenktes Gläschen zu bekommen. Ein Gläschen Enzian war damals was Besonderes und er hackte wie verrückt auf dieselbe Hackbank ein. Ein Gläschen Enzian ist immer noch was Besonderes, doch manche meinen, wenn sie dreimal das Beil fallen lassen, stünde ihnen ein Schnäpschen gratis zu. „Ja, ja, so ändern sich die Zeiten..."

Nur eine einzige Birne. Weit und breit kein Vegetarier in Sicht. Vor jedem in der Runde steht ein Bier. Von Wurst und Speck war nichts mehr da. Nur eine einzige Birne, die keiner wollte. Nach dem vierten

Gedeck (Gedeck ist ein Schnaps plus ein Bier), vermachte man die Birne dem Schnapsbrenner – der sie aber auch nicht wollte. So wurde die Birne zum Problem. Doch eine Lösung war schnell gefunden, man hat sie wieder auf den Baum gebunden. So hing die Birne überm Tisch am Lärchenbaum und die Wandersleute trauten ihren Augen kaum. Es gab noch einige Runden und die Lärchenbirne war erfunden. Dieses Phänomen wurde sogleich fotografiert, die rote Schnur hat man dabei ignoriert.

An einem verregneten Sommertag balancierte ich, auf dem Tisch taumelnd, mit einer sechs Meter langen Zaunstange, die am oberen Ende mit einer kleinen Blechdose versehen war. Die Stange bekam das Übergewicht. Durch einen Sprung vom Tisch und einer Telemarklandung war die Rettung geschafft. Ein bayerisch sprechender, an die 70 Jahre alter Mann beobachtete meine Aktivität: „Ich schau dir jetzt schon eine Zeit lang zu, aber ich komm nicht drauf, was du da machst. Äpfel pflücken geht nicht, da der Baum ja eine Lärche ist!" Ich komm derweil ins Schwitzen. Um an den oberen Ast zu kommen, muss ich die Stange stemmen. Doch nach einigen Versuchen und kurzem Fluchen „Birnbaum Hollerstrauch" hakte sich der Draht in einen feinen Außenzweig ein. „Ja verreck", sagte der Mann, „jetzt hängt da eine Birne oben! Für was soll das gut sein"? Ich bemerkte: „Ein Apfelbaum ohne Äpfel ergibt ja auch keinen Sinn, oder?"
„Aber?"
„Nix aber!" Ich wies ihn auf das am Baum befestigte Messingschild hin:

Lärchenbirne
Standort: Mitteleuropa
Priesberg Moos (sehr selten)
Fruchtstand: Erst nach 60 Jahren grüne Birnen
Achtung: Bei Pflücken der Birnen 14 Tage Dauerregen!

Er sagte: „So verarscht ihr Berchtesgadener euere Gäste."

„Wieso, das sind doch echte Birnen, hab sie gerade vom Spalierbaum beim Heinzenlehen am Faselsberg gepflückt. Bei der Gravur des Schildes hab ich es lediglich versäumt, darauf hinzuweisen, dass man auf diesen Birnbaum die Birnen hinaufhängen muss. Du wirst es aber nicht glauben, wie viele, sogar einheimische Naturkenner, sich über den seltsamen Baum den Kopf zerbrechen."

„Ja und das mit dem Enzianbrennen gaukelt ihr Deppen den Leuten auch vor. Ich gehe schon zwanzig Jahre hier vorbei und hab noch nie jemanden Schnapsbrennen gesehen. Ja, ja, die Wurzeln auf der Hackbank – alles nur Schau."

Jetzt ging's mir an die Schnapsbrennerehre und ich führte ihn durch die Brennerei, in der es gerade herrlich nach Enziandestillat roch. Die acht vollen Maischetanks waren so richtig schön am Gären. „Ja verreck, das muss ich jetzt glauben, mein Schwager brennt nämlich auch, da kenn ich mich ein bisschen aus." Ich drückte ihm meinen Zeigefinger an die Brust und belehrte den Mann, der fast doppelt so alt war wie ich: „Siehst du, dein Problem ist, dass du 20 Jahre vorbeigegangen bist – einfach nur vorbei. Hättest du mich nicht beim Birnbaumveredeln erwischt, wärst du noch weitere 20 Jahre vorbeigegangen."

Er ergriff meinen Unterarm, unsere Blicke trafen sich und mit gerührter Stimme nahm er den Deppen zurück: „Jetzt gebe ich einen aus, auf die nächsten 20 Jahre, in denen ich bei dir einkehre! Einen echten Enzian – nicht eine Nachahmung von irgendwo."

Dann kam er, der Anruf vom Alt-Chef: „Was treibst du da oben? Dauernd kommen Leute zu uns in den Laden und wollen einen Lärchenbirnen-Brand."

„Denen müsst ihr nur einen Williams Christ verkaufen."

„Was – Williams Christ?"

„Na ja, ich hab halt unseren Birnenschnaps in die Flasche."

„Was für ne Flasche."

„Na ja, die Probierflasche im Wassertrog, mit dem Etikett, auf dem drauf steht: Original Lärchenbirnen Schnaps 40 %. Die Früchte für diesen echten Lärchenbirnen Schnaps wurden bei Vollmond (nur dann entwickeln die Früchte die volle Kraft) von Bergjungfrauen geerntet. Der Brenner, welcher auch für die Unversehrtheit der Erntehelferinnen verantwortlich ist, destilliert nur bei Vollmond aus den Lärchenbirnen in einem zweimaligen Brenngang diesen originalen Priesberger Schnaps."

Ein herzliches Lachen aus dem Hörer: „Hubert, Hubert, was dir so einfällt! Aber diesen Spaß (Antreiberei) muss ich dir lassen, sonst wäre ich kein Berchtesgadener."

Jahre später sollte ich wieder aufhören mit dem Lärchenbirnen Schnaps und alle, die im Verkauf tätig waren, dankten dafür. Das ständige Erklären, dass es sich lediglich um Williams handelte, wurde zur Qual, denn den Leuten war es egal, dass es nur Willi war. Sie wollten diese Flasche, das Produkt mit diesem Etikett, von diesem Baum.

Das Birnenaufhängen hingegen sollte ein alljährliches Ritual werden, denn hingen am Baum keine Birnen, konnte man von vielen hören: „Hast du keine Lust mehr, wo sind die Birnen?" Oder, von denen, die es immer noch glaubten: „Was, heuer keine Birnen? Sind sie schon geerntet?" Worauf ich gerne sagte: „Nein, Frost im Frühling – die haben nicht einmal geblüht."

17. August

23 Stück Jungvieh weiden am Gegenhang auf der anderen Seite des kleinen Mooses. Das Gras ist mittlerweile nicht mehr frisch. Die längeren Halme färben sich schon strohgelb und sind umgetrampelt. Einige der Kälber stieren und es herrscht unter den ausschließlich weiblichen Tieren ein Aufreiten und Geschiebe in der Herde. Ob

die jetzt lesbisch geworden sind? Die Sehnsucht nach einem Stier kann ich gut verstehen. Den ganzen Sommer ohne stell ich mir auch ziemlich öde vor.

Da fällt mir eine Anekdote aus früherer Zeit ein: Eine gepflegte Dame mit Handtasche und roten Fingernägeln hatte sich mit ihrem spärlichen Schuhwerk zur Mitterkaser-Alm am Jenner verirrt und kehrte im Gastgarten der Almwirtschaft ein. Eine Kuh stand wiederkäuend am Zaun und schaute sich, heute würde man sagen mit einem coolen Blick, die Gäste an. Als der damalige Wirt (Klaus Max) in gewohnter Art – mit leicht gekrümmter Haltung, in Lederhosen, bei denen die Knie und das Gesäß sehr ausgebeult waren – mit einem Lappen die Tische abwischte und schließlich auch bei dieser Frau die nassen Ränder der angelaufenen Biergläser wegputzte, fragte sie: „Sagen sie mal Herr Wirt, warum schaut denn die Kuh dauernd so blöd?"

„Ja mei' Dirndl, wenn du den ganzen Sommer ohne Mann auf der Alm wärst und würdest nur einmal im Jahr künstlich befruchtet werden, dann würdest du auch so blöd dreinschauen."

Vom Knabenkraut ist nichts mehr zu sehen. Einige Tiere versuchen sich an den Binsen im Moos. Die Schlaueren grasen unter dem Zaun durch, kniend mit lang gerecktem Hals und langer Zunge. Und die glückliche kleine, vielleicht ein Jahr alte, wird von uns hereingelassen als Rasenmäher. Xaver geht ihr auf Schritt und Tritt nach. Mit einem Eimer soll das Schlimmste verhindert werden, im Falle dass sich der Schwanz hebt. Immer mehr Viecher haben keine Hörner. Das mag für den Bauern in der Handhabung praktisch sein aber sie sehen einfach bescheuert aus. In Berchtesgaden sprach man liebevoll von den „Hörndlkäfern", aber jetzt wären es nur noch Käfer, das ist auch blöd. Ich sag zu den Kindern: „Eine Kuh ohne Hörner ist wie ein Igel ohne Stachel", und sie lachen sich kaputt.

Die Kuh macht muh,
die Sau macht nicht miau,
der Ochs is g'schnin
und trotzdem tribig bliebn.

Wolkenlos überdacht der Himmel die Kälber in der Dunkelheit. Das gleichmäßige, sanfte Bimmeln ihrer Glocken verleiht der Nacht eine sagenhafte Idylle. Sternschnuppen. Ich sitz kurz auf der Bank im Windschatten, drinnen schläft die Familie tief und fest – wie doch die Welt in Ordnung ist!
Unvorstellbar, wenn man hier oben ist, dass es andernorts nicht grün ist und keine Blumen blühen, dass es woanders kein Wasser gibt, wo es doch hier so rein aus vielen Fugen des Bodens quillt. Der Wassertrog läuft den ganzen Sommer, ohne Zähluhr. Hier sind Energieprobleme ausgeschlossen. Ich muss nur einen Ast aus dem Wald ziehen, schneide ihn in ofengerechte Stücke und schon hab ich eine warme Bude.
Die Sonne scheint nur für diesen Flecken, an dem diese einzige Behausung menschlicher Herkunft steht; sie scheint nur für diese Vögel, die um die Hütte fliegen; für diese Blumen, sie wärmt diesen Boden, und ihr Licht treibt diese Bäume in die Höhe, denn hier ist der Mittelpunkt der Welt – so könnte man meinen. Doch bei schätzungsweise 7-8 Milliarden Menschen, die derzeit auf der Welt leben, gibt es ziemlich viele Mittelpunkte der Welt! Jeder Verein, jeder Stammtisch und jede Familie hat das Gefühl, der Mittelpunkt zu sein. Menschen eines jeden Landes, einer jeden Stadt, eines jeden Dorfes meinen, sie seien der Mittelpunkt. Die meisten Mittelpunkte der Welt sind aber mit Sicherheit nicht so paradiesisch wie hier. Ich sehe für einige Zeit die Welt mit kleinem Horizont. Ohne Medien, nur mit Natur und Arbeit verliert man schnell den Bezug zur Politik und zu den Weltereignissen. Auch Fußballspiele oder Autorennen sind einerlei. Hier interessieren nur Kleinigkeiten, die für die große

Welt unwichtig sind – hier an unserem sehr, sehr schönen Mittelpunkt der Welt.

„Der schreibt mit links", rief ein Mann zum Fenster herein. „Mir hat die Lehrerin auf die Finger geschlagen, wenn ich mit der linken Hand den Stift nahm. Kann ich mir ein Schnäpschen einschenken?" „Ja, aber pass auf, den hab ich auch mit links gemacht! Du nimmst ja auch die Flasche in die linke Hand."
„Ich mach auch alles mit links, nur schreiben tu ich rechts – mit der schönen Hand."
„Genau, es gab damals eine schöne Hand. Ich konnte sie gut unterscheiden an einer Narbe, die ich mir bei einem misslungenen Versuch, mit der Bügelsäge mit rechts zu sägen, schon mit sechs Jahren zuzog. So war bei mir schon immer die linke Hand schöner als die vernarbte Rechte."
1976 war ich einer der ersten Linkshänder in Deutschland, die nicht mit Gewalt zu scheinbaren Rechtshändern umgedrillt wurden. Die Lehrerin sagte immer wieder, dass sie mir nicht zusehen könne beim Schreiben; wenn es nach ihr ginge, müsste ich die rechte Hand nehmen. Ich entwickelte schnell eine Schreibtechnik, die für Linkshänder typisch war (und auch heute noch ist), mit der Armführung über dem Geschriebenen, so dass man die Tinte nicht verwischte und sehen konnte, was man so aufs Papier brachte. Damals gab es ein Fach namens Schönschrift und da konnte ich locker, zur Verblüffung der Lehrkräfte, die bis dahin noch nie einen Linkshänder toleriert hatten, mit den Rechtshändern mithalten.
Ich hatte nie Probleme – beim Sport war es egal, mit welcher Hand ich den Ball warf oder mit welchem Fuß ich zum Weitsprung ansetzte. Als Zimmerer war es oftmals praktisch, wenn ein Linker und ein Rechter zusammenarbeiteten. Im Innenausbau konnte jeder in die Ecke hineinarbeiten, in der er seine starke Hand hatte. Nur einige Maschinen waren für mich unpraktische Konstruktionen. Vor allem

die, welche man nur mit einer Hand führte. Somit wurde ich nie ein richtiger Maschinenfan und zugeben, dass ich mich z.B. bei einer Handkreissäge schwertat, wollte ich natürlich auch nicht. Meine erste Leihposaune hab ich auf Anhieb seitenverkehrt zusammengebaut und hätte mit links den Zug betätigt. Doch mein Lehrer empfahl mir die Rechtshändertechnik, da ich bei Posaunen mit Quartventil immer eine Sonderanfertigung bräuchte. Als ich eine Quartposaune bekam, war ich hingegen mit der Fingertechnik der linken Hand ziemlich schnell erfolgreich. Eine Linkshändergitarre wollte ich auch nicht, denn für die Gitarre braucht man sowieso zwei Hände. Hätte ich das Spiel mit einer linken Gitarre geübt, könnte ich mit allen anderen Gitarren nichts anfangen und müsste immer mein eigenes Instrument dabeihaben. Spontaneitäten mit einer Hausgitarre, beispielsweise auf einer Berghütte, wären dann weggefallen. Beim Üben mit der Steirischen Harmonika waren die Bassknöpfe der linken Seite schnell kein Problem mehr. Für die Stimmenführende rechte Hand werde ich wahrscheinlich immer zu langsam sein und bei einfacheren Melodien bleiben müssen. Ich müsste täglich intensiv üben, und das über Jahre, um das Defizit zu kompensieren.

Die Brennerei hier am Priesberg ist dank meines Vorgängers Hardl auf einen Linkshänder ausgelegt. Er erzählte mir, dass beim Erwerb des Brenngerätes im Jahre 1964 berücksichtigt wurde, dass er Linkshänder ist. Tatsächlich ist die Tür in den Brennraum und das Ofentürchen so angeschlagen, dass man mit einem Arm voll Holz alles mit links machen kann, ohne dass man das Gefühl hätte, es sei irgendwas seitenverkehrt. Auch der Einfüllstutzen ist so angelegt, dass man beim Einfüllen der Maische als Linkshänder mit dem Eimer von der richtigen Seite kommt.

„Sei doch ehrlich – wir müssen uns unser ganzes Leben lang mit dem Gelumpe der Rechtshänder rumärgern. Aber meine Kinder machte ich nicht mit links, da war die Mitte nicht unerheblich beteiligt", sagte der Mann noch und ich schrieb es sogleich nieder.

20. August

Pensionierte Berufsjäger stellten über einige Jahre die Wurzelgraber: Otto, Nikolaus, genannt Nikei, und Franzi. Franzi bringt heute noch ab und zu Meisterwurzen. Er darf mit seinem Geländewagen auf den Forststraßen fahren und ist somit mit seinen 75 Jahren mobil. Er gräbt an Plätzen, die für ihn relativ leicht erreichbar sind. Wenn er die Wurzeln liefert, gönnt er sich nach dem Wiegen ein Gläschen Meisterwurz und sagt jedes Mal mit leichtem Kopfschütteln: „Gut ist er – richtig gut, dass du ihn immer wieder so hinbringst." Und ich antworte jedes Mal: „Das liegt am Rohstoff, am erstklassigen Rohstoff, der von den besten Männern geliefert wird." Um die Frage, wo er gegraben hat, komm ich nie rum. Sie ist aber überflüssig, denn der Franzi hat noch nie seine Stellen preisgegeben. „Weißt schon, da hinten", oder, wenn man nachhakte: „Nein, nicht ganz, einen Graben weiter, aber eher ein bisschen links, aber nicht ganz links, sondern einen Buckel weiter oben, aber nicht ganz rauf, sondern eher in den Löchern, aber nicht in allen, weil da ist nur Ampfer, saumassig – ja, saumassig ist's schon..."

Vor einigen Jahren, als die Herren noch richtig rüstig waren, herrschte ein regelrechter Konkurrenzkampf. Hauptsächlich zwischen den Brüdern Franzi und Nikei. Vom Gewicht her brachte Nikei immer mehr Wurzeln als der Franzi. Franzi dagegen stolzierte mit großen, fein säuberlich ausgegrabenen Trophäen daher. Er kam immer schon gewaschen und frisch gekleidet und zog an seiner Virginia, die er herrenmäßig zwischen zwei Fingern hielt. Mit leicht angehobener Stimme sagte er meist: Da hast du wieder Wurzeln zum Ausstellen, die Schwänzchen meines Bruders kannst du ja keinem zeigen."

„Hat die der Franzi gebracht? Wo er sie nur findet?", klagte Nikei öfter mal. Aber alle wurden sie zerhackt – ein Enzianbrenner braucht keine Trophäen. Wenn Nikei kam, fuhr Franzi meist wieder weg, „jetzt kommt mein Bruder, ich muss den Parkplatz frei machen." Nur einmal in all den Jahren hab ich die zwei auf einer Bank sitzen gehabt und das sogar nebeneinander. Die Jägerei, die Zeit bei den Holzknechten und das Wildern hatte man schon Revue passieren lassen mit ständiger, gegenseitiger Nörgelei.

„So ist er halt, mein kleiner Bruder, er hat mir immer alles nachgemacht", sagte Nikei, „zuerst habe ich gewildert, hat's nicht lange gedauert, dann ist er auch mit der Büchse im Wald herumgeschlichen. Dann bin ich zu den Holzknechten, nach kurzer Zeit kam der Franzi auch daher. Schließlich bin ich Berufsjäger geworden, hat ja nicht lange gedauert und er wurde auch Jäger beim Staat. Und jetzt tu ich Wurzengraben – und wer kommt wieder daher? Der Franzi! Und gräbt die schöneren aus als ich. Sein Leben lang schaut der nur was ich mache, um es nachzumachen und versucht dann, besser zu sein, als ich."

„Na und", der Einwurf von Franzi, „die beim Forstamt haben halt auch gewusst, dass ich gut schießen kann." Meine Mutter, die auch am Tisch saß, stellte die Frage, ob sie schon bemerkt haben, dass sie beide über siebzig Jahre sind und noch immer streiten wie kleine Kinder. „Wir streiten ja nicht, aber das muss auch mal gesagt werden – ich hab meinen Bruder immer gemocht, und ich mag ihn auch heute noch – Prost Franzi, du Sauhund."

Ein Bergwanderer eilte herbei und hockte sich sogleich dazu: „Ich weiß, dass die Einheimischen nicht gerne ihre Geheimwege verraten, aber heute hab ich schon an meinem Verstand gezweifelt. Unterhalb vom Schneibsteinhaus sah ich einen Weißschopf, einen alten Mann im Boden rummachen. Ich hab gleich gedacht, dass der hierher gehört. Ich kraxelte bis zum Schneibsteingipfel und ging zum Seeleinsee, um über den Stiergraben abzusteigen. Da war der gleiche Weißschopf wieder. Währenddessen ich sechs Stunden übers Gebirge ging, war der alte Mann schon längst da. Und jetzt sehe ich zum Glück, dass es zwei sind!"

Nikei sah auf des Bruders Kopf und sagte mit leicht beschlagener Stimme: „Jetzt seht ihr es, sogar die weißen Haare hat er mir nachgemacht."

An diesem Tag gesellte sich auch ein junger Forscher dazu und es ging mal wieder um das schon damals leidige Thema Borkenkäfer. Die Theorie, dass der Borkenkäfer, der im Bayerischen Wald eine Mondlandschaft hinterließ, nicht über tausend Meter hinaufkommt, hat auch nicht gestimmt. Da waren sich die Jägerbrüder einig. Außerdem sei das neue Konzept, „Wald vor Wild" ein Schmarrn, genauso wie „Wild vor Wald" ein Blödsinn sei, denn das Wild lebt nun mal im und vom Wald, genauso wie der Wald seine natürliche Schere braucht – das Wild. „Es kann nur Wild und Wald geben, oder Wald und Wild – so war es schon immer; alles andere ist ein ausgemachter Schmarrn von Leuten, die vor ihrem Forststudium in Hochhäusern groß wurden und den Wald nur von Karten kennen."
Das Jammern der Alten und die Besserwisserei der Jungen sind uralt und wiederholen sich immer wieder. Bis die Jungen den Alten Zugeständnisse machen könnten, sind die Alten oft schon tot; sind die Jungen dann alt und erzählen von den ganz Alten, ist das für die dann Jungen schon ein fossiler Schmarren von Vorvorgestern. Dem Wald ist das Ganze einerlei. Eine Bergfichte steht im glücklichen Falle 250 Jahre, eine Zirbe kann auch mal 700 Jahre alt werden, da sind doch unsere paar Jährchen lächerlich. Wenn man bedenkt, dass ein Förster oder Forstdirektor vielleicht 30 Jahre lang seinen Posten besetzt und sich in dieser Zeit die Anschauungen immer wieder ändern, sollte man sich nicht so wichtig nehmen.
„Ja das waren noch Zeiten als wir wilderten" träumte Franzi vor sich hin. „Aber wir wilderten eigentlich gar nicht, wir waren nur beim „Wildbradln" (kommt von Wildbret oder auch Wildbraten), denn wir haben ja was zu essen gebraucht – wir waren eine große Familie, gell Franzi."

Auf einmal wurde dem jungen Forscher Gehör geschenkt. „Ich schreibe meine Arbeit über die Zersetzung des Holzes im Wald", das mit dem Borkenkäfer sei ganz normal. Nikei erwiderte: „Das stimmt, aber ich kann einen Salinenwald, der jahrhundertelang gepflegt wurde, nicht von heute auf morgen liegen und stehen lassen; wenn ein Hochleistungssportler von heute auf morgen mit seinem Training aufhört und nur noch vor sich hinlungert, trifft ihn auch der Schlag. Außerdem seid ihr alle blind, denn zur selben Zeit, in der das Wild zusammengeschossen wird, frisst euch der Käfer den Wald weg – was bringt dann Wald vor Wild? Gar nichts! Bei euch müsste es heißen: Borkenkäfer vor Wild – der Wald ist uns wurscht. Aber erzähl nur weiter." (Später stellte sich heraus, dass der Borkenkäfer den Bergfichtenwald gnadenlos dahinrafft.) Der Junge fuhr fort, indem er mit vielen lateinischen Wörtern seinen Vortrag in die Länge zog. Er erzählte von den Ausscheidungen des Borkenkäfers, von der Blaufäule, vom Schwarzspecht, der die Rinde abpult, vom Dreizehenspecht, der seine Höhle in den abgestorbenen Baum baut, um seine Jungen aufzuziehen und von den Riesenwaldameisen, die eventuell ihren Bau im Stamm haben. Schließlich fällt der Baum durch Wind oder Schneedruck um. Pilze, Moose und Mikroorganismen geben dem Holz dann den Rest, bis wieder Erde entsteht. „Genau, du hast jetzt eine Viertelstunde geredet, über etwas, das wir schon wussten – Holz verfault halt mal", so Franzi. Nikei hob den Finger: „Bua, das steht schon in der Bibel, Asche zu Asche, Staub zu Staub und dürfte vor 2000 Jahren auch schon nichts Neues gewesen sein." Franzi setzte die Virginia an und pustete eine Wolke über den Forscher: „Dass die Borkenkäfer so gescheit werden, dass sie euere Regeln einhalten, wirst du, Bua, auch nicht erleben. Prost Nikei, prost beieinander!"

„Wenn wir jetzt schon dabei sind, würde mich interessieren, warum man die Gams überhaupt im Nationalpark noch bejagt? Die natürlichen Feinde sind doch noch da, die strengen Winter, Lawinen, der

Adler und die Räude – da hätte auch der „sooo" gewollte Bartgeier wieder seine Voraussetzungen, hier heimisch zu werden."

„Hubert", sagte Nikei, „diejenigen, die die Gesetze und Bestimmungen über Wald und Wild erfinden und erlassen, haben immer einen Jagdschein, das musst du wissen, um manch seltsame Auflagen zu verstehen. Da spielt es keine Rolle, ob sich der Laden nun Nationalpark schimpft oder Forstamt."

„Noch so eine blöde Frage hätte ich: Warum füttert man das Rotwild im Winter wenn man es dann wieder erschießen muss, weil es sonst zu viel wird, wo doch der Park die Jagd nicht aus wirtschaftlichen Gründen betreibt. Zu mir hat man immer gesagt, dass das Rotwild früher zu den Saalachauen in Richtung Bad Reichenhall ins schneeärmere Flachland wechselte, um zu überwintern. Das hat dann aufgehört wegen den vielen Straßen, die gebaut wurden – ihre jahrtausendealte Wanderroute wurde unterbrochen."

„Das ist nur die halbe Wahrheit", sagte Franzi. „Man hatte die Wildzäune und die Wintergatter gebaut, damit die Tiere hierbleiben müssen, und damit es ihnen auch gut geht, hat man sie gefüttert, denn nur ein gut entwickelter Hirsch brachte Geld. Ich glaube, wenn man gar nichts machen würde, würden auch genügend überleben – die können ihren Stoffwechsel ganz schön zurückfahren. Davon abgesehen, kämen die Hirsche gar nicht bis ins Flachland; sie müssten durch viele Privatjagden durch und die Jäger dort würden so einen Hirsch nicht laufen lassen. Wenn's einige schafften bis zur Saalach, würden sie dort erschossen werden und im Frühling käme nur noch sehr wenig Rotwild zu uns in die Berge zurück – die paar, die dem Straßenverkehr zum Opfer fallen, wären da Nebensache. Interessant wäre es, wenn man sie wieder ziehen ließe, wenn man allmählich die Fütterung zurückschrauben würde. Ob sie den Weg ihrer Ahnen instinktiv wieder aufnähmen? – Aber das geht nicht, eben aus den besagten Gründen – du siehst, alles nur Politik."

„Zu meiner besten Zeit als Berufsjäger hatte ich einige gute Jagd-
gäste" – Nikei hielt die rechte Hand über den Tisch und rieb sich
Daumen und Zeigefinger aneinander. Ich hab's auch nicht anders
gemacht: Ich schaute immer, dass ich kapitale Rehböcke hatte, denn
hier oben, im ehemaligen Jagdrevier des Prinzregenten Luitpold, war
so ein Rehbock für einen „G'stopften" (Wohlhabenden) ein kleines
Vermögen wert – aber noch wichtiger für das Jägerlein war ein saf-
tiges Trinkgeld. Da wäre ich doch blöd gewesen, wenn ich die Rehe
hätte fortziehen lassen, sodass sie die Privatjäger im Tal weggeräumt
hätten. Mit einer kleinen Fütterung im Priesberger Moos versuchte
ich sie hier zu behalten. Ein Teil des Heus wurde in der Brennhütte gelagert, dort wo du das Bier lagerst. Eine schöne Zeit haben wir
schon erwischt, stimmt's Franzi?"
„Ja, ja, eine ganz schöne Zeit", schloss Franzi ab.

Es gibt Tage, an denen kommen besonders viele Gäste mit Hund.
Da gibt es die gut abgerichteten, die, die folgen, die, die ein bisschen
folgen, und die, die eine Katastrophe sind. „Hunde in den Bergen",
könnte auch ein Buchtitel sein, denn Hundegeschichten gäbe es zur
Genüge. Auch solche, bei denen der Hundebesitzer einen blöden
Hund abgibt, oder auch der Brennmeister einen dummen Hund.
Wobei ich anmerken muss: Bei den Hunden ist's wie bei den Menschen, man merkt sich nur die außergewöhnlichen – im Positiven
oder auch Negativen. Die gewöhnlichen (und das betrifft weitaus die
Mehrheit) fallen nicht auf. Natürlich hab ich auch Hundestammgäs-
te, die mich und ich sie schon viele Jahre kenne, die ihr Hundeleben
lang einmal im Jahr zum Schnapsbrenner kamen, über die man noch
Jahre nach dem Ableben spricht..." Geschichten über große Hunde,
Geschichten über kleine Hunde, Geschichten über Hunde, die nicht
auf Wolfabstammung hindeuten, die eher wie nackte, verhungerte
Murmeltierbabys aussehen. Geschichten von bellenden Hunden,
Geschichten von kläffenden Hunden, Hundekämpfen, Hund im

Bollerwagen, Hund im Kinderwagen, Hund im Rucksack; wund-gelaufenen Hunden, blinden Hunden, Hunden mit Gletscherbrille; natürlich auch gefräßige Hunde und bettelnde Hunde. Hunde die sich über den Schweinshaxenknochen freuten; Hunde, die in den Wassertrog sprangen, dass die Schnapsgläschen flogen und die Schnapsflaschen umfielen, und die Hundehaare auf der Wasseroberfläche den nebenstehenden Nichthundebesitzer dazu brachten, sich mit dem Hundebesitzer anzulegen. Es gab auch einen Hund, der von einer Kuh mit den Hörnern hoch geschleudert wurde. Sogar ein Hundeschlittengespann auf Rädern war mal da. Und nicht zu vergessen gab es auch einen überaus freundlichen Hund, der mir bei seiner wuchtigen Begrüßung dermaßen mit der Schnauze in die Eier stieß, dass mir die Luft weg blieb und mir beinahe die Lichter ausgingen...

Hundebesitzer sind oft sehr empfindlich, da muss man aufpassen. Sie sind sensibler anzupacken als Familien mit Kindern. Kinder darf man zurechtweisen aber einen Fiffi nicht. Bei Familien mit Kind und Hund oder auch noch den Großeltern, fällt das weg.

Die zwei Hundenäpfe, die ich unter dem Wassertrog deponiert habe, haben sich bewährt. Auf der großen Schüssel steht „Hund groß" drauf, auf der anderen „Hund klein." Oftmals gibt es lustige Unterhaltungen, von wegen „groß" oder „klein."

Eine Geschichte gibt's über einen Schäferhund, der aber im Nachhinein weder als blöder, noch als gescheiter Hund einzustufen wäre, denn ich weiß nur, dass er weiß war.

An einem nebligen Tag, vor einiger Zeit, saß ich mit Bekannten vor der Brennhütte. Eine Gruppe mit einem weißen Schäferhund ging an uns vorüber. Sonst war niemand am Weg. Der Hund kam unter dem Zaun durch, wollte zu uns, wurde aber sofort vom Besitzer zurückgepfiffen und verschwand ums Eck. Als ich zum Bierfassen in die Hütte wollte, lag da ein Haufen auf dem Fußabstreifer. Der erste Gedanke galt dem weißen Hund – so ein Drecksköter so ein verdammter. Mit einer Spitzschaufel schleuderte ich den Dreck ins Gelände. „Man möcht' gar nicht glauben, hat doch der schöne weiße Schäferhund genau auf den Fußabstreifer geschissen. Ich war kurz vorher an der Tür, da war noch nichts, es kann nur der Schäferhund gewesen sein, sonst ist ja keiner vorbeigekommen."

„Da kann aber der Hund nichts dafür", sagte einer aus der Gruppe, „das liegt am Besitzer, dem musst du den Dreck nachschmeißen. Die kommen sicher wieder runter." So war es dann auch und ich legte los: „Euer Hund hat vor die Hütte geschissen. Normalerweise gehört euch der Dreck nachgeschmissen!" Die Leute blieben erst gar nicht stehen und riefen über den Zaun: „Unser Hund tut so was nicht!"

„Ja freilich, euer Hund ist weiß, der scheißt unsichtbar – es kann nur euer Hund gewesen sein, sonst war keiner da!" Die Leute waren gerade nicht mehr zu sehen, da kam meine Tochter Magdalena, die dabei war, stubenrein zu werden, mit weinerlicher Stimme von der anderen Seite: „Ich hab es nicht mehr halten können." Das Gelächter war groß und ich wusste, es galt mir, ich wusste, dass ich der blöde Hund war. Doch den Leuten nachzulaufen wäre auch überflüssig gewesen – es war schon gelaufen.

Nikei hatte auch immer Hunde. Von Kindheit an kenn ich den Jäger grün gekleidet mit Bundhose, Wollstrümpfen, festem Schuhwerk, Hemd, Hut, und Mantel, der meist nur als Umhang diente. Die Büchse mit dem Riemen über die linke Schulter gehängt und in der rechten Hand die „Alpenstange" (Stakestecken). An seiner Seite der Hund, ein Bayerischer Gebirgs-Schweißhund, kastanienbraun, am Kopf weiches Fell, das wir als Kinder so gerne streichelten. Als Nikei Wurzengraber war, hatte er einen Schäferhund, sein letzter, so wie er selber sagte. „Es ist bitter, wenn man so einen Kerl, mit dem man viele Jahre verbrachte, den man aufzog, abrichtete und als Freund und Kamerad gewonnen hat, erschießen zu müssen. Aber das gehört auch dazu – einen Kameraden lässt man nicht leiden. Als Berufsjäger brauchst du einen Hund und nach kurzer Trauer besorgst du dir wieder einen neuen. Das lenkt dann wieder ab, man denkt an den alten Hund und versucht, den neuen wieder annähernd so hinzubringen. Denn mit den Hunden ist es so: Fünf Jahre hast du einen jungen Hund, fünf Jahre hast du einen guten Hund und fünf Jahre hast du einen alten Hund und dann gehört er schön langsam weiter. Und so ist es halt bei uns Menschen auch. Ich gehöre leider schon zu den alten Hunden und muss bald weiter."

24. August

Ein Unimog Daimler-Benz 421 parkt rückwärts ein. Auf der grünen Motorhaube, gut sichtbar, zwei Enzianaufkleber. Auf der Ladefläche ein knapper Kubikmeter fetter Wegschotter. Ein uriger, breitschultriger Mann lässt sich aus der Fahrertür herausrutschen, bremst mit einem Fuß noch am Auftritt, ehe seine stämmigen O-Haxen den Almboden berühren. Das Markenzeichen raucht nicht mehr und wird am Vorderreifen ausgeklopft. Die Gesäßtaschen seiner kurzen Hose und die Brusttaschen des karierten Hemdes werden abgetastet. Suchend steigt er noch mal hoch und findet, „Gott sei dank", den Pfeifentabak in seinem Fahrzeug. „Der Tag ist gerettet!"

Fleck Rudi, oder wie er selber zu sagen pflegt, „wer den Fleck nicht kennt, hat die Welt verpennt", gehört dazu und ist nicht wegzudenken. Fleck ist nicht sein Familienname, sondern ein Spitzname, der auf seine Vorfahren zurückgeht und auf ihre kräftige Statur hinweist – ein Fleck halt, kein Strich in der Landschaft. „Servus Fleck" rief ihm Karl zu, der mit seinem Geländewagen den Weg versperrte. „Muss ich wegfahren"?

„Habe die Ehre Karl, ich habe mir gleich gedacht, dass ich heute noch etwas ganz Schiaches sehe."

„Ich gib dir gleich was Schiaches, du Schmalbrustcasanova", rief Karl, der etwa die Hälfte von Rudi darstellt.

„Kannst stehen bleiben, ich bin schon am Ziel."

„Soll ich euch helfen? Wo muss der Schotter hin? Packen wir gleich an", zuvorkommenderweise Karl.

„Jetzt beruhige dich mal, ein alter Mann ist kein D-Zug. Jetzt rauche ich erst mal eine Pfeife Tabak." Er hub den rechten Arm im rechten Winkel zu seinem Körper, bog den Unterarm bis zum Anschlag (seit einem Motorradunfall ist das nicht viel) und beäugte seine Armbanduhr: „Die wohlschmeckende Stunde (nach 10 Uhr Vormittag) hat bereits begonnen! Jetzt trinken wir erst mal eine Halbe Bier und einen Meisterwurz – oder hast du nichts da?" Eine prüfende Geste mir gegenüber.

Karl ist, so könnte man sagen, der Retter in aller Not – auf der Alm nennt man das Auswehrer. Dem kannst du jede kaputte Maschine geben – er kann sie richten. Er fährt fast jeden Tag vom Tal herauf, liefert manchmal eine Brotzeit oder frische Semmeln, liefert sämtliche Sachen, die knapp geworden oder ausgegangen sind, liefert den Milchüberschuss der Bauern ins Tal. Für einen Almbauern zählt er fast täglich die Rinder und sieht nach dem Rechten.

Neulich hatte ich eine Kollision mit dem Wirt vom Schneibsteinhaus. Ich fuhr direkt hinter ihm her, als er plötzlich stehen blieb. Der will mir bestimmt etwas sagen, dachte ich und stieg aus dem Wagen. Neben ihm stehend, ließ er seinen Kleinbus zurückrollen und die Stoßstangen knallten aneinander. Erst dann bemerkte er mich an seiner Seite. „Nein, nein, nein, was ist das bloß für ein Tag! Lass den Mist richten und bring die Rechnung. Ich muss los, reden wir ein anders Mal." Die Reifen drehten kurz durch und weg war er.

An dieser Stelle hebelt er wohl immer den Vierradantrieb heraus und läst dazu seine Kiste ein paar Meter zurückrollen. Er hatte mich einfach nicht gesehen.

Im Tal unten wäre so ein Unfall meistens mit Mordsschereien, Polizei und Versicherungsformalitäten verbunden. Hier oben sieht sich

Karl den Schaden an, kommt am nächsten Tag mit Dengelwerkzeug, um die Blechschäden zu beheben, hat die passende Farbe in einer Sprühdose und in einem Stündchen ist alles vergessen. Der Schneibsteinhaus Wirt bringt einen Kasten Bier und die Welt ist nicht schlechter und nicht besser als zuvor.

Zu dritt verteilen wir den abgekippten Wegschotter, füllen die Wasserlachen damit auf und begradigen den Platz vor der Holzhütte. Rudi war sein Leben lang am Bau. Unterbrochen von einigen Jahren Arbeit im Salzbergwerk, war er bis hin zur Rente Maurerpolier. Fast jedes Jahr hatte ich an dieser Hütte eine Baustelle und meistens war auch für Rudi etwas dabei. Er betreibt mit seiner Frau eine Gästepension und fast alle ihre Gäste sind Brennhüttenbesucher und auch Schnapstrinker. Zwei „seinige" Herren dürfen mit Rudi, der noch mal den Boden im Gärraum inspiziert und sich freut, dass dieser in den Jahren keinen einzigen Riss bekam, ins Tal fahren.

Der Waldameisenhaufen ist zurzeit von einem Wall aus gelb blühendem Fuchs' Kreuzkraut (Senecio ovatus) und Dost (falscher Thymian) umgeben. Nicht weit davon blüht der Schwalbenwurzenzian (Gentiana asclepiadea) stark blau. Den hat man früher auch mit ausgegraben wegen dem guten Aroma, so sagte man. Wir lassen das dünngewurzelte, unergiebige Gewächs stehen. Lediglich als Etikettenblume dient der Schwalbenwurzenzian noch, weil er halt so fotogen ist. Die Blätter des Pannonischen Enzians sind jetzt nicht mehr zu sehen, nur noch vertrocknete Blütenstängel.

Meine Lärchenbirnen hingen auch nur noch als Dörrobst am Baum, drum hab ich noch mal nachveredelt. Heute ist St. Bartholomäus oder Bartholomä-Tag, wie wir hier sagen. Unsere wunderschöne Wallfahrtskapelle am Königssee ist ihm geweiht.

Ziemlich genau um diesen Tag wechselt die Witterung von Sommer auf Herbst. Die warmen Abende zum Draußensitzen sind jetzt vorüber. Kommendes Wochenende spielen wir wieder mit dem Oxn-Aug'n Trio in St. Bartholomä zum Kirchweihfest. Bis die annähernd 2000 Wallfahrer von Maria Alm im Pinzgau (Salzburger Land) übers Steinerne Meer an der Funtensee Brennhütte vorbei nach St. Bartholomä kommen, halten wir den Biergarten auf Stimmung. Fleck Rudi ist der Kirchweih-Schankmeister. Bei ihm bekommen die Wallfahrer und Tagesgäste die erste kühlende Maß Bier.

Wie doch die Zeit vergeht. Ich kann's nicht glauben, dass das Kirchweihfest schon wieder ein Jahr her ist. Das Jahr hat Schwung genommen, so wie alles im Leben Schwung nimmt. Sei es ein Flugzeug oder ein Auto, selbst ein Felsen, der aus der Wand bricht und den Berg herunterstürzt, hat eine Beschleunigungsphase.

Bäume wachsen die ersten Jahre sehr langsam. Doch nach zehn Jahren steht da auf einmal ein Jungwald, der immer schneller wächst. Erscheinen uns die ersten Jahre wie eine Ewigkeit, so werden die Bäume nach dreißig Jahren schon locker 20 Meter hoch sein. Die ersten zehn Jahre unseres Lebens sind auch eine Ewigkeit, die zweiten zehn Jahre laufen dann schon schneller. Und wenn man den Alten Glauben schenkt, rennt die Zeit, „je älter du wirst", immer schneller. Das Leben nimmt also richtig Fahrt auf. Ein jeder in seinem eigenen Tempo.

Die Stubenfliege, die ich gerade erschlagen wollte, ärgert mich noch immer. Sie flog unter meiner Hand weg, als ich versuchte, mit voller Wucht draufzuhauen. Sie lebt zur gleichen Zeit wie ich, und doch in einer anderen. Sie sah wohl meine Hand ganz langsam kommen, ich dachte ich sei schnell – die Fliege flog gelassen weg und meine Handfläche brennt.

Es kommt der Tag da siehst du ein,
du kannst noch so viel lernen und wirst doch nie gescheit sein.
Es kommt der Tag da siehst du ein,
du kannst noch so gesund leben und wirst trotzdem krank sein.
Es kommt der Tag da siehst du ein,
du willst nicht altern, doch die Jugend ist längst vorbei.
Es kommt der Tag da siehst du ein,
so wie es früher war, so wird's nie mehr sein.

Viele Leute freuen sich über die „Minibar" im Wassertrog in dem die Schnapsflaschen ihre Kühlung finden. Jeder kann sich selber einschenken und die Gläschen mit den verschieden großen Schnapsbrettchen zu seinem Platz tragen. Nach dem Spirituosengenuss werden die Gläschen am selbigen Wassertrog unter laufendem Gebirgswasser gewaschen und stehen für die kommenden Genießer bereit. Bar, Waschmaschine und Kühlung – drei Fliegen mit einer Klappe – sogar das Spülmittel spart man sich hier, denn ein kleiner Tropfen Schnaps bleibt immer im Gläschen zurück, es desinfiziert sich quasi selbst. Noch faszinierender ist aber der „Naturkühlschrank", in dem ich die Erfrischungsgetränke aufbewahre. Die meisten Biertrinker möchten den Gerstensaft sehr kühl und fragen sogleich, ob das Bier schon richtig kalt ist. Manche fragen auch nach der „kühlen Blonden" oder eine „Hopfenkaltschale", und das alleine sagt schon alles.
Die Bierkästen stehen im Abstellraum außerhalb von Brenn- und Gärraum auf einem Betonboden. Dieser Raum ist nach oben hin bis zum Legschindeldach offen. Moos stellt die Isolierung zwischen den einzelnen Balken der Blockwände dar. Unter dem Dach ist der Zwischenraum der Sparren nach außen ebenfalls offen. In der Nacht fällt die kalte Bergluft, die vom Priesbergmoos herauszieht, in den Raum. Nach oben steigt die wärmere Luft und zieht von dannen. So ist die kalte Luft eingesperrt und wird von der warmen Tagesluft weiter

nach unten gedrückt und kühlt schön brav die Getränke. An heißen Tagen mit vielen Gästen bewirkt das ständige Öffnen der Tür, dass die Kühlanlage allmählich versagt. Die sind aber selten, an so heißen Tagen bekomm ich wenig Besuch, da geht man lieber zum Baden. Wenn mir mein Bier zu warm ist, bringt der Wassertrog Abhilfe; bei acht Grad gekühlt und mit einer Platte zum Schutz vor dem Sonnenlicht abgedeckt.

Nur einmal im letzten trockenen Sommer war's so heiß, dass die Wassertemperatur auf +11 °C stieg.

1. September

Wie eng ist doch der Spielraum in unserem Leben, wie knapp balanciert man oft am Abgrund des Verderbens, ohne es zu registrieren? Meistens hat man Glück, das man nicht honoriert.

Es gibt Leute, die sind mit so viel Glück behaftet, als sei es unerschöpflich. Reinhold Messner zum Beispiel war auf allen Achttausendern, unzählige Expeditionen hat er überlebt und es zog ihn, trotz der großen Gefahren, immer wieder dorthin. Mein Vater ist auch ein Mensch, der in seinem Leben unheimlich viel Dussel erfuhr. Er war über vierzig Jahre Holzknecht, nie ist ihm etwas Ernsthaftes passiert und bei seinen unzähligen Kletter- und Skitouren kam er immer mit einem blauen Auge davon. Dauerglück. Glück ist mit Sicherheit nicht vererbbar oder unerschöpflich, doch bei manchen Mitmenschen könnte man es meinen: Die fahren Motorrad wie eine gesengte Sau, haben schon einige Autos „zusammengeschossen", ignorieren die Lawinengefahr – und die Glückssträhne reißt nicht ab. (Interessanterweise sind diejenigen, die zu schnell fahren, die die Regeln nicht befolgen – sich was trauen, meist erfolgreichere Menschen). Ich hatte bis jetzt auch immer Glück, so viel Glück, dass es mein Leben ausfüllt. Ich bin sicher, dass ich alles, was in meinen 34 Jahren daherkam, richtig gemeistert habe, zumindest ist alles gut ausgegangen.

Entweder war ein Unglück vor mir oder erst hinter mir, quasi war ich nie am falschen Platz zur falschen Zeit. Nur selten habe ich das Glück herausgefordert, so auf Leben und Tod – das brauch ich nicht. Zu mir kommt das Glück, wenn ich loslasse, wenn ich mir Zeit lasse, wenn ich etwas auf mich zukommen lasse. Im Falle des Scheiterns werde ich rechtzeitig abbrechen und überprüfen, ob die Sache wirklich so wichtig ist, um im Zweifel etwas anderes zu machen.

Wo war das Glück bei jenen, die mit dem Motorrad nur 200 Meter weit kamen, die mit sechzehn oder achtzehn Jahren an einen Alleebaum rannten? Wo war das Glück bei denen, die noch gar nicht wussten, was eine Lawine ausrichten kann, und schon aussichtslos verschüttet waren? Wo war das Glück bei denen, die auf irgendeinem Schlachtfeld im Laufe der Geschichte in einem schwachsinnigen Krieg ihr Leben lassen mussten? (Zu den meisten Kriegen, die zur Zeit auf der Welt toben, sagt man heute allerdings niedlicherweise Konflikt!)

Wo war das Glück bei denen, die schon als Krüppel, blind oder taub ins Leben traten? Sicherlich erfahren diese Menschen auch Glück, Glück das ein gesunder Mensch wohl nicht erfassen kann. Glück auf einem anderen Niveau. Doch im Gegensatz werden sie nie erfahren was es heißt, gesund zu sein. Das soll aber nicht heißen, dass ein gesunder Mensch glücklich sein muss – das steht auf einem anderen Blatt. Wo war das Glück bei denen, die den Glauben an ihr Glück aufgegeben haben; die kein positiver Gedanke an eine bessere Zeit abhielt, um nicht aus ihrem lausigen Dasein ein Ende zu machen? Doch irgendwann einmal verlässt jeden das Glück. Den einen früher – den anderen später.

Das Ende eines Menschen ist immer ein Drama

Man sagt zu sich selber: „Das war knapp“, oder „das ist noch mal gut gegangen."

Kleine Kinder sind leichtsinnig, sie kennen keine Gefahr. So wie bei den kleinen Murmeltieren, die die Schwingen des Adlers und den Warnruf der Alten noch nicht richtig einstufen können. Erst der Verlust eines Geschwisters bringt die nötige Erfahrung, um zu überleben. Die Frage, warum hat's den anderen erwischt und nicht mich, bleibt nur uns Menschen vorbehalten.

Die Gefahr erkennen, auch das muss der Mensch lernen. Und der Erfahrene? Er wird wieder leichtsinnig. Der Unerfahrene denkt ständig an die Konsequenzen im Falle des Versagens, aber nur an die, welche er kennengelernt hat, und er muss tausendmal Glück haben, um sich erfahren zu fühlen und dann wieder leichtsinnig zu werden. Es spielt keine Rolle, wo man sich bewegt, auf der Straße, auf den Bergen, bei der Arbeit – und sind es nur drei Stufen ins Büro, ständig lauert der Untergang.

Dass uns unsere Lebenszeit auferlegt ist, kann ich auch nicht glauben. Wäre es so, dann wäre es der Aufruf zur Unvorsichtigkeit – ist ja eh egal, es ist mir vorbestimmt, wann ich gehen muss. Um sein Leben kämpfen würde keiner.

Ein jeder, der so viel Holz hackt wie ich, weiß um die ungesunden Auswirkungen, wenn man seinen Daumen zwischen Axt und Scheit bringt und man denkt an seine Finger – weg mit der Hand. Die Gefahr bleibt. Denn der Erfahrene wird immer leichtsinniger, wobei unter anderen Umständen sich dramatische Folgen auswirken können, wie zum Beispiel ein neuer Hackenstiel, oder ein Hackstock, der nur um zwei Zentimeter höher ist. Diese anderen Umstände schalten oft eine jahrzehntelange Erfahrung aus. Aus diesem Grund werden auch immer wieder erfahrene Bergsteiger verunglücken.

Ich glaube, dass wir unseren Instinkt überdenken und im Unterbewusstsein unterdrücken. Wenn man mit dem Auto an einer Vorfahrtstraße sich im Recht fühlt, wenn sich an einer Kreuzung ein anderes Fahrzeug nähert und man schon spürt, dass der Lenker die

Vorfahrtsregel nicht einhalten wird und man ignoriert das ungute Gefühl, die Vorahnung, hat man in kürzester Zeit ein kaputtes Auto. Neulich habe ich die Äste der im Frühling gearbeiteten Fichte zerhackt. Ich wusste, dass diese Arbeit mit einer stumpfen Spaltaxt viel gefährlicher ist als mit einer scharfen Astaxt, doch ich ignorierte das Gefühl der nahenden Verletzung. – Den einen Ast hack ich noch, dann räum ich die richtige Axt heraus – und es war zu spät. Der Knüppel schleuderte mir ins Gesicht und ich lief eine Woche lang mit einem blauen Auge herum. Im wahrsten Sinne mit dem blauen Auge davongekommen, bin ich wieder mal an meine scheinbare Erfahrung erinnert worden. Als ich die alten Schindeln, die beim letzten Dachdecken ausgemustert wurden und vom Dach fielen, zersägen wollte, war die Motorsäge schon am Laufen, da spürte ich es wieder, dass auf mich eine Gefahr zukommt. Ich stellte die Motorsäge sofort ab und setzte den Helm mit Ohrenschutz und Gesichtsschutz auf. Als ich schließlich in den Schindelstapel hineinschnitt, verfing sich ein Stück und wurde ans Visier katapultiert, sodass vom Gitter einige Fasern zerrissen waren.

Um sieben Uhr steh ich auf. Unsere Schlafkammer liegt genau neben der Brennerei und dem Gärraum. Ich schleiche mich täglich aus der Kammer, um Michaela und die Kinder nicht zu wecken. Mit möglichst wenigen Arbeitsgeräuschen versuche ich, die Brennblase mit Maische zu füllen, um mit dem ersten Brennvorgang des Tages zu beginnen. Die Brennerei ist schon ziemlich auf Betriebstemperatur und ein angenehmes „Frühstück ist fertig" erreicht meine Ohren. Zum „Drücken" lege ich einen großen Holzbrocken auf die Glut und mache den Aschenschieber und den Abzug zu. Frischer Kaffe und ein Honigbrot mit echtem Berghonig vom Salzberg lassen den Tag so richtig beginnen. Die ganze Familie beieinander mit zufriedenen Gesichtern – ist das nicht herrlich! Vor der zweiten Tasse Kaffe schau ich immer noch in die Brennerei, ob alles in Ordnung ist.

Doch heute war's anders. Der Brennraum war mit Branntweindunst geschwängert und aus der Vorlage entwichen die unkondensierten Enziandämpfe. Ich bekam eine Nase davon ab, ehe ich die Tür ins Freie aufriss und eiligst die Luft und das Brenngerät mit dem Wasserschlauch absprühte. Ich drehte den Zulauf zum Kühler auf und das Wasser schoss hinein. Das Bimetall des Thermostaten regelte auf Volldurchlauf und schon bald hatte ich die Sache wieder im Griff. Ich hatte im Frühling beim Wasseraufdrehen den Kühler nicht mit Wasser befüllt und jetzt einfach routinemäßig mit dem Brennen begonnen, ohne mich noch einmal zu vergewissern, ob das Gerät tatsächlich brennbereit ist. Das Wasserbad, das, wie bei einem Milchtopf, vor dem Anbrennen der Maische schützen soll, hab ich vorschriftsmäßig auf Idealstand nachgefüllt, doch auf den Kühler gab ich keine Acht. Ein fataler Fehler, der mir unerklärlich ist und einem erfahrenen Schnapsbrenner niemals unterlaufen darf! Es ist noch mal gut gegangen! Wäre ich zu spät in den Brennraum gekommen, hätten sich die alkoholischen Dämpfe am Feuer entzündet und die Brennhütte am Priesberg wäre, samt der darin befindlichen Familie Geschichte gewesen.

War es die Erfahrung, die mich gerade noch zur richtigen Zeit in den Brennraum schickte, um die richtigen Maßnahmen zu ergreifen, oder war es nur das Glück eines leichtsinnig gewordenen Mannes? Michaela sagte, ich habe den Kaffee ungewöhnlich schnell hintergeschüttet.

Also spürte ich, dass was nicht stimmt, dies kam aber nicht bis in mein Bewusstsein. Der siebte Sinn?

Lass alles an mir vorübergehen, nur nicht das Glück!
Oder wie meine Mutter zu sagen pflegt:
Wenn der Verstand auslässt, brauchst du nur noch Glück.

Hunde haben einen ausgeprägten Geruchssinn. Wenn man davon ausgeht, dass ein Nashorn die ganze Schnauze voll Geruchsgängen hat, wird es wohl auch ziemlich viel mit der Nase regeln. Ein Adler hat hervorragende Augen; ein Maulwurf ist dagegen blind, das ist aber in seinem Lebensraum egal. Wir Menschen haben ein ausgeprägtes Gehirn (wenn man das auch nur selten merkt). Wir riechen und schmecken nur ganz oberflächlich, wir hören nicht besonders gut und zerstören den Rest des Gehörs mit Discokrach, ständiger musikalischer Berieselung und stetem Motorenlärm. Wir registrieren den Lärm schon gar nicht mehr und haben uns daran gewöhnt. Ich hab die Angewohnheit, bevor ich was esse immer mit der Nase dranzugehen. Das kommt vom Schnapsbrennen, denn wenn der Schnaps schon nicht gut riecht (vielleicht auch noch nach Klebstoff), dann kann er auch nicht gut schmecken. Der Geruchssinn allein reicht aber nicht aus, auch die Augen prüfen: Ist der Schnaps

Das Beheizen des Brennkessels.

trüb, würde ich ihn schon gar nicht probieren. Dann erst entscheiden Zunge und Gaumen über Schärfe und Rundheit, ob der Schnaps im Hals kratzt.

Das Gehör könnte auch besser sein. Stimmt der Ton des anderen nicht? Bin ich zu hoch? Warum hab ich die Tonart nicht gleich erkannt? Muss ich die Ohren ausspülen lassen?

Einige sehen relativ gut in die Ferne, manche besser das Kleine, aber eine Lesebrille braucht fast jeder mal. Trotz Superhirn können wir von allem nur ein bisschen. Doch den Instinkt haben wir durch das ständige Überdenken beinahe verloren.

Intelligenz und Wahnsinn sind sehr nah beisammen.
Vielleicht sind wir aber alle nur Wahnsinnige?

3. September

Wenn man viel alleine arbeitet, bekommt man ein wenig den Tunnelblick. Man macht's, weil man's immer gemacht hat und macht sich keine Gedanken, warum man es so und nicht anders macht, warum man seine Arbeitsweise nicht verbessert. Wenn man irgendwann selber draufkommt, geht es ja noch. Dann ist man erschüttert, dass man (oft Jahre lang) so unvorteilhaft gearbeitet hat. Wenn aber der Verbesserungsvorschlag von jemand anderem kommt, ist's schon erschlagend.

„Warum versetzt du deinen Brennereitisch nicht um ein paar Zentimeter? – dann könnte man in dieser Ecke gut sitzen und müsste nicht das Genick einziehen – 15 Zentimeter würden reichen."

Ich suchte nach einer brauchbaren, plausiblen Antwort, fand aber keine. Nur, dass es die Gewohnheit ist – „der Tisch war da schon immer und die enge Ecke war schon immer ein besonderer Platz, an dem sich die kleineren und schmäleren Leutchen hinsetzten."

6. September

Ich hatte seit langem ein musikfreies Wochenende und nützte die Tage, um mit meiner Familie zur Wasseralm zu gehen. Die drei kannten nur meine Geschichten, dort gewesen waren sie noch nicht. Mit meinem Vater zusammen war es ein schöner Ausflug an zwei warmen Wandertagen mit einer Übernachtung.

Die Natur kann aber auch anders, wie diese Geschichte, die sich genau drei Jahre danach ereignen sollte, kundtut.

6. September 2007: In den Hohen Tauern und im Steinernen Meer sterben hunderte Schafe. Die Bauern flüchten mit ihrem Vieh ins Tal. Den Bergsteigern wird dringend geraten, auf den Unterkunftshütten auszuharren. Viele Gäste brechen ihren Urlaub ab und fahren nach Hause. In den Bergwäldern kracht es in unregelmäßigen Abständen, als wäre eine blutige Schlacht im Gange. Der Weg zur Priesberg-Brennhütte ist gesperrt. Lebensgefahr!

Da könnte man meinen, der Krieg ist ausgebrochen, doch dieses Chaos stammt nicht von Menschenhand, es handelt sich vielmehr um eine kleine Machtdemonstration der Natur.

Schnee Anfang September. Im Spätsommer ist Schnee in den Bergen nichts Besonderes und eigentlich kein Grund zur Aufregung. Die Kühe befinden sich schon auf den Niederalmen, und die liegen unter 1500 Meter. Man treibt das Vieh auf die so genannten Schneefluchtweiden, und nach ein bis zwei Tagen ist der Schnee meistens wieder weg. Doch dieses Mal kommt es heftiger, die weiße Pracht verschlingt die gesamte Gebirgslandschaft ab tausend Meter Höhe. Auf 1350 Meter liegen 35 Zentimeter, auf der Priesbergalm (1500 m) ein halber Meter und am Jenner 80 Zentimeter Schnee. Zwischen 1200 und 1600 Meter Höhe ist die Last so schwer, dass unter heftigem Knallen die noch belaubten Bergahorne, Lärchen und Fichten tausendfach bersten. So wie einige Schafbauern den Wintereinbruch unterschätzten, ergeht es drei Bergsteigern: Sie wollen vom Riemannhaus (2177 m) über das Steinerne Meer zum Ingolstädter Haus, doch der Schneesturm auf dieser Höhe und die hereinbrechende Nacht werden zur tödlichen Falle. Für einen der drei kommt jede Hilfe zu spät.

In der vom Wind geschützten Brennhütte am Priesberg sitzt zur selben Zeit meine Familie beim Mau-Mau spielen. Vor der Hütte steht ein Schneemann, und der Schnaps tröpfelt in die Kanne.

8. September

Eine sehr fröhliche Runde saß gestern vor der Hütte – Musikanten, die freiweg zusammenspielen konnten. Ein Es-Horn, ein Bassflügelhorn, eine Steirische Harmonika, ein Flügelhorn, Mundharmonikas und ich mit der Posaune. Vier der Herren waren um die siebzig Jahre alt, spielten bei unterschiedlichen Blas- und Tanzkapellen und sind im Auswendigspielen erfahrene Meister. Lauter einfach klingende Stücke, Weisen, Walzer und Polkas, die man irgendwie schon mal gehört hat, wurden dargeboten. Einer fing an und die anderen spielten einfach dazu. Das Faszinierende an dieser Musik ist die Einfachheit; sie passt zur Berglandschaft. Meistens sind's nur zwei Stimmen, welche die Melodie führen, denn die dritte Stimme ist oft schon zu viel – eher störend. Die anderen hielten sich zurück, machten Bass und Begleitung – hielten den Rhythmus, um im nächsten Teil zu wechseln und die Melodie zu übernehmen. Man merkte, dass sie schon sehr lange diese Musik machen; keiner stellte sich in den Vordergrund, keiner wollte oder musste den anderen etwas beweisen. Die Kunst liegt in der Zurückhaltung. Da hieß es schon mal, „das haben wir früher ganz anders gespielt", oder „in dieser Tonart ist's mir neu..."

Die Wanderer blieben stehen und gesellten sich dazu, tranken Bier und bezahlten für die Musikanten Schnaps. Sie merkten nichts davon, dass es diese Musikgruppe noch nie gab und es wäre auch Zufall, wenn diese Formation noch einmal so zusammenkäme. Michaela hatte ganz schön zu tun, um die immer größer werdende Fangemeinde zu versorgen. Als musizierender Schnapsbrenner musste ich alle Sinne zusammenhalten und brachte einige Kilometer zwischen Brennblase und Musiktisch zusammen.

Den Dank für das, was mir die Holzknechte aus diesem Revier schon geholfen haben, kann ich mit Worten nicht aussprechen. Logisch haben auch sie das Schnapsrecht und müssen auch für Bier nichts bezahlen. Sei es beim Renovieren dieser Hütte oder bei der Neugestaltung des Vorplatzes, sie packten immer mit an. Es sind auch viele kleine Gefälligkeiten von ihrer Seite, die das Schnapsbrennerleben in den Bergen erleichtern. Ich mag diese hilfsbereiten Männer und freu mich, wenn sie bei mir einkehren. Sie gehören einfach dazu und sie geben mir das Gefühl der Gemeinschaft.

Gestern haben sie die letzte bedrohliche Fichte hinter der Hütte gefällt. Mit Traktor und Seilwinde zogen sie den Baumriesen ruck, zuck in die richtige Falltrasse. Dort kann ich ihn zersägen und in die Holzhütte räumen. Bevor ich allerdings einen Stamm zu Brennholz mache, überprüfe ich, ob ich da nicht Schindelholz zerstöre. Auf einer Länge von 73 Zentimeter müsste das Holz in 12 Millimeter Stärke gerade gespalten werden, ohne zu brechen. Das war aber in diesem Fall nicht so. Für nächstes Jahr reichen die Legschindeln noch und für das übernächste Jahr werde ich schon wieder welche haben, um die verfaulten auszuwechseln.

Michaela kreierte eine Nudel-Riesenpfanne mit Tomaten, Bohnen, Speck, viel Zwiebel, Knoblauch und Olivenöl. Sie war begeistert, mit welchem Appetit die Männer der Riesenportion Herr wurden. Vor allem Herbert, der die Pfanne an sich zog, als die anderen schon passen mussten, ließ der Köchin das Herz höher schlagen.

„Den musst du mal beim Arbeiten beobachten", sagte ich zu ihr, „ich hab noch wenige gesehen, denen alles, was sie auch anpacken, so leicht von der Hand geht. Wenn der die Motorsäge in die Hand nimmt, weißt du was ich meine – wenn er sie nur in die Hand nimmt, ist er den anderen schon überlegen. Er wirkt so sicher, man spürt sein Können und seine Klugheit. Ich möchte jetzt nicht sagen, dass die anderen schlechtere Arbeiter sind, die können natürlich ihr Handwerk auch. Mit Sicherheit wissen sie auch um Herberts Überlegenheit, und er selber weiß es auch, aber der lässt sich nichts anmerken – und dass ist wahre Stärke." Michaela sagte: „Mit solchen Gästen, denen es so schmeckt, wäre ich gerne eine Wirtin." Mit etwas lauterer Stimme: „Die können von mir aus jeden Tag kommen." Worauf einer verlauten ließ: „Danke, danke, aber wir können nicht jeden Mittag so viel essen, da kannst dich ja nicht mehr nach dem Werkzeug bücken!"

Ich zählte 240 Jahresringe an dem Baumstumpf – 240 Jahre war die Fichte dagestanden. Um 1764 wurde dieser Baum gepflanzt oder kam von selber auf. 85 Jahre später wurde erst die Brennhütte davor hingebaut und ich 34-jähriger Wurm hab ihn fällen lassen. Er hing aber gefährlich zur Hütte und ich hab jetzt bei Sturm ein besseres Gefühl. Die Holzknechte haben dafür ihre Mittagsstunde geopfert, da war es das Mindeste, dass wir sie zum Essen einluden.
Wenn man sich das vorstellt 1764 – da wusste noch keiner was von Napoleon, der erst fünf Jahre später zur Welt kam...

„Sie sind doch ein Künstler, was Sie so alles drauf haben", sagte jemand, der mich anscheinend genauer beobachtet hat. „Kunst? Es ist doch schon Kunst, einigermaßen zu leben."
Bin ich mehr Arbeiter oder mehr Künstler? Ein richtiger Arbeiter ist fleißig und führt die Arbeiten aus, die ihm angeschafft werden oder die er in Auftrag bekommen hat. Ich brenne meinen Schnaps, da kann ich nicht aus; aber wenn irgendetwas zum Reparieren ansteht, verbringe ich viel Zeit damit, zu überlegen, wie ich diese Arbeit um-

gehen könnte, oder suche krampfhaft nach einer Kompromisslösung. Der Arbeiter würde doch bei der erstbesten Gelegenheit die Baustelle in Angriff nehmen, er würde nicht lange überlegen, grübeln und meditieren, oder sogar träumen.

Als ich mit dem Bau der nebenstehenden Holzhütte begann, wusste ich natürlich, dass dies mit viel Arbeit verbunden ist. Ich hatte aber keine andere Wahl, das feuchte Brennholz der vorhergehenden Jahre zwang mich zu dieser Baumaßnahme. Den ganzen Sommer zog sich die Arbeit. Meist war nur vormittags und abends Zeit, um die Rundhölzer zu bearbeiten. Mein Werkzeug setzte sich aus einer Motorsäge, einer Axt und einem Ziehmesser zusammen. Ich verzichtete auf jeglichen Firlefanz, Rosetten und kunstvollen Ausschneidearbeiten an den Windläden. Ich fertigte die Dachrinnen aus Lärchenstämmen und suchte nach gewachsenen Dachrinnenhaken. Die Nägel schnitzte ich aus Holz und das Dach wurde mit Schindeln gedeckt.

> Die Kunst besteht darin, etwas wegzulassen,
> um davon zu profitieren.

Obwohl ich mit dem Förster alles besprochen hatte, wurde über sechs Wochen lang von Seiten des Landratsamtes die Baustelle eingestellt. Das hatte aber eher etwas mit Nächstenliebe und Bürokratie zu tun. Jetzt ist es wieder eine stinknormale Holzhütte und kein Schwarzbau im Außenbereich, auf staatseigenem Grund mit eigener Flurnummer.

An die Aktion, als der Bagger neben der Brennhütte den Wurzelstock einer großen Fichte und Kubikmeter schwere Felsen zur Seite schaffte, erinnert auch nichts mehr. Der Bagger arbeitete an der Königsbachbrücke. Die Wette, dass der Fahrer es nicht schafft, mit diesem großen Bagger den steilen, schmalen Weg bis zur Brennhütte zu fahren, hab ich (gegen eine Flasche Enzian Kräuterlikör) zum Glück verloren.

Die Wanderer bestaunten das wunderschöne originale Bauwerk, dessen Holz noch weiß war, so gut in die Landschaft passe und mit viel Gefühl und Liebe entstanden sein müsse. Doch was hab ich getan? So wenig Arbeit wie möglich in den Zweckbau investiert, so wenig Kosten wie möglich verursacht und das Baumaterial aus dem Wald gezogen.

Aus wenig etwas zu machen, das ist Kunst. Es so tun zu können, dass es nicht belastet, ohne Zeitdruck und Terminzwang, das ist Glück und für die Kunst unumgänglich. Kunst braucht Freiheit.

So wurde diese Holzhütte ein Kunstwerk. Nicht etwa weil sie so super gearbeitet ist, sondern weil sie ein Unikat ist und einmalig auf der Welt. Hätte ich die Maße der betonierten Sockel ins Tal zu einer Zimmerei gegeben, würde jetzt eine perfekte Holzhütte dastehen, die in Vierkanthölzern gearbeitet tausenden gleicht. Von Arbeitern wäre sie in ein paar Stunden aufgestellt worden.

Beim Musizieren genieße ich es, frei zu spielen, ein Musikstück nach meiner Version herzurichten, meine Gedanken und Gefühle einzubringen und es je nach körperlicher und psychischer Verfassung vorzutragen. In einer größeren Kapelle sind die Arbeiter wichtig, die zweckmäßigerweise nur das spielen, was in den Noten steht. Egal, welcher Musikant spielt, die Töne sind nur für jetzt und im nächsten Augenblick wieder verklungen – die richtigen aber auch die falschen. Alles was ich jetzt schreibe, ist für später. Das was ich jetzt geschrieben habe, ist schon wieder Vergangenheit.

Dass die Zuhörer von einem verunglückten Musikbeitrag, der eigentlich sehr selten vorkommt, länger sprechen als von dem gelungenen, liegt wohl nur an der Gehässigkeit, oder weil ein Autorennen ohne Crash langweilig ist. Das ist zwar ziemlich blöd aber darum geht es mir jetzt nicht. Fakt ist, dass jegliche Kunst vergeht.

Das Musizieren auf der Bühne oder auch nur in einer fröhlichen Runde, ist, im Vergleich mit anderen Kunstformen, sehr sekundär.

Nur für dieses eine Publikum – in dieser Stunde – unwiederbringlich. Das ist der Reiz am Musizieren, wobei die Konsumenten gut überschaubar sind. Man kann sein Publikum sehen, man merkt am Applaus, ob es ihnen gefallen hat, oder, was nicht vorkommen sollte, an den verfaulten Tomaten und Eiern.

Ein Musikstück ist schnell verklungen, aber man kann eine CD-Aufnahme machen und es so für länger festhalten und jederzeit abspielen. Die Holzhütte steht, wenn sie kein Orkan hinwegbläst oder der Schnee sie zusammendrückt, in hundert Jahren noch. Ich habe meine Initialen in die Firstpfette geschnitzt, um dem späteren Betrachter Anlass zu geben, über mich zu sprechen, oder sich vielleicht noch an mich zu erinnern. Jeder, der hier vorbeikommt, kann sie anfassen. Diese Zeilen, die ich gerade schreibe, sind im Falle der Veröffentlichung für jeden zugänglich, und ich habe nicht in der Hand, wer dieses Buch liest.

Wie lange unsere Lieder gesungen werden, kann man auch nicht wissen. Einige junge Musikanten spielen Stücke nach – eine Genugtuung. Letztendlich werden jedoch die Lieder verklingen und die Hütte verfaulen. Bei beiden Beispielen muss gearbeitet werden. Kunst geht nicht ohne Arbeit – Arbeit ohne Kunst, das geht schon.

Die Holzhütte ist seit dem letzten Nagel alt. Sie ist schon nachgedunkelt und kein Mensch registriert sie mehr. Spinnen spannten schon vor der Firstfeier ihre Netze zwischen Streben und Säulen. Ein neues Haus ist für ein neugeborenes Kind alt.

Der beste Lehrer für dieses Thema ist der Wald. Wenn du einen großen Baum fällst, um daraus Bauholz zu schneiden, oder auch nur Brennholz machst, entsteht eine Lichtung. Im nächsten Frühling wachsen da Gras und Erdbeeren aber auch schon die ersten kleinen Himbeersträucher. An den großen Baum erinnert nur noch der Stumpf. Im zweiten Jahr sind die Himbeersträucher, Eschen und Ahorntriebe schon bis zu einen Meter hoch. Dem Ganzen kannst du nur mit Arbeit, mit regelmäßigem Mähen entgegenwirken. Doch mähst du zwei Jahre nicht, hat die Natur deinen Fleiß vergessen. Du kannst einen Obstbaum künstlerisch schneiden und ihm eine gewünschte Form geben, doch wird er nicht mehr geschnitten, wächst er wieder wie er will. So passiert es auch bei Hecken, die früher quadratisch geschnitten und dann vergessen wurden, zwanzig Meter hoch geworden sind. Das heißt, die Früchte deiner Arbeit vergehen genauso wie die Kunst.

Drum ist das Beste, an einer Sache zu arbeiten, sie wachsen zu sehen, es zu genießen wie man etwas verändern kann, um nie damit wirklich fertig zu werden. Ob das Ganze unter Arbeiter oder Künstler läuft, oder arbeitender Künstler, ist egal. Hauptsache, man kann davon Leben.

Wer etwas verbindet, muss sich im Klaren sein,
dass es wieder getrennt wird.

Wer fertig ist, ist bald fertig. Wer versucht, fertig zu sein,
sucht sein eigenes Ende.

9. September

Um 5 Uhr bin ich schon ins Tal gefahren, um Getränkenachschub zu holen. 200 Liter Enziandestillat habe ich bei der Firma abgeliefert, und wichtig, die nächste Brennanmeldung von Seiten des Hauptzollamts Stuttgart mit heraufgenommen. Ohne diese Genehmigung, mit Steuerbescheid und Überweisungsschein, darf ich keinesfalls brennen. Außerdem war ich noch beim Heizölholen, welches ich in 50-Liter-Fässern hinaufbringe, und natürlich Semmeln und Brezeln zum Frühstück.

Jetzt ist es 8 Uhr, ich hab im Brennofen Feuer gemacht – und die Familie schläft.

Oft haben wir abends Besuch vom Jäger, Förster, Musikkollegen oder anderen. Die Kinder sind dann so lange auf, bis sie trotz der

Geräusche und des Geplappers einschlafen. Bei schönem Wetter bauen die Kinder einen Parcours rund um die Hütte auf. Jeder muss mal durchlaufen, während einer zählt. Michaela und ich sind immer die Verlierer, denn, ob Magdalena oder Xaver, beide zählen bei uns die Sekunden besonders schnell. Der Parcours besteht aus verschiedenen Hindernissen, die man passieren, überspringen, drüberlaufen oder durchkrabbeln muss. Bis es dunkel wird, geht das Zirkeltraining über Holzscheite und Plastiklastwägen, zwischen Stuhlbeinen und Sitzbänken hindurch. Ein gutes Spiel, bei dem die Kinder müde werden. (Wir leider auch.)

Sie träumen dann von den Mahlzeiten aus der großen Pfanne, aus der jeder mit Gabel oder Löffel isst. Meine Mutter besuchte uns öfter, um mit ihnen Blaubeeren zu pflücken. Mit befleckter Kleidung, blau verschmierten Gesichtern, aus denen sich frech blaue Zungen streckten, kamen sie zurück. Ihre Oma kochte dann Blaubeermus, dasselbe Mus wie damals bei den Holzknechten, nur mit vielen Blaubeeren. Nach diesem Mampfen waren dann von allen die Zungen blau. Die restliche Beute nimmt Oma immer mit nach Hause, um Marmelade daraus zu kochen. Diese ist nicht so arg süß und kommt übers Jahr aufs Frühstücksbrot, in Joghurt und in Pfannkuchen. Einiges an Beeren setze ich in Alkohol an, um für Weihnachten Blaubeerlikör zu machen.

Die Pfifferlinge und Steinpilze, die im Umkreis der Brennhütte „schießen", landen auch in der Pfanne. Alle paar Tage wird die Schwammerlrunde gedreht, um, wie Oma zu sagen pflegt: „Beute zu machen." Wenn es viele Pilze gibt, kommt ein Teil der Steinpilze daheim in den Gefrierschrank, um im Winter die Saucen von Gams- und Lammbraten zu veredeln.

Die Pfefferminzblüten verlieren ihre zart rosa Farbe, der blaue Eisenhut macht keinen besonders frischen Eindruck mehr. Im Vergleich zu höheren Lagen (z.B. Funtenseetauern) ist der Eisenhut hier eine spärliche, gebogene Staude mit wenigen Blüten, die weit auseinanderstehen. Nur vereinzelt kümmert die Pflanze auf der abgegrasten Weide, wo jetzt die Feldsteine wieder gut sichtbar hell schimmern, als wären sie erst aus dem Almboden „gewachsen." Die Rinder fressen den Eisenhut nicht. Sein Gift verträgt wohl kein Säugetier oder Primat. Wenn man aus der Pflanze ein feines Pulver macht und streut es (bei jemandem, den man überhaupt nicht mag) auf das Bettlaken, werden im Schlaf durch die Körperwärme und den Schweiß die toxischen Stoffe freigesetzt und über die Haut aufgenommen. Am anderen Tag spinnt der Vergiftete und dreht total durch. Erzählt hat das mal der alte Wurzelgraber Otto. Ob's stimmt, kann ich nicht sagen.

13. September

Ab heute bin ich wieder alleiniger Herrscher der Brennhütte. Die Ferien sind zu Ende, die schöne Zeit mit Frau und Kindern vorüber. Ich würde sogar sagen, dass es die schönste Zeit im Jahr ist, in der ich meine Familie 24 Stunden auf kleinstem Raum bei mir habe. Wenn es regnet, spielt sich das Leben Tag und Nacht in der Hütte ab, da muss alles passen und man muss sich bestens verstehen. Ich bin in der glücklichen Lage, eine Frau zu haben die, so wie ich, auch keine Lust hat zu streiten. Meinungsverschiedenheiten drehen sich meist nur um die Kinder, sie sind aber schnell ausgeräumt. Wir haben Respekt voreinander und jeder weiß, dass der andere für die Kinder nur das Beste will und respektiert seine Meinung.
Ich sehe die Kinder förmlich wachsen und der Fernseher oder das Radio fehlen uns überhaupt nicht. Als Magdalena noch nicht zur Schule ging, waren sie von Mai bis Oktober bei mir, doch diese Zeit ist vorbei. Die Jahre, in denen die Kinder in den Ferien zu mir auf die Alm kommen, sind auch gezählt. Als erste wird Magdalena die Hütten verschmähen und den Drang zur Freiheit spüren. Bei Xaver wird dies wohl noch länger dauern, aber letztendlich werden sie bei-

de ihren Weg gehen und hoffentlich eine schöne Erinnerung an ihre Kindheit haben. Vielleicht geht dann noch Michaela Jahr für Jahr mit mir auf die Brennhütten, doch wie dieses Leben weitergehen wird, kann man nicht wissen.

Xaver hat das kleine Holzwehr am Bach weit über tausendmal gestaut und geflutet und mit vielen kleinen Gästen, die sofort als Spielkameraden eingeteilt wurden, „Die Flut kommt!" gerufen. Magdalena hat im Laufe der Wochen mit dem Bedienen der Leute begonnen und trainierte so unbemerkt das Kopfrechnen. Wie Dagobert Duck hatte sie die Dollarzeichen in den Augen und sammelte Trinkgeld. Michaela kochte, spülte und versorgte ebenfalls die Wanderer, wenn ich von der Brennerei nicht loskam.

Du musst heute leben – nicht morgen.
Du musst heute in die Berge gehen – nicht morgen.
Du musst heute dein Geld mit einer Beschäftigung verdienen,
die dir Spaß macht – nicht morgen.

Mit dem Titel „Lebe als wäre heute dein letzter Tag", könnte man zig Seiten vollschreiben. Ich sage aber, freu dich über jeden Tag, den du gerade lebst, denke aber immer an morgen. Das ist die einzige Möglichkeit, um nicht leichtsinnig zu werden und im Lebenslauf hängen zu bleiben. Plane immer das Morgen! Spätestens, wenn man beim Feiern zu viel trinkt, wird einen das Morgen einholen und man wird jämmerlich, blass und speiübel den nächsten Tag verlieren. Plane das Morgen bei deiner Arbeit. Wie soll man eine vernünftige Arbeit abliefern, wenn man sich nicht Gedanken macht, wie's morgen weitergeht?

Freu dich, wenn du morgens aus dem Bett steigen kannst und gesund bist. Wenn alle Glieder und Sinne wie durch ein Wunder scheinbar selbstverständlich ihre Funktionen aufnehmen; wenn du deine Hände und Füße bewegen kannst, dein Augenlicht und dein Gehör nicht erloschen sind, wenn du die weiche Haut deiner Frau fühlen kannst – freu dich! Lass es deinen Mitmenschen spüren, dass es dir gut geht, lass sie teilhaben, sodass die Lebensfreude auf die anderen überschwappt.

Du liest meine Zeilen und sitzt im Rollstuhl? Du hast kein Gehör? Du hast noch nie die Vögel singen hören oder du bist blind und kannst meine Zeilen nicht sehen? Freu dich über das, was du kannst, freu dich auf morgen.

Ich war noch nie ernsthaft krank, toi, toi, toi!, aber ich bin mir sicher, man kann schwierige Zeiten und Situationen nur meistern, überstehen und durchhalten, wenn man an morgen denkt. Und eines weiß ich auch: Denk niemals an übermorgen! Wer zu weit nach vorne denkt, dem wird das Leben öfter einen Streich spielen. Meine Oma sagte immer: „Denk nicht zu weit nach vorne." Mach dir nur eine oberflächliche Skizze, wie dein Leben weitergehen könnte, du kannst sie zerknüllen und immer wieder neu notieren. Zeichne keinen zeitaufwendigen Plan – dein Leben ist kein Haus. Wer glaubt, sein Leben stehe auf Stahlbetonfundamenten, der wird früher oder später merken, dass es auf Sand gebaut ist.

Unser Leben ist so wacklig wie die Bäume im Wald – scheinbar standhaft und stark, doch gegen Borkenkäfer und Sturm schwach und zerbrechlich.

Du musst dir im Leben etwas zutrauen. Wer sich nichts traut, der wird ausgenützt und betrogen. Allerdings musst du wissen, was du kannst. Noch viel wichtiger ist zu wissen, was du nicht kannst. Bergauf steigen ist leichter als bergab steigen. Also musst du beim Aufstieg einkalkulieren, ob der Abstieg für dich möglich ist, sonst wird dir dein „ganz oben sein" zum Verhängnis. Scheint der Abstieg zu schwierig, ist es ratsam, am Boden zu bleiben. Hast du für den Abstieg ein Seil dabei, ergibt dies nur Sinn, wenn du die Abseiltechnik beherrscht. Du musst dich hinauslehnen – weg von der Wand, den Körper mit den Füßen abstoßen.

Wer sich nichts traut, der wird nie losmarschieren; oder er befindet sich nur auf einem langweiligen Weg.

14. September

Die Wurzengraber kamen noch mal zum Meisterwurzgraben, denn die Tage sind gezählt, an denen man noch die vertrockneten Dolden erkennen kann. Sie inspirierten mich zu diesen Zeilen:

Ein Mann geht über frostige Wiesen zu Berge. Unterhalb Nebel. Eine Gams pfeift und er legt seinen Rucksack nieder – ansonsten Stille. Nein, er schraubt kein Kleinkalibergewehr mit Schalldämpfer zusammen, um den Bock kaltzumachen. Ein Geräusch, als bohre sich ein Pfeil zwischen die Rippen. Die zwei stählernen Zacken der Wurzenhaue verschwinden im Mutterboden. Schwarze Erde. Der stark würzige Geruch der Meisterwurz breitet sich aus. Er greift mit bloßen Händen in die Wunde – knack und die Wurzel reißt ab. Ein weiteres Hebeln mit der Haue, der Boden knarrt, möchte seinen Schatz behalten. Nach fünf Zentimetern verliert sich die daumendicke Knolle in einem wie Stricknadeln dünnen Faden. Der Gedanke an die zwei Kilo schwere Riesenwurzel bleibt. Der „Grabersack", der wie eine Schürze um Hals und Hüfte geschnallt ist, füllt sich langsam. Stundenlang sieht man nur den Rücken des Mannes. Gelegentlich ein Knallen und der Aufprall von Stahl auf Stein vibriert durch Hände und Arme und verliert sich in der Brust des Grabers. Ein Aufschauen – Pause. Zwei Kolkraben fliegen synchron einige Meter über seinen Kopf hinweg, es rauschen die Flügelschläge. Sein Blick streift links und rechts an der Bierflasche vorbei, um sich in der Watzmann-Ostwand zu verfangen. Durch die Kehle ein angenehm prickelndes Nass, die Zigarre qualmt.
Die Gams pfeift wieder, er pfeift zurück, drei Birkhähne fliegen auf und die Arbeit geht weiter. Die Sonne steht westlich über Hundstod

und Hachelköpfen. Der Gräber gurtet seine Beute auf den Rucksack – geschätzte 30 Kilogramm. Seine Hände sind grau von der vertrockneten Erde, die Finger müde. Er steigt ab. Jeder Schritt mit Bedacht. Die Gams schaut ihm nach und äst weiter.

Gibt es hier Wildschweine? Es war der Wurzengraber, er hinterlässt einen Acker mit circa zehn Quadratmeter, einen guten Platz. Nächstes Jahr wachsen sie wieder im aufgelockerten Boden, ein weiteres Jahr darauf flächendeckend und in voller Blüte mit weißen Dolden). Wird er sie in sieben, zehn oder fünfzehn Jahren wieder ausgraben? Ich hoffe doch.

Die Wurzengraber sitzen in der Brennhütte beieinander. Draußen dichter, nasser Nebel, der ihnen den Feierabend leicht macht, drinnen feuchte, warme Luft, der Herd treibt die Wassermoleküle aus den durchschwitzten Klamotten, die Scheiben laufen an. Speck und Brot und einen „aufs Recht." Zufriedene Gesichter, mit Stolz und Ehrfurcht vor dem Besonderen, einer der wenigen zu sein, die das Privileg haben, Wurzen zu graben. Einer der Männer zu sein, die in meinem Auftrag an den schönsten Plätzen der Welt für die Enzianbrennerei Grassl den Rohstoff für die edelsten Schnäpse unserer Heimat bergen dürfen. Mit ihrer Anwesenheit und ihrem Feiern schaffen sie eine zeitlose Atmosphäre, geben durch ihre urige Art und die Gespräche dieser Räumlichkeit ihren Sinn. Sie pflegen, ohne dass es ihnen bewusst ist, die 400 Jahre währende Tradition im Sinne des Erbauers dieser Hütte vor 160 Jahren. Auf der Hackbank draußen liegen 265 kg Meisterwurzeln, in Hanfsäcken aufgetürmt, die das Fensterlicht schmälern. Im Qualm der Virginias bricht sich das ohnehin schon dämmernde Licht. Am Tisch befindet sich eine Flasche Enzian, der in Stamperln ausgeschenkt wird. Auf dem uralten Aschenbecher steht, in meisterhafter Schnitzerei, der weise Spruch „Ein jeder brave wackre Mann liebt Tobak und den Enzian." Das Aroma der schwarzen Erde, die zum Teil noch unter den Fingernägeln klebt, vermischt mit dem Duft des Enzians und dem Qualm aus Übersee, lassen die Wurzengraber die restliche Welt vergessen, denn es gibt momentan keinen besseren Ort als in dieser fröhlichen Runde.

15. September

Yeti ist der Mann, der mich auf die Idee gebracht hat, ein Buch zu schreiben. Den Spitznamen des Schneemenschen bekam er, weil im Sauerland, wo er herkommt, jeder zweite seines Jahrgangs Andreas heißt und weil er größere Füße hat als die anderen Kinder. Er pflegt in München Schwerstbehinderte und schiebt viele Nachtschichten, um die gesammelten Überstunden am Priesberg zu verbringen. Ein paar Wochen im Jahr schaut er nach dem Jungvieh seines Bauern und darf so umsonst in der Hütte hausen. Er war der Erste, den ich einige Seiten meines Gekritzels lesen ließ und er meinte, es seien da richtig gute Passagen dabei.

Dieser Mann liest sehr viel, ich denke es ist sein Hobby, und er kann beispielsweise einen Kinofilm zur Gänze wiedergeben. Dass er eigentlich Religionslehrer ist, will er nicht mehr wahrhaben und von seinem Forstwissenschaftsstudium gibt es auch nur einige Studentengeschichten, die er ausführlich berichten kann. Den Pädagogen gab er auf, weil er sich mit Religion so intensiv beschäftigte, dass er zu eigenen Anschauungen kam, die er aber im Unterricht so nicht verwenden durfte. Kurz: Er glaubte nicht mehr an das, was er lehrte. Wobei ich mir vorstellen kann, dass eine Schulstunde mit Yeti schnell vorübergegangen ist, denn wenn er sich erstmal „eingeredet" hat, hört er nicht mehr auf.

Wir sitzen öfter zusammen, mal ich bei ihm, mal er bei mir, und reden über die Kälber, Frauen, Gott und die Welt. Wir reden nicht über Unimog und Traktoren, auch nicht über überdimensionale Subventionen der Bauern, nicht übers Häuserbauen, Autos und nie und nimmer über Fußball oder übers Oktoberfest in München. (Über was will man da noch reden?)

Warum so ein Mensch wie du kein Buch schreibt, mit so einer Begabung, etwas zu erzählen, hab ich ihn einmal gefragt. Die Geschichten von seiner Zeit in Lappland oder Russland, alles in perfektem Hochdeutsch ausgeführt. Man bräuchte nur ein Tonband mitlaufen lassen und das Ganze aufschreiben. Er sagte, dass er es eventuell könne, aber sich damit anzufreunden, dass dann seine Geschichten jederman zugänglich wären, wollte er nie. Außerdem würde er jeden Satz zu genau nehmen und am Perfektionismus zerbrechen. Besser wäre, ich schriebe ein Buch. Ich bräuchte mich nur auf meine Geschichten zu konzentrieren, denn für das perfekte Deutsch sind andere zuständig, welche sich auch mit der neuen, merkwürdigen Rechtschreibung auskennen. Außerdem verfüge ich über die nötige Lockerheit, die man für so ein Unterfangen bräuchte, und habe absolut keinen Zeitdruck. „Oft ist es doch eine Frage des Willens und der Ausdauer, nicht unbedingt des Könnens."

Mein Buch würde sicher gekauft werden, „sieh doch in die Buchläden, da ist so viel Schund drin – und alles wird verkauft. Dich kennt doch hier jeder: Die Berchtesgadener, die Urlauber und die, die deine Musik hören. Wenn die alle dein Buch nehmen, hast du schon einige Tausend verkauft."

Heute kommt Yeti zum Baden. Auf seiner Hütte verfügt er nur über eine Behelfsdusche aus einem Wassersack, der auf dem Blechdach liegt, um bei Sonnenschein das Wasser zu erwärmen. Als er vor Jahren das erste Vollbad in meiner verzinkten Wanne nahm, auf der Brücke, unter ihm der rauschende Bach, über ihm das Firmament, dazu Zigarre und Bier, Raureif und warmes Wasser ohne Ende, sagte er: „Hubert, das war das schönste Bad in meinem Leben."

Die Zinkwanne (eine Krauss) hatte ich mal gegen eine alte Nähmaschine eingetauscht. Der Besitzer wollte Löcher hineinbohren und dann Blumen darin einpflanzen. Ich hab sie gerettet, wenn auch die Nähmaschine mit Sicherheit mehr wert war, für mich war sie wertlos. In kalten Nächten ist es ratsam, eine Iso-Matte mit ins Bad zu nehmen, um den Allerwertesten auf ihr zu platzieren. Man würde sonst fast im Freien sitzen, denn zwischen Haut und der kalten Luft wäre nur das dünne Blech der Wanne.

Ein Erlebnis der Sonderklasse brachte mir einmal die „Wellnesswanne" als ich nach dem Waschen und der Zigarre voll entspannt ins Wasser eintauchte, sodass nur noch die Nase und die Augen herausschauten. Die Ohren voller Wasser, die Augen auf die Sterne gerichtet, vorbei an den finsteren Schatten der Bäume, Dampf, der von der fast stillen Wasseroberfläche aufstieg; nur ein gelegentliches Raunzen meines Körpers untermalte meinen eigenen Herzschlag. Ich spürte nur das, was unser Leben ausmacht: Ganz leise Geräusche, die die Pumpe in uns verursacht und dabei keinen großen Wirbel macht. Ein Erlebnis ohne sinnloses Geschwätz und lästige Arbeitsgeräusche. Ich lag da vielleicht eine Viertelstunde und war im Begriff, einzuschlafen, da hörte ich ein kurzes Kratzen an der Wanne und plötzlich war mir eine Fuchsschnauze sehr, sehr nahe. Die Silhouette des Schädels mit den Ohren schob sich vor die Sterne und ich katapultierte auf wie ein Klappmesser. Das Adrenalin schoss in meinen Körper und mit einem lauten Brüllen machte ich mir Luft. Der Fuchs nahm das Hütteneck so schnell, dass die Steine flogen. Fluchend verließ ich den Badeort und ging in die Hütte, die ich sofort versperrte. Noch nie in meinem Leben bin ich so erschrocken! Ich weiß auch nicht, wer mehr erschrocken ist, ich oder der Fuchs. Dass der Fuchs Nacht für Nacht um die Hütte schlich, war für mich nichts Neues. Ich dachte aber, dass der Fuchs mich spürt und einen Bogen um seinen „Feind" macht.
Seitdem bade ich nur noch in der Brennerei, denn ich habe es nicht nötig, mich von einem Fuchs küssen zu lassen.

Diese Wanne ist nach wie vor der Hammer und wurde wieder den ganzen Sommer voll ausgenützt. Am Tag draußen von Kindern und nachts in der Brennerei von Michaela und mir, als unsere Kinder schliefen. In schöner Erinnerung ist mir, als wir noch zu viert Platz hatten und in der Blechwanne zwischen den Gärtanks planschten.

Als ich 15 Jahre alt war und mein Taschengeld durch Wurzengraben aufbesserte, waren wir zu zweit. Mein Kollege war drei Jahre älter als ich. Früh am Morgen fuhren, oder besser schoben wir mit einem alten Klapprad vom Parkplatz Hinterbrand und Jennerbahn Mittelstation über den Königsweg zur Brennhütte, wobei ich auf dem Gepäckträger saß. Von Mountainbikes mit 21 Gängen und einer Bergübersetzung wusste noch keiner etwas. Ich war zum ersten Mal auf mich allein gestellt, zum ersten Mal ein Gefühl von Selbstständigkeit, zum ersten Mal Schnaps. Hardl, der alte Schnapsbrenner überließ uns für einige Nächte die Hütte. Er fuhr zum Einkaufen ins Tal und wir konnten schon zeitig in der Früh zu unseren Wurzelgrabstellen ins Königstal und zum Königsberg aufsteigen. Eines Nachts stießen wir auf Hardls Enzian Kräuter Reserven und beschlossen sogleich, dass eine Flasche weniger gar nicht auffallen würde. Wir setzten uns ins Stüberl (ich saß am gleichen Platz, an dem ich jetzt diese Zeilen schreibe) und futterten Wildschützensuppe aus der Dose. Dazu gab es ordentlich Enzian Kräuter. Mit dem Spiel 1, 2, brrrr, 4, 5, brrrr usw., bei dem bei allen Zahlen, die eine Drei enthalten oder durch drei teilbar sind, eben durch brrrr zu ersetzen waren, musste ich erkennen, dass sich ein Schullehrersohn mit Abitur in der Welt der Zahlen besser zurechtfindet, als ein Jüngling, der sich zuvor beim Wurzengraben so verausgabte, dass aus beiden Nasenlöchern Blut floss. Wir mussten schon bald eine zweite Flasche köpfen. Ich wunderte mich schon, dass ich so viel Schnaps saufen kann – die Mahner waren in diesem Moment Spaßverderber! Durch die höhere Fehlerquote bekam ich auch mehr Gläschen Enzian Kräuter ab.

Spätestens als mein Kollege mich unverletzt, aber mit nur noch dem Boden meines Weißbierglases in der Hand aus dem Bach zog, musste ich erfahren, dass die Wirkung mit leichter Verzögerung eintritt.

Am nächsten Morgen musste ich das Bett abziehen, denn mein Überdruckventil hatte dieser ausgedehnten Wildschützensuppe-Enzian Kräuter-Weißbier-Attacke nicht standgehalten. Als Hardl mit frischen Semmeln und Brezeln zurückkam, war ich voller Reue und hätte mich am liebsten in den Hüttenboden verkrochen. Doch Hardl sagte: „Ha! Der Schnapsteufel hat schon so manchen geritten, du bist nicht der Erste, dem es hier oben so erging und gewiss auch nicht der Letzte. Jetzt frühstück erst mal gescheit. Das Bettzeug bringen wir zur Reinigung – du hast ja jetzt Geld." In Richtung Königsberg mit Pickel und Sack sang ich schon wieder frohe Lieder: „Auf der Alm da ist es lustig, auf der Alm da ist es schön..." und ich hatte keinen Kater. Im Laufe des Tages wurde ich aber dann doch müde und rastete in den Blaubeersträuchern. Zuvor legte ich den vollen Wurzelsack in eine Lache, sodass sich die Erde und der Hanf richtig vollsaugten. Mein Kollege grub derweil weiter. Als uns am Nachmittag der Hardl mit dem Auto abholte, um anschließend die Wurzelsäcke zu wiegen, floss aus meinem Sack die Brühe. Zu meiner Verteidigung sagte ich, dass beim Herunterpurzeln der Sack in den Bach gefallen sei.

„Bisschen was müssen wir da schon abziehen", sagte Hardl, „bist du mit drei Kilo einverstanden?" Ich nickte nur, denn mein Kollege hatte dann trotzdem nur um zwei Kilo mehr. Ich hatte dafür zwei Stunden mehr Schlaf. Als Hardl meinen Sack ausleerte, fügte er noch hinzu, er bräuchte nicht so viel Erde, denn er möchte keine Gärtnerei aufmachen. Er zwinkerte mich an und sagte: „Morgen geht's wieder besser."

Ja, die Sauferei, sie begleitet mein Leben, was nicht unbedingt erstrebenswert ist. Die ganze Woche mach ich Schnaps und am Wochenende spielen wir immer wieder „Ein Prosit", um die Zuhörer zum Trinken zu verführen und den Veranstalter der jeweiligen Party zu erfreuen, der so mehr Getränkeumsatz macht. Wir Musikanten haben den Ruf, mehr zu saufen und mehr Alkohol zu vertragen als alle anderen. Bevor ich diese Arbeit am Berg übernommen habe, hatte ich im Jahr circa 250 musikalische Ausrückungen. Die bedeuteten aber nicht gleichzeitig 250 Räusche im Jahr – das hält wohl kaum einer lange aus. Es ist auch nicht so, dass der Musikant bei jedem Prosit mittrinkt. Außerdem muss man ja seinen Auftritt absolvieren, für den der Veranstalter Geld bezahlt. Wenn von den Gästen zu viele Runden bezahlt werden, muss man schon das eine oder andere Getränk nach hinten stellen und nur so tun, als hätte man getrunken. Wenn der Auftritt erfolgreich beendet ist, laufe ich ab und zu schon Gefahr, in einer lustigen Runde beim Bier zu versitzen, und es kann lange dauern, bis es mich heimzieht. Wenn sich dann der Horizont verkleinert, wenn die Gespräche eintönig und nutzlos geworden sind, sodass man sich immer wieder in die belanglosen Themen einklinkt und man die Menschen verkrampft aufsucht, die sich momentan auch im gleichen Stadium befinden, wenn man den gleichen Schmarrn, den man schon gestern und vor einer halben Stunde durchgekaut hat, für interessant und wichtig findet, dann ist es wie eine Wiedergeburt, wenn man nach dem Kater die Welt wieder im Realzustand antrifft. Mit einem Schmunzeln schaut man zurück auf die vergangenen Tage, wundert sich über sich selber und die anderen, über das alberne, verblödete Verhalten und über das, was der Körper so auszuhalten vermochte.

Derjenige, der trinkt um zu vergessen, um seine Nervosität zu unterbinden, um mutig zu sein, um anderen zu imponieren, oder derjenige, der alleine im Verborgenen zum Glase greift, der läuft Gefahr, aus dem Sumpf nicht mehr herauszukommen und sollte sofort damit aufhören, denn jeder Tropfen Alkohol verschlechtert seine Situation.

Ich hab an der Hütte einen Spruch angebracht, der die Gäste mit einem Augenzwinkern vor der verzögerten Wirkung meiner Schnäpse warnen soll:

Achtung! Das Gesundheitsministerium warnt!
Bei längerem Aufenthalt im Ausschankbereich des Brenners besteht die akute Gefahr des „Hubsismus."
„Hubsismus" ist eine hochinfektiöse Bergkrankheit. Die Inkubationszeit wird mit zunehmenden Abendstunden im „Quartal zum jauchzenden Brenner" immer kürzer. Im fortgeschrittenen Stadium kann „Hubsismus" zu schweren Ausfällen im Zusammenhang mit der talwärts führenden Gravitation auftreten. Auch sind bereits schwere Gesichtsverletzungen durch Tschilenitismus bekannt. (Tschilenitismus ist ein erfundenes Wort das so mancher vergeblich in seinen Fremdsprachenkenntnissen sucht.)
Schutzmaßnahmen sind nur durch schnellste Fortbewegungsmechanismen erreichbar. Meiden sie intime Kontakte.
Das Gesundheitsministerium

16. September

Ein feuerroter Watzmann hält mich vom Weitergehen ab. Im Tal ist Nebel und die Dunkelheit verliert sich zunehmend; der Himmel wird grau, die Nacht nimmt nun Abschied. In einem faszinierenden dunklen Rubinrot und dunkel färben sich die drei Watzmanngipfel. Würde ein Kunstmaler sein Werk so kolorieren, würde es als übertrieben kitschig kritisiert werden. Ich sage leise „Königsberg", so heißt die Alm, auf der ich mich befinde, zu Recht. Wacholder, Almrausch und Latschenkiefer umsäumen meinen Standort. Das Rot wandert die Watzmann-Ostwand hinunter, wobei es immer heller wird. Bis zur Baumgrenze senkt sich die Hülle des Schattens. Der schneefreie Kalk des Hochkalters (2606 m) leuchtet noch fein Rosa

wie eine Steinsalzlampe. Beim nächsten Hinsehen sind die 2000er
schon gelb. Die Geburt eines Tages, eine kurze, atemberaubende
Inszenierung von Mutter Natur. Was der Tag bringen mag, kann
keiner wissen. Er wird Freude und Leid bringen, Leben und Tod.
Mir wird dieser letzte Schönwettertag vor einem heranziehenden
Atlantiktief viele Wanderer bringen, die ich neben drei Raubränden
versorgen muss. Ich steige durch das Königstal ab und freue mich
über das Erlebte, trage den Sonnenaufgang in mir bis zur Brennhütte und freue mich auf meine Arbeit nach diesem zweistündigen
Morgenspaziergang.

Yeti hat eine Almbibliothek gebaut. Rundum in seinem Stüberl
hat er Regale aufgehängt und seine Bücher, die er in fast zwanzig
Jahren heraufgeschleppt hat, eingeordnet. Bei gedämpftem Ker-
zenlicht sitzt der vollbärtige „Übervierziger" mit seiner fliehenden
Stirn, die den Drang zur Glatze weist, in seinem Sessel und spal-
tet vor dem Ofen mit einer kleinen Axt Späne. (Yeti kann auch
mit blau gefärbtem Bart oder als Kahlkopf passieren.) Aus seiner
hölzernen Tasse steigt der Kaffeedampf auf – ein starker Kaffee,
er riecht zumindest sehr stark, und der Rauch einer selbst gedreh-
ten Zigarette zieht um seine glänzende Stirne. Für mich leider un-
verständlich – eine russische, mit Wodka getränkte Bassstimme,
die mit Mollakkorden einer Gitarre begleitet die Dramatik eines
riesigen Landes erahnen lässt – quetscht sich sein russischer Lieb-
lingssänger aus einem alten Kassettenrekorder, der an der Wand
hängt.
Zwischen unseren Gesprächen übersetzt Yeti einige Silben der russischen Arien. Alles zusammen wirkt auf mich, als wären wir im tiefsten Sibirien verschollen und von der westlichen Welt vergessen. Von
einem Gefangenenlager geflüchtet, um in einer selbst gezimmerten
Hütte den Winter zu überleben, mit der Angst verwachsen, es könnte jederzeit die Tür aufgehen und eine schwer bewaffnete Patrouille

uns wieder zurück in einen Steinbruch verschleppen, um für etwas zu leiden, das wir nicht verbockt haben.

Und doch bin ich daheim, mehr daheim geht fast nicht, so wie das Etikett der Bierflasche bestätigt – Hofbrauhaus Berchtesgaden.

Ich bin heraufgekommen, um mal wieder ein Buch zu entleihen (geistige Nahrung). Yeti weiß, was ich gerne lese und welche Bücher so meine Kragenweite haben. Er war es auch, der mich überhaupt zum Bücherlesen brachte.

Als ich ihm damals sagte, dass ich fast gar nichts lese, nicht einmal die Zeitung, zeigte er sich verdutzt. „Du liest nicht, weil du nicht weißt, was dir gefällt? Dann musst du herausfinden was dir gefällt." Ich sagte zu ihm, dass ich nur langsam lesen könne und an so einem „Riesenschinken" verhungern würde. Wenn ich Zeit hätte zu lesen oder es mir zu langweilig wäre, würde ich dann doch lieber nach einem Musikinstrument greifen. Es läge auch nicht daran, dass ich es noch nicht probiert hätte, aber nach einigen Seiten würde die Konzentration schwinden und die Augen zufallen. Oder, ich lese und denk an etwas ganz anderes. „Aber du kannst doch auch Noten lesen! Wenn dich ein Musikstück wirklich interessiert, dann bringst du es ja auch hin – und gar nicht mal so schlecht, hab ich den Eindruck. Wir müssen nur rausfinden ... warte mal ... das könnte doch ... ah ja!" und er legte „Henry David Thoreau: Walden, ein Leben mit der Natur" auf den Tisch. „Du kannst ja das erste Kapitel weglassen", außerdem sei es egal, ob jemand langsam oder schnell liest. „Kannst du behalten, es wird dir gefallen", so Yeti. Jetzt war dieses Buch ein Geschenk und ich musste es lesen, um unserem Gespräch einen Sinn zu geben, um es irgendwann weiterzuführen. Als ich mich dem Buch hingab, merkte ich schnell, dass „Walden" genauso gut meine Geschichte sein könnte, dass „Walden" zumindest ein bisschen Funtensee sein könnte, und ich verschlang es.

Seither leihe ich mir immer wieder Bücher aus, um über den Winter versorgt zu sein: Einige russische Bücher, bei denen ich den Hauptfiguren bayerische Namen gab (Seppe, Kathi, Hansi, Franz), die ich auf einen Zettel notierte, um mit den schwer zu lesenden russischen Namen nicht durcheinanderzukommen, einige amerikanischer, englischer oder auch österreichischer Herkunft, von denen ich die Namen der Verfasser vergaß. Ich lese sie langsam, um zu versuchen, etwas von der Sprache und dem Schreibstil des Verfassers mitzunehmen. Die Geschichte von Berchtesgaden (Brugger/Dopsch) mit 4000 Seiten hab ich mir auch mal reingezogen (da war Yeti aber nicht schuld), es war mir wichtig.

Jetzt sitzen wir da und haben schon die dritte Flasche Bier. Während ich mit dem Zeigefinger über meinem Kopf an einigen Büchern entlangstreife, sage ich: „Hast du nicht mal was von einem deutschen Schriftsteller in deiner Sammlung?"

„Halt! Zieh mal gleich die beiden Büchlein raus, das blaue und orange. Das ist ein deutscher Schriftsteller."

„Hermann Hesse? Hab ich schon irgendwo gehört; die nehme ich dann mit."

„Kannst du haben, solang du willst."

„Die sind ja nicht so dick, ich könnte mir vorstellen, du kriegst sie noch vor dem Frühling zurück."

Das Unvorstellbare, das nie Geglaubte, es ist passiert! Beinahe hätte ich „Demian" in einer Nacht gelesen, wäre ich nicht um halb drei früh nach zwei Dritteln des Buches dann doch müde geworden. Die ersten zwei Seiten hab ich dreimal gelesen, so fasziniert und überwältigt war ich von dem Inhalt, von diesem perfekten Deutsch. Die Geschichte von Emil Sinclairs Jugend aber ließ mich den Autor und dessen Schreibstil vergessen. Die lautlose Nacht in der Brennhütte bot keinerlei Ablenkung, weggetreten in eine andere Welt verlor ich den Bezug für die Zeit.

Logisch hab ich in meiner Schulzeit auch etwas von Schiller oder Bethofen gehört (ach nein, Goethe hätte es heißen müssen, Bethofen war doch ein Komponist!) und das ein oder andere Gedicht lernen müssen, aber interessiert hat mich das damals nicht. Schnell war mir klar, dass man sich siegessicher zeigen muss, wenn man nicht gelernt hatte – es war weniger Arbeit und funktionierte meistens...

Ich bin gespannt auf das andere, orange Büchlein „Narziss und Goldmund". „Demian" muss ich auf alle Fälle noch mal langsam lesen. Es wird wohl doch Frühling werden, bis Yeti seine Bücher wieder in die Almbibliothek einordnen kann.

Hesse ist sicher ein Mann, der sein Talent getroffen hat. Vielleicht wäre so mancher erfolglose Schriftsteller ein besserer Schnapsbrenner geworden. Es gibt wohl viele, die an ihrem Talent vorbeileben, an den so genannten schlummernden Talenten.

Hätte man mir mit sechs Jahren einen Tennisschläger in die Hand gedrückt, wer weiß, wäre dann Boris Becker schon vergessen?

30. September

An so genannten Holztagen, an denen ich keinen Brand angemeldet habe, erledige ich alle anderen Arbeiten, die in und um die Hütte anfallen. Ein Bauer hatte in der Lichtweide (Lichtweide ist eine Weidefläche mit einzelnen solitären Bäumen und amtlich kein Wald) Lärchen für eine neue Almhütte (Kaser) gearbeitet, und alles, was da so liegen blieb, hab ich mir unter den Nagel gerissen. Dafür musste der Bauer nicht zusammenräumen. Der vier Meter lange Stamm wurde wohl vergessen, da werden jetzt Bänke daraus gemacht. Fünf Zaunstangen, eine Wassertrogsäule und etliche Zaunsäulen blieben neben circa zwei Kubikmeter Brennholz für den Schnapsbrenner übrig.

Die Nässe hatte mich zum zweiten Mal in die Hütte getrieben. „Wie bei meiner Oma", sagte der Mann, den ich nur hereinholte, weil es seiner Frau an diesem fast menschenleeren Dauerregentag zu kalt war. „Bei meiner Oma stand aber Wamsler drauf und das ist ja ein Homann."

Jetzt wusste ich, dass er von dem Holzofenherd sprach. Die Frau seufzte nur, „schön warm hier drin", während sie den Pullover über ihre Brüste zog, die prall hinter einem weißen T-Shirt nachwackelten und dem Betrachter ein gutes Gefühl gaben.

„Genau wie bei meiner Oma früher", zum wiederholten Male, als ich einen Teebeutel durch das Ofentürchen in die Glut schleuderte. „Hier drin ist wohl die Zeit stehen geblieben?"

Dass über seinem Kopf eine 10 Watt Sparbirne leuchtete und er neben dem Gasherd mit Backrohr saß, bemerkte er nicht. Er war geblendet von der Wärme und vom Knistern des Holzes. Ich dagegen war geblendet von seiner Frau und hätte ihn ohne sie nicht bemerkt. Ich fragte, ob sie zum Tee einen Enzian-Kräuterlikör möchte, worauf er einen Klaren bestellte. „Was heizt du für Holz?"

„Trockenes", die Antwort. „Schütt nicht, so wie dein Mann, den Schnaps in den Tee, genieße ihn dazu – das ist besser."

„Wir heizten immer Buche."

„Egal was für Holz – Hauptsache trocken. Ich heize viel Fichtenholz, weil davon am meisten da ist."

„Bei uns darf man nur Holz heizen, das zwei Jahre gelagert wurde", meinte er darauf.

„Ich heize trockenes Holz, egal wie lange es gelagert ist. Du kannst deine Holzscheite fünf Jahre lagern und sie sind immer noch nass; du kannst dein Holz auf Ofenlänge schneiden, klein spalten und unters Dach in die Sonne legen, dann kannst du es locker nächstes Jahr verheizen."

„Aber bei uns ist es tatsächlich so, dass das Holz zwei Jahre lagern muss, sonst haben die Harze nicht abgebunden."

Ich musste lächeln: „Das hat doch wieder ein Theoretiker am Schreibtisch erfunden, der noch nie in seinem Leben ein Holzscheit in der Hand hielt, geschweige denn, in der Lage wäre, einen Ofen anzuheizen."

Ich schenkte seiner Frau noch einen Kräuter ein und sie grinst mich an: „Da werd ich ja beschwipst."

Er erklärte, dass er keinen mehr trinkt, „ich muss noch Auto fahren."

„Das stimmt nicht", erwiderte ich, „du bist doch im Urlaub – du musst gar nichts. Außerdem liegt da noch eine mindestens einstündige Wanderung dazwischen – und zwei Schnäpschen? Dein Mann nimmt wohl alles so genau?"

Er wieder: „Der Ofen ist genial."

Ich schau sie an und dachte nur – deine Frau ist genial und sie brennt weitaus stärker als dieser Ofen.

Sie berührte mich am Arm und sagte, „meine Hände werden auch schön langsam warm."

Erst jetzt war mir so, als hätte der Mann bemerkt, um was es eigentlich geht.

„Ja dann können wir ja wieder weiter, der Regen hat ein bisschen nachgelassen."

Sie schlüpften wieder in ihre Regenponchos und bedankten sich für die warme Stube. Während sie von der Hütte gingen und er mit seiner Armbanduhr sprach, schaute sie sich dreimal um und schenkte mir sehr intensive Blicke.

In mir brennt ein Feuer, ein ständiges Feuer, es erlischt für keine Sekunde, Minute, Stunde oder Tag. Bin ich mit einer Frau liiert, bekommt dieses Feuer Luft und ich tu mich schwer, es zu kontrollieren. Davor hab ich Respekt. Da ist dann so ein Schutzmantel, für den ich nichts kann, er ist einfach da und man kommt schlecht an mich ran. Bei dieser Frau war der Schutzmantel nicht da. Der Schutzmantel war nur der Typ, der dauernd vom Ofen quatschte und vom Feuer keine Ahnung hatte.

Wer mich platonisch zum Freund hat, merkt ein wenig von diesem Feuer, aber ganz preisgeben kann ich es nicht. Meine Frau kriegt am meisten von dieser Hitze ab, aber ein großer Teil brennt für mich alleine und ich genieße diese Kraft, diese Energie, dieses Träumen, kurz diese Lebensfreude – möge sie nie erlöschen. Am stärksten brennt dieses Feuer tatsächlich in den Bergen und es war schon immer da. Es ist ein Kindheits-Feuer, ein Feuer, das mit der Pubertät noch einen gewaltigen Schub dazubekam.

Der Regen wurde wieder stärker. Es war schon später Nachmittag und ich hatte keine Lust mehr, ein drittes Mal nass zu werden. Ich hatte auch keine Lust auf eine Nacht alleine hier oben. Ich versperrte die Hütte und fuhr ins Tal zu Frau und Kindern. Denn dort brannte der Ofen auch, und das war gut so.

> Ja ich darf leben,
> in meinen Bergen leben
> und deine Liebe spüren,
> dich jeden Tag verführen.
> Ja ich darf leben,
> es kann kein Ende geben,
> als ob mir niemals was passiert,
> als hätt' ich den stärksten Segen.

Neulich fragte mich eine Frau mittleren Alters, die ihren Kopf und Kragen durchs Gitterfenster streckte und dabei ihren Begleitern den Rücken kehrte, was ich abends immer hier oben so mache und mir rutschte heraus:

„Ich schreibe einen Weltbestseller."

„Sie schreiben?"

„Ich versuche es zumindest."

„Über was schreiben sie denn? Einen Roman?"

„Ob das ein Roman wird, möchte ich bezweifeln, aber vielleicht hat's etwas Romanähnliches oder Romantisches, wenn's mal irgendwann fertig sein sollte. Ich schreibe so etwas wie ein Tagebuch, das ich dann als Gerüst für die Texte, die es bis jetzt zum großen Teil nur als Stichpunkte oder Überschrift gibt, verwenden will. Heuer ist für mich ein besonderes Jahr, in dem ich vier Brennhütten abwechslungsweise betreibe...."

„Und das soll ein Bestseller werden?"

„Schaun ma mal."

„Wenn Sie einen Bestseller schreiben wollen, müssen Sie über Liebe, Lust, Leidenschaft und Sex schreiben. Nur so bringen sie die Frauen zum Kaufen; ohne die Frauen wird's niemals ein Bestseller."

„Ach, hm, Liebe Lust und Leidenschaft? Es geht glaube ich um sehr viel Liebe, Lust und Leidenschaft, denn ohne Liebe, Lust und Leidenschaft könnte ich diesen Posten nicht ausüben."

„Junge du musst über Sex schreiben, mit Sex kriegst du, ach entschuldigen Sie, mit Sex kriegen Sie alle – Sex interessiert jeden."

„Das du passt schon; über tausend Meter gibt's kein Sie mehr. Dieses Buch oder Büchlein hat momentan den Titel „2004 und die Zeit" – das ist sozusagen der Arbeitstitel, vielleicht wäre auch besser: „Der Bergbrenner – Zeit lassen..." und wenn ich es „der Bergbrenner" nenne, kann man sich doch vorstellen, dass dieser Bergbrenner mit 34 Jahren auch Sex hat. Dass er kein Kostverächter ist, das sollte man aus den Texten schon entnehmen können. Hä, hä – vielleicht, wenn's trotzdem ein „Weltbestseller" geworden ist, schreibe ich dann noch einen zweiten Teil mit dem Titel „Vögeln auf der Brennhütte" ha, ha. Aber wenn's tatsächlich ein Weltbestseller wird, wäre ich eigentlich blöd, wenn ich weiter schreiben würde, denn mehr geht nicht, soweit ich weiß."

„Du bist mir einer; na dann viel Erfolg. Hey Jungs trinken wir noch einen, ich gebe noch einen aus, schenkt mal sechs Stück ein!"

Von draußen: „Wir sind aber nur fünfe!"

„Wir haben da drin einen Weltbestseller-Autor – der kann gewiss auch einen vertragen..."

Bei mir ist es nicht die Geilheit, bei mir brennt die Sehnsucht – wobei das andere das eine nicht ausschließt.

4. Oktober

7.30 Uhr früh. Ich rührte gerade im Maischebottich, um der Brennblasenfüllung eine einigermaßen gleichmäßige Konsistenz zu geben.
Jemand riss die Brennereitür auf und rief „guten Morgen."
Was, jetzt schon ein durstiger Wanderer?
„Der Zoll ist da; hast du schon eingefüllt?"
„Nein, ich wollte aber gerade damit beginnen."
„Dann helfen wir gleich zusammen."
Einer der in zivil gekleideten Beamten rührte weiter und die Brennblase wurde mit einem geeichten Eimer auf strichgenau 145 Liter befüllt.

Von Zeit zu Zeit werden die Brennereien im Land kontrolliert, um zu sehen, ob z.B. die Zollplomben in Ordnung sind, ob man aus dem angemeldeten Maischegefäß entnimmt, ob das Brenngerät in einwandfreiem Zustand ist, oder, ob nicht mehr Maische destilliert wird, als genehmigt. Ich weiß nicht, ob es mich ehren oder betrüben soll, dass dieses Produkt, das ich herstelle, mit derartigen Steuern belegt ist. (Derzeit liegt in Deutschland der amtliche Branntweinsteuersatz pro Liter Reinalkohol bei 13,03 Euro, bei den vergünstigten Abfindungsbrennereien, wie die am Berg, bei 10,22 Euro pro Liter Reinalkohol. Der Reinalkohol als solcher kommt aber nicht vor – der wäre auch geschmacksneutral. Da kann man schon ins Grübeln kommen, wie so manche Discounter eine 0,7-Liter-Flasche Obstler mit 38 % Alkohol für unter sechs Euro einschließlich Mehrwertsteuer, die ja noch draufkommt, verkaufen kann, wenn alleine schon die Branntweinsteuer circa 3,50 Euro beträgt? – Wo der Billigfusel wohl herkommt?)

Stolz aufs Produkt bin ich schon. Als ich bei der Enzianbrennerei anfing, hatten sie das Wurzelgraben auf der Alm ziemlich aufgegeben – der Ackeranbau dieser Pflanzen war aktuell geworden und ertragreich, da wirkten die paar Wurzeln vom Berg lächerlich. Es wurde sogar lange Zeit der Bergschnaps mit den anderen verschnitten, weil die Menge zu klein schien für ein eigenständiges Produkt. Ich habe die Brennereien am Funtensee und auf der Wasseralm nach Jahrzehnten wieder neu in Betrieb genommen – und die Zeit ist da für eigenständige Produkte – und das passt so gut zu meinem Leben. Möglich ist dies aber nur, weil die Besitzer der Enzianbrennerei zu der Sache am Berg stehen; weil sie sich an ihre Wurzeln halten und alles in ihrer Macht stehende dafür tun, um nicht von einem Großkonzern geschnupft zu werden und Fusionen mit anderen Firmen ablehnen. Möglich ist das, weil Destillateurmeister Franz Hölzl sein Handwerk exzellent beherrscht. Er ist für die Spitzenqualität der Schnäpse und Liköre, die den Betrieb verlassen, verantwortlich. Die gesamte Herstellung von der Wurzel bis zur Flasche und schließlich bis zum Kunden greift ineinander.

Heute wurde zum Zweck der Ausbeuteermittlung von Amts wegen ein Kontrollbrand durchgeführt. Dabei wurde ganz normal ein Raubrand abgetrieben. Das gewonnene Rohdestillat (der Roh- oder Raubrand) wurde mit einem Aräometer gespindelt, um die tatsächliche Alkoholstärke zu ermitteln, dann hat man die tatsächliche Alkoholmenge errechnet. So weiß der Staat, wieviel Alkoholausbeute bei Enzianmaischen im Durchschnitt erreicht werden können. Für mich ist es auch immer wieder interessant, wie die Ausbeuten schwanken, obwohl ich eigentlich immer dasselbe mache. Doch die äußeren Umstände sind nicht immer gleich: Wenn die Enzianwurzeln ganz fein zerkleinert wurden und sie in genau 29 °C warmes Wasser kamen, dabei in den ersten Tagen immer kräftig umgerührt wurden und die Raumtemperatur nicht unter 25 °C fiel, sodass die Maische dann noch gute drei Wochen unter Luftausschluss gären konnte, wird man eine gute Ausbeute erzielen. Wenn natürlich am Wochenende, an dem es bis auf 1300 Meter runtergeschneit hat, der Ölofen ausfiel, sind die Aussichten eher schlechter. Hat der Schnapsbrenner keine Lust mehr gehabt, die Wurzeln richtig klein zu hacken, wird es sich bei der Alkohohlausbeute rächen. Es bringt auch nichts, wenn man meint, man muss nach zwei Wochen loslegen; meist fängt der Gärrand noch mal zu blubbern an – da sind dann vier Wochen schon besser.

Gerade wegen der Schwankungen ist die Sache interessant und abwechslungsreich.

Nach dem Brand und einer Brotzeit (Zöllner, „Aufschläger", sind auch Menschen) verabschiedeten sie sich: „Gut Brand, bis zum nächsten Mal." Ich wurde wieder mal nicht verhaftet und sang: „Der Teufel hat den Schnaps gemacht, um uns zu verderben, ich seh' schon wie der Teufel lacht, wenn wir am Schnaps einmal sterben... Schnaps das war sein letztes Wort, dann trugen ihn die Zöllner fort..."

6. Oktober

Ab zwei Uhr saß ich mit Zahnschmerzen im Bett; die ganze linke Seite meines Kiefers pochte und es zog über das Auge bis zur Schläfe hinauf. Die Augen tränten. Als ich am Morgen doch noch nach kurzem Schlaf munter wurde, war's wie ein unangenehmer Traum, die Schmerzen waren verschwunden. Doch der erste Schluck heißer Kaffee elektrisierte den Nerv und der Schmerz wurde chronisch und immer stärker. Als ich vom rettenden Zahnarzt wieder zurückkam, stellte ich fest, dass die Türen der Hütte offen waren und die Schnapsflaschen nicht weggeräumt. Alles hatte ich liegen und stehen lassen; lediglich der Brennofen war ausgegangen, denn den zweiten Brand des Tages hatte ich nicht mehr begonnen. Ziemlich apathisch muss ich die Brennhütte verlassen haben, da ich alles, was sonst so wichtig ist, vergaß, meine Prinzipien ausgelöscht, denn es galt nur noch, den Schmerz im Schädel zu vertreiben. Die Freundlichkeit und das

Grinsen waren massiv geschwächt, das so gepriesene starke Feuer nur noch mit den Schmerzen beschäftigt. Meine Gäste merkten sofort, dass mit dem Schnapsbrenner etwas nicht stimmt. Sonst spreche ich mit Freude über meine Arbeit, doch heute Vormittag dachte ich, die fragen mir ein Loch in den Bauch. Alle fragen dasselbe: Sind das die Wurzeln? Ist es nicht einsam hier oben? Haben Sie einen Fernseher? Ist das der reine Alkohol? Was machen Sie abends?

Ein schöner Ort, die beste Arbeit und frohe Menschen helfen dir nichts, wenn du nicht fit bist. Und es war nur ein Zahn – eine winzig kleine Stelle im Körper, die mir eine ernste Mine aufzusetzen vermochte. Was war los mit meinem anhaltenden Feuer? Es war nicht in der Lage, den Schmerz zu kompensieren, zu akzeptieren oder ignorieren. Die kleinste Lappalie kann einen frohen Menschen aus der Bahn werfen und macht ein Wrack aus ihm.

Gäbe es keinen Zahnarzt, hätte ich selber sehen müssen, dass ich die Schmerzen loswerde. Mit einer Wasserpumpenzange oder einem Meißel mit einem gezielten Schlag, mit Überwindung. Der Zahnarzt dagegen konnte den Zahn erhalten, indem er eigentlich nichts anderes machte als ich: Er suchte nach der Wurzel, legte die Kanäle frei, entfernte die Stränge und verschloss wieder sorgfältig. – Der könnte sofort bei mir als Wurzengräber anfangen!

Wenn tagelang niemand kommt, will ich gar nicht mehr, dass jemand kommt; wenn es tagelang nicht regnet, würde es mich interessieren, wie es weiterginbge, wenn es noch länger nicht regnen würde. Wenn Hochwasser ist, genieße ich es, wenn's noch mehr regnet. Wenn ich jeden Tag in die Posaune blase, brauche ich es jeden Tag, ich kann aber genauso mit dem gleichen Elan die Posaune ein halbes Jahr überhaupt nicht anrühren. Ich kann sechs Zigarillos hintereinander mit Genuss rauchen, bin aber trotzdem kein Raucher. Ich kann jeden Tag eine Bergtour machen und so meine Kondition steigern, dass mein Körper eine Art Bewegungssucht entwickelt – ich weiß also, was Bergsteiger meinen, wenn sie von „bergsüchtig" sprechen. Ich kann mir nur das merken, was für mich wirklich wichtig ist. Es kann mir jemand seinen Namen sagen und ich hab ihn schon vergessen, ehe die letzte Silbe verklungen ist.

Das gedankenfreie Loch – beim Zuhören fall ich manchmal hinein. Die Gäste erzählen und erzählen und ich hör es nicht, mein Blick verschwimmt, ich träume von nichts, bin einfach nur weggetreten. So ähnlich geht's mir auch manchmal, wenn ich etwas erzähle und zu weit von der eigentlichen Geschichte abkomme, wenn ich quasi zu weit aushole. Ich merke, dass ich den Faden verliere, kann aber nicht mehr stoppen.

Da gibt es Lücken in meinem Kopf. Wenn ich auf der Bühne ein Lied singe, kann es passieren, dass ich den Text verliere, obwohl ich ihn schon x-mal vorgebracht habe. Ich sehe die Textlücke auf mich zukommen und mich reißt es hinein. Gesungen wird dann irgendetwas anderes und den Zuhörern fällt meist nichts auf.

Wenn man davon ausgeht, dass diese Löcher im Alter größer und mehr werden, bin ich mit Sicherheit der Sohn meines Vaters. Er konnte sich Zeit seines Lebens schlecht Zahlen, Telefonnummern und Namen merken und musste oft einen Weg zweimal gehen wegen einer vergessenen Sache. „Und das wird im Alter nicht besser", so mein Vater, man sollte sich aber deswegen nicht verrückt machen, denn ein Defizit kannst du immer ausgleichen. Ich kann mir Gesichter merken und jeden Blödsinn, den die Welt nicht braucht.

Neulich war Musikprobe mit der „Priesberg Musi." Neues Notenmaterial wurde aufgelegt. Doch mein Kopf war so leer. Ich hörte nur, was die anderen spielten, einfache, schöne Melodien, doch meine Nebenmelodien, Ausschweifungen und Einwürfe waren ein Rätsel. Mir wurde heiß, und dann kam es: „Was ist mit dir los, von dir hört man ja gar nichts?"

„Ich muss mich erst mal sammeln."

Sie lachten über meinen Gag, der für mich keiner war.

„Dann spielen wir das ganze einfach langsamer!"

Mein Ego sagt, ich will nicht; es sagt: konzentrier dich, du kannst es doch; es sagt: übe alles in Ruhe zu Hause; es sagt: wenn ich es erst mal kapiert habe, kann ich es sowieso auswendig.

„Hast du da so viele Sechzehntel drin?"

„Na ja, einige."

Ich muss unbedingt mal wieder üben. Es vergeht in unseren Köpfen alles so schnell.

Da wird behauptet, was man gelernt hat, kann man einfach – das ist wie beim Radfahren. Das kann schon sein – einmal gelernt, fällt man nicht mehr um. Doch wer Kunstradfahren will oder Rennsportler sein will, der muss ständig üben und trainieren. Überdurchschnittliche Leistungen sind bei den meisten antrainiert, wobei es nur wenige Supertalente gibt. Mit Leidenschaft mache ich meine Musik, also nicht unbedingt mit viel Übung (man tut halt das Nötigste). Wenn ich keine Lust habe, spiele ich schlecht und wenn ich nervös bin auch. Nervös bin ich, wenn ich nicht vorbereitet bin und zu wenig geübt habe.

Bei meinen Musikkollegen hab ich drei Grundcharaktere entdeckt. Da gibt es welche, die meinen, sie sind blöd, dann die, die meinen sie sind gescheit, und die, die sich niemals Gedanken machen, ob sie blöd oder gescheit sind. Der, der meint, er sei klug, ist sich sicher, dass er schlauer ist als die anderen; der, der meint, er sei dümmer, versucht ständig, an sich zu arbeiten, um die Defizite auszugleichen, und der, der lebt wie ein Tier und sich niemals Gedanken macht, sich irgendwo zwischen blöd und gescheit bewegt mit einem Hauch von Instinkt, tut sich am leichtesten und ist selten an Konflikten und Streitgesprächen beteiligt. Er kann sich mit beiden Lösungen anfreunden. Aber den Letzteren in Person gibt es nicht. Jeder hat diese Grundcharaktere unterschiedlich gemischt in sich.

8. Oktober

Ich hab einen neuen Freund – oder sind's Freunde? Gesehen hab ich immer nur einen, es könnten aber auch mehr sein. Sie wohnen über der Stüberldecke, man kann sie öfter in der alten Isolierung aus Heu und Stroh scharren und herumrennen hören. Seit ich diese Freunde oder diesen Freund habe, sind kaum noch Mäuse hier – zumindest hat sich der Mausbestand so verringert, dass es nicht mehr als eine Plage angesehen werden muss.

Ich bin mir allerdings sicher, dass es sich um eine einseitige Freundschaft handelt, denn das Mauswiesel tut einfach nur das, was ein Mauswiesel tun sollte, um zu überleben – Mäuse fangen. Dem Mauswiesel ist meine Sympathie einerlei, es merkt nicht, dass ich ein großer Mauswieselfan bin. Ich bin also nicht Freund, sondern ein Fan. Fans finanzieren ihren Star oft unbemerkt über Umwege: Meine vielen Gäste haben viel Brotzeit im Gepäck und machen viel Brotzeit vor der Hütte; sie erzeugen dadurch viel Brot- und Wurstbrösel und stellen dadurch für die Mäuse einen angenehmen Grundnahrungsstock. Den Mäusen geht's richtig gut und sie vermehren sich prächtig. Das Mauswiesel lebt so gut von meinen Mäusen und weil ein Fan auch was geboten haben will, gab der kleine Marder eine Vorstellung seines Könnens:

Einige Minuten jagte das Mauswiesel (flink wie ein Wiesel) hin und her, machte immer wieder kurze Stopps, hob die Nase in den Wind und sauste wieder durch die Durchlassrohre, unter der Brücke hindurch auf die andere Wegseite und wieder zurück. Dann sah ich die dicke Maus, die im Vergleich plump, aber trotzdem eiligst unterwegs war. Sie spürte, dass sie gejagt wurde, aber warum war sie nicht in der Lage, einfach in einem Loch zu verschwinden? Mauswiesel können in ein Mausloch folgen. Vielleicht war sie die Besitzerin des Nestes, das ich zuvor in der Holzhütte beim Brennholzholen aushob; vielleicht wusste sie deshalb nicht wohin? Eine ganze Weile ging es hin und her. Das Wiesel war immer da wo die Maus kurz vorher war, aber immer wieder auf denselben Stellen. Es war also zu erwarten, dass der Gejagte den entscheidenden Fehler macht. Die Maus querte die freie Fläche vor meinen Füßen und lief dem Wiesel in die Bahn. Ein kurzes Piepsen, ein Biss und das Wiesel transportierte die unwesentlich kleinere Maus davon. Ende der Vorstellung!

Die Mäuse wissen nicht, dass ich sie eigentlich niedlich finde und dass sie schöne Augen haben. (Aus demselben Grund sagt wohl so mancher zu seiner alten oder auch neuen Frau Mausi.) Sie haben aber die blöde Angewohnheit, alles anzuknappern, was irgendwie fressbar ist oder zum Nestbau verwendet werden kann – und sind's dann zu viel, laufen sie über das Bett… Das Mauswiesel tut das nicht, es wohnt außerhalb meiner vier Wände und das ist die angenehmere Wohngemeinschaft. Es lebt mit mir unter einem Dach, platzt aber nicht ohne anzuklopfen in meine Wohnung.

11. Oktober

Seit Ende September sind die Almabtriebe, das heißt die Kühe gehen wieder ins Tal zu ihren heimischen Stallungen. In Berchtesgaden passiert das an unterschiedlichen Tagen ohne großes Aufsehen. Bei uns gibt es viele kleine Almgebiete, und so ein Almabtrieb ist nicht viel mehr als ein Familienfest. Am Bauernhof eingetroffen, gibt's für die Helfer Brotzeit und Bier, Kaffee und Kuchen und wenn noch Musikanten dabei sind, natürlich auch Musik. Aber nur wenn Mensch und Vieh wohlauf sind und keine Unfälle den Almsommer trübten, zum Beispiel durch Tod oder schwere Krankheit eines Familienmitglieds, den Verlust eines Rindes durch Absturz oder Blitzschlag, werden die Tiere aufkranzt (geschmückt). Bunt ist der Kopfschmuck, die Fuikl. In allen Farben werden die aufgebundenen Tannenwipfel mit gefärbten Hobelbändern, die als Maschen, Zapfen und Sterne mit vergoldeten Spitzen das Ganze zu einem Kunstwerk machen, eingebunden. Auch Latschenkiefer und der sprossende Bärlapp werden dabei verwendet. Ab dem Bartholomätag (24. August) beginnt man mit dem Herrichten des Kranzzeugs. Freunde, Helfer und gute Gäste einer Alm bekommen zu dieser Zeit einen Zweig vergoldeten Almrausch, der meist auf den Hut gesteckt wird und vom Besuch auf einer „glücklichen" Alm kündet.

Ein herrlicher Anblick und immer wieder schön, was sich die Bauersleute für Arbeit machen, um Freude und Dankbarkeit auszudrücken. Die größten Glocken zieren den Hals der Rinder; das Geläut ist stärker als im Frühling beim Auftrieb. Auch die Juchiza der Helfer sind voluminöser, als die vom Winter her eingerosteten, untrainierten Stimmen im Frühling.

Jetzt sind im ganzen Gebiet keine Kühe und Almleute mehr auf der Höhe; Yeti ist auch längst wieder in München; jetzt ist es wieder ruhig geworden – nur der Schnapsbrenner harrt noch aus.

Zum letzten Mal war ich in meiner Kindheit auf dem Gipfel unseres Skibergs Jenner. Dort tummeln sich an Schönwettertagen hunderte Flachlandtiroler, denn die Seilbahnbergstation befindet sich nur einige Minuten entfernt. Zur Betriebszeit mied ich immer den Touristenberg und so vergingen die Jahre. Umso mehr freute mich mein gestriger Abendspaziergang.

Bei fettem Nebel mit nur wenigen Metern Sicht stieg ich durch den tropfenden Wald, durch nasse Latschenbestände und über den Serpentinenweg an der Ostflanke bis zum Gipfelkreuz. Am Wegesrand vereinzelt die zweiten Blüten von Trollblumen, Schlüsselblumen und verschiedenen anderen Hahnenfußgewächsen. Nach längerer warmer Herbstzeit blüht auch der Punktierte Enzian an besonders sonnigen Stellen noch mal. Allerdings sind die Pflanzen dann nur zehn bis fünfzehn Zentimeter hoch. Dieses Phänomen kann auch erst im November auftreten. Aus Erfahrung weiß ich, dass dann bald

Schnee die Berge überziehen wird. Tatsächlich war heute früh das Hohe Brett (2340 m) frisch gepudert.

Ein eisiger Ostwind trieb die Wolken über den Bergspitz und öffnete von Zeit zu Zeit Fenster, Fenster die einen gigantischen Ausblick freigaben: Weit über mir ein weiß-blauer Himmel, dessen Schäfchenwolken schön langsam genau in die andere Richtung gen Osten zogen; die Schönfeldspitze zum Greifen nah; die Sonne über dem Watzmann – ein paar Strahlen, ein nächster Windstoß und die Feuchtigkeit der alles schluckenden Wolke sammelte sich an den Verankerungsseilen des Gipfelkreuzes und tropfte auf abgetretenen, glatt geschliffenen Kalkstein. Das nächste Fenster tat sich auf, an meinen Füßen zog der Nebel in welligen Schleiern vorbei, nur mein Oberkörper und das Gipfelkreuz ragten aus der Nebelsuppe.

Eine Stunde lang dastehen und schauen, nichts sagen, nur das Pfeifen des Windes – und sinnieren:

Die Arche Noah im Meer – wird sie hier vorbeikommen, ehe die Flut meinen Körper hinwegspült? Ich, der letzte seiner Art, alle anderen da unten sind doch längst ersoffen! Werden diesmal die Tiere das Ruder in die Hand nehmen, werden sie vorbeisteuern? Ist diesmal, nach der Sintflut das Leben auf Erden ohne diesen arroganten, egoistischen Zweibeiner geplant, den Peiniger der Tiere und Natur? Werden sie ihren größten Feind untergehen lassen, oder ist in der Stunde der Rettung alles vergessen und sie werden mich an Bord holen, mit der gleichen Naivität der Maus, die schon an drei toten Kollegen in den Mausefallen vorbeikam und trotzdem in die vierte Falle tappte, um ihr Ende zu besiegeln? (Hoffentlich haben sie eine schöne Frau an Bord – ich muss mich ja dann vermehren.) Die nächste Welle – ich bin verloren!

Doch es war nur Nebel. Trotz Anorak wurde mein verschwitztes Hemd immer kälter und unwohlig.

Der Abstieg im Dämmerschein,
auf der Welt allein,
vom Nebel getragen, bis zum Hüttelein.
Meistens schreibt er Lieder,
doch heute diese Zeilen nieder.
Nach ein paar Glaserl Wein,
schläft der Brenner ein,
möchte nirgends anders sein.

13. Oktober

Die Gäste werden jetzt jeden Tag weniger. Lange dauert es, bis die
ersten Wanderer vormittags bei der Brennhütte vorbeikommen.
Die Sonne lässt auch schon ziemlich lange auf sich warten und der
kühle Luftzug aus dem Moos lässt mich die Brennereitür geschlossen halten. Einige Stunden Schnapsbrennen ohne Ablenkung – Zeit
zum Sinnieren, Nachdenken oder auch mal wieder ein Liedchen zu
schreiben – träumen und fantasieren über längst vergangene Zeiten,
die Zeiten der Alten, über die Zeit, als die Alten noch jung waren,
oder noch früher. Wie würden mich meine Vorgänger sehen? Wäre
ich für sie ein verweichlichter Stümper mit so vielen Vorteilen und
Erleichterungen ihnen gegenüber, oder wären sie von meiner Art zu
arbeiten, in dieser modernen Zeit, begeistert? Ich werde es nie erfahren...
Tausende Eimer Maische hab ich schon durch diesen alten Türstock
getragen. Wer hat ihn eingebaut? Wo ist der Baum gestanden, aus
dem die Kanthölzer gehackt wurden? In welchem Stall stand das
Ross, das die Stämme an diesen Platz streifte...?
Zeit, um im Hüttenbuch von der Priesberg Brennhütte nachzublät-
tern:

11. August 1999: Der Tag, an dem es dunkel wurde.

Waren nur die Menschen so aufgeregt, oder spürten auch die Tiere des Waldes, dass etwas sehr Seltenes eintreten sollte? Wir wussten, dass sich am Nachmittag der Himmel verdunkeln wird; wir wussten von dieser absoluten Sonnenfinsternis; wir wussten, dass sich der Mond genau vor die Sonne schiebt und waren somit unseren Ahnen weit voraus. Mann kann sich leicht vorstellen, was die Menschen in Zeiten, als die Erde noch für eine Scheibe gehalten wurde, mitmachten, wenn auf einmal am helllichten Tag da oben die Lampe ausging. Furcht vor den überirdischen Mächten – Angst vor dem Untergang. Die letzten Tage hatte man nur Angst, dass die Wolkendecke nicht aufreißt; dass der Verkauf der Schweißerbrillen einbricht; man hatte Sorge um die vielen Sonnenfinsternispartys, die ins Wasser zu fallen drohten; man hatte Angst ums Geschäft! Hier heroben war außer meiner Familie und mir niemand. Ich hatte den Raubrand gedrosselt und wir saßen am Lärchenbänkchen. Michaela teilte mit mir eine Flasche Rosé-Sekt, mit dem auf das Jahrtausendereignis angestoßen wurde. Die Veränderungen der Lichtverhältnisse mit dem Zusammenspiel der vorüberziehenden Wolken, welche die Sonne immer wieder verdeckten, sodass man mit dem freien Auge die Sichel erkennen konnte, waren einzigartig. Unter dem Vordach wurden die Hüttenwände schwarz und das Licht am Himmel fing an zu flackern. Plötzlich war Endzeitstimmung. Die Vögel hörten auf zu zwitschern. Es war sofort um einige Grad kühler. Totenstille, nur vom Jenner ein entfernter Bravoruf. Einige Nachtfalter flogen in den Himmel. Dann blieb die Zeit stehen. Schwarzblau war der Himmel, sodass man neben dem unvergesslich schönen Feuerkranz sogar die Sterne sehen konnte. Unsere Tochter drückte sich zwischen uns und jammerte: „Ich will noch nicht ins Bett." Ich kann nicht sagen, wie lange es dunkel war – eine oder zwei Minuten. Aus dem Feuerkranz wurde eine funkelnde Diamantkette und die Sonne blitzte wieder hinter dem Mond hervor, sodass das Licht wieder flackerte. Die Vögel begannen wieder herumzufliegen, als wäre nichts gewesen. Den Tieren war diese Unterbrechung des Tages gleichgültig. Sie haben es nach einer Sekunde schon wieder vergessen. Die Menschen, die vom Stau auf der Autobahn München-Salzburg ausgebremst wurden (der Wetterbericht sagte nur für das Berchtesgadener Land freie Sicht zum Himmel), haben es so schnell nicht vergessen. Auch die Vorhersagen einiger „Propheten", dass heute die Welt untergehen würde, hat sich absolut nicht bestätigt. Sohn Xaver (ein Jahr jung) hielt Mittagsschlaf und hat nichts von allem mitbekommen. Wir tranken noch unseren Sekt aus und der Tag begann wieder zu laufen. Viele Gäste kamen noch und alle waren froh, die Sonnenfinsternis in den Bergen miterlebt zu haben – und der Raubrand tröpfelte weiter.

5.8.1996: Eine achtköpfige Gruppe kam vom Funtensee. Es waren junge Katholiken, die am Viehkogel eine Bergmesse hielten, um nach einer mehrtägigen Wanderung hier zu verweilen. Es war Vormittag und nach der zweiten Runde Enzian Kräuter wollten sie eine Gitarre – die sie haben konnten. Zwischendurch brachte ich ihnen Bier und hielt sie an, die Schnapsrunden ehrlich mitzuzählen. Nach geraumer Zeit wurde es ziemlich unruhig am Wassertrog und ich hielt es für besser, die Veranstaltung ein wenig einzudämmen. Unprofessionell hantierten sie mit meiner Gitarre, die ich sofort rettete. Als es ums Bezahlen ging, wollten sie den Betrag erheblich herunterhandeln. Da ich aber sowieso nicht genau wusste, ob sie mehr getrunken haben, als ich gesehen habe, blieb ich standhaft und machte ihnen klar, dass dies keine Bezahlung darstelle, sondern eher nur so eine Art Schutzgebühr sei, die ich nehmen muss, um nicht Penner und Alkoholiker hierher zu ziehen. Wir wurden uns nach einigem Hin und Her einig und man verabschiedete sich: „Danke, schön war's."
„Servus, kommt gut runter..." Ein Weilchen darauf, ich war schon wieder am Ofenschüren, beklagte sich einer, warum sein Lieblings-

schnaps nicht mehr in der „Alm-Bar" geführt wird. „Nimm die Flasche in der Mitte, die güldene, auf der Enzian Kräuter steht!"
„Aber in der Mitte, da ist keine Flasche!" Tatsächlich, die Flasche ist weg – war die Erkenntnis nach einem eiligen Rundgang um die Hütte. „Augenblick, bin gleich wieder da." Mit einem Satz über den Zaun lief ich, nur mit Schlappen an den Füßen, talabwärts. Meine Zehen krallten sich, um das „gebirgstaugliche" Schuhwerk nicht zu verlieren. Ich wollte schon fast wieder umkehren (sie hätten auch nach oben weitergegangen sein können), da sah ich die Bande im steilsten Wegabschnitt wie einer dem anderen meinen Schnaps in den offenen Mund goss. Meine rechte Hand fasste die Flasche und die Linke landete, symbolisch für alle, im Gesicht eines der erschrockenen Schufte. – Mit mir haben die nicht mehr gerechnet. Mit Beschimpfungen kratzte ich wieder die Kurve und ließ mich auf keine Diskussion ein. Zuschlagen sei nicht schön, schickte der ältere noch nach. „Aber stehlen!", rutschte mir noch raus, während ich wieder hinaufstapfte.

Solange du der Bergbrenner bist, gehört die hl. Maria dir, hat man gesagt, sie gehört immer dem derzeitigen Schnapsbrenner. Da sie schon ziemlich heruntergekommen war, hab ich sie restaurieren lassen. Mit Blattgold belegt wurden Krone, Zepter, der Strahlenkranz und der Rand des Umhangs. (Diese kunstvolle Arbeit wurde, man staune, von einem weiteren Sepp gemacht.) Eine schöne Frau aus Holz. Viel zu schön als Mutter Gottes? Sie hat lange Beine und eine schlanke Figur, volle Brüste, langes, welliges, brünettes Haar, durch das der Wind fährt, und ein schönes Gesicht; die Nase ist vielleicht zu lang und zu dünn, aber sonst hat der Künstler alles getroffen.

In der gegenüberliegenden Ecke ist ein kleines Kreuz mit rußigem Jesus, es hängt dort wahrscheinlich schon eine Ewigkeit – vom Rauch geschwärzt. Hier hängen auch zwei Hinterglasbilder, der hl. Leonhard und die hl. Anna. Nach einer Almmesse war der Pfarrer von Berchtesgaden im Stüberl, um Kaffee zu trinken; erst sah er über seine rechte Schulter, dann über die linke und vermerkte: „Oh gleich zwei Herrgottswinkel – da muss es weit gefehlt haben. So Schnapsbrenner haben, so sieht's aus, mehr mit Geistlichem zu tun, als man denkt – und wenn der Geist nur aus der Flasche kommt. Dich kenne ich nur von der Musik her, aber sonst hab ich dich noch nie in der Kirche gesehen."

„Das liegt daran, weil ich ein Schönauer bin."

„Sei ehrlich, du gehst auch in der Schönau nicht oft zur Kirche."

„Ach, äh, schon, aber eigentlich auch nur mit der Musik, aber seit ich nicht mehr bei der Blaskapelle aktiv bin, äh, eigentlich nur Weihnachten, ah ja, und bei Taufen und Hochzeiten."

Die Glaubensfrage hat er mir dann doch nicht gestellt. Bei uns hier in Südbayern werden alle Festlichkeiten, ob Trachtenfeste, Schützenfeste, Musikfeste oder Feuerwehrfeste von einer Hl. Messe begleitet. Auch die Vereinsfahnen sind alle geweiht. Es war schon immer so und das ist auch gut so. Ob die, die der Fahne hinterher marschieren, alle so gläubig sind, lass ich mal offen. Aber dass es was geben muss, das über uns steht, da ist sich die Welt einigermaßen einig.

Die bildliche Darstellung der Bibel war für mich als Kind schon eindrucksvoll und gab noch mehr Geborgenheit. Neben meinen Eltern gab es noch einen Vater und eine Mutter. Die zwei hielten sich aber ausschließlich im Himmel auf und konnten somit bei schlechtem Wetter nicht sehen, was wir hier unten so veranstalten. Auf Heiligenbildchen gab's noch die anderen Helfer, auf die aber nicht immer Verlass war – und so kam es, dass doch öfters in der Umgebung Häuser brannten, denn der hl. Leonhard konnte nicht überall gleichzeitig aufpassen – bei uns zu Hause war er aber gut. Verlass war da nur auf den Vater, denn der hatte ja die Wiesen und Wälder, die Berge und Seen erschaffen und das war schon alles fertig und machte ihn so sympathisch. Wenn man stirbt, kommt man zu ihm in den Himmel, darum steckt man die Toten in eine Holzkiste und vergräbt sie in der Erde. Das mit dem Himmel war so eine Sache, denn von dort könnte auch eine Bombe kommen; die wäre aber dann nicht von Gottvater, sondern vom Russen; eine Bombe, die unser Haus nicht treffen müsste, und trotzdem wären wir alle tot gewesen. Ich hatte aber keine Angst vor ihr, ich hatte keine Bilder. Dann war da noch einer, den sie vor 2000 Jahren ans Kreuz nagelten, der Erlöser, der an Weihnachten immer wieder als Kind vom Himmel kam und die Geschenke brachte; auf den war auch Verlass, er war immer pünktlich, wenn er auch öfter das eine oder andere Geschenk vergaß (meist die teuren Dinge). Warum bei seiner Auferstehung die Ostereier nur noch ein Hase brachte, konnte mir nie jemand überzeugend erklären.

Heute kommt mir bei solchen frühkindlichen Überlegungen immer die Wissenschaft in die Quere; das Universum, die Unendlichkeit und die vielen, vielen Menschen in all den Jahrtausenden. Was ist mit denen, die sich nie Gedanken machen konnten über den Glauben oder die verschiedenen Glaubensrichtungen, weil sie schon im Mutterleib oder als Kleinkind verstarben, oder die nie in ihrem Leben geistig auf der Höhe waren? Wo soll der Geist hin, wenn keiner da ist? Schon ist die bildliche Darstellung verdammt schwierig und ich komm wieder nur auf Fragezeichen und sinniere in eine andere Richtung...

Der Mensch kann nicht glauben, dass es nach dem Tode aus ist, Feierabend, Sense, Schicht im Schacht. Wo komm ich her, wo geh ich hin? War ich schon mal da?

Welches Tier würdest du gerne sein? Ein altes Spiel aus der Kindheit, bei dem die Kinder meist ein starkes Tier sein möchten. Meine Mutter wäre bei diesem Spiel immer gerne ein Murmeltier, das im Winter schläft und nicht bei Skikursen frieren muss. Mein Vater wäre als Tier am liebsten ein Steinadler mit grenzenloser Freiheit und „mir könnte keiner was tun." So würden sich meine Eltern im Winter nicht sehen (das ist eh so, der Vater geht Skitouren und die Mutter gibt Skikurse) und im Sommer würden sie sich nur gelegentlich sehen (das ist tatsächlich so, die Mutter geht in die Berge und der Vater in den Wald zum Holzarbeiten). Bei einem Zusammentreffen stürzt sich der Adler auf das Murmeltier und frisst es (mein Vater nascht aber lieber und so muss ich irgendwie entstanden sein).

Vaters Wunschtier beruht auf seiner Kindheit, als er mit 11 Jahren ins Land hinausgeschickt wurde, um Kühe zu hüten. In Wirklichkeit wurde er jahrelang zu schwerster Arbeit gezwungen – er musste arbeiten wie ein Großer und bekam dafür auch noch Prügel. Der Gedanke, ein Steinadler zu sein, der einfach wegfliegen könnte – weg in die Berge, in die Heimat ... liegt da sehr nahe.

Meine spontanen Gedanken über ein zweites bzw. vorheriges Leben: Bis jetzt war mein Leben ein einziges Fest, mir ging's immer gut in meinem Paradies. Ich kann mir nicht vorstellen, dass es im Paradies schöner ist. Hätte ich nach dem Tod die Wahl, ein Tier zu werden, würde ich auch lieber ein Tier ohne natürliche Feinde sein, eins, das der Mensch mittlerweile zu schützen pflegt – da wäre der Adler nicht zu verachten. (Wenn diese Vorstellung Wirklichkeit wäre, gäbe es irgendwo viele Adler und Löwen.)

Sollte man als Mensch öfter auf die Welt kommen, war ich schon mal hier, und da muss es mir ziemlich dreckig gegangen sein, als unglücklicher, betender Mensch, krank, in Gefangenschaft an einem der grässlichsten Orte der Welt – dann wäre dieses jetzige Leben so was wie eine Wiedergutmachung. Es kann natürlich passieren, dass sich in diesem Leben das Blatt noch gewaltig wendet und mir noch viel Leid und Schmerz, viel Grausiges und Furchtbares widerfährt, dann habe ich die Abrechnung noch vor mir...

Du darfst im Guten den Gedanken ans Schlechte nicht verlieren, um dankbar zu bleiben.

15. Oktober

Eine Radfahrerin kämpft sich an der Hütte vorbei. „Bikerin" müsste man allerdings heute sagen. Ein hübsches, zierliches Mädel, aber nicht ganz gescheit – denn sie schaut nur auf den Boden, tritt in die Pedale, ihr Oberkörper geht voll mit. Sie sieht mich nicht, obwohl sie nur zwei Meter an mir vorbeiradelt. (Eine so lausige Erscheinung bin ich mit meinen 1,85 Metern auch wieder nicht?) Ich wollte sie ansprechen, doch sie kann mich nicht hören. Aus ihren Ohren hängen Drähte heraus, die auf Techno-Music schließen lassen. Nichts hören, nichts sehen und sagen, wie die drei Affen. – Für solche Personen, die die Natur ignorieren, gibt es doch Hometrainer. Ach Mädel, für dich wäre ein finstrer Keller ideal – der frühe Tau hängt an den Lärchen und wird im flach einfallenden, herbstlichen Licht reflektiert; aufsteigender Dunst und die riesige Fichte trennen die Sonnenstrahlen in hundert Lichtröhren. Das kreischende Melden des Tannenhähers wird vom klagenden Ruf eines Schwarzspechts unterbrochen. In den Baumkronen tummeln sich zwitschernd Schwärme verschiedener Finken und Gruppen unterschiedlichster piepsender Meisen. Das schon zum Teil umgelegte Farnkraut leuchtet braungelb. Und du bekommst von alledem nichts mit!

Was für Gnade dem Wanderer, der mir gerade ein herzliches „Grüß Gott" entbot: „Herrlich, ist das heute schön; der goldene Oktober; ich trinke einen Enzian, dann geht's weiter zur Gotzenalm; auf dem Rückweg komm ich wieder vorbei und trinke noch einen."
Ein Knall und ein Quietschen, die Radfahrerin donnert zu Tal, an uns vorbei, mit voller Konzentration, um nicht zu stürzen. „Wenn die mal nicht stürzt", meint der Wanderer, „wäre schade um das schöne Gesicht." Sie wird bald zu Hause sein, wo sie auch hingehört – und der Tag beginnt zu leuchten.
Der Bergradfahrer, oder halt Mountainbiker, ist neben Drachenflieger, Gleitschirmflieger und Skipistentourengeher eine seltsame

„Frucht", die die Evolution der Menschheit hervorbrachte. Lassen wir mal Drachen- und Gleitschirmflieger außen vor:
Der MountainbikerIn hat so ziemlich die gleichen Merkmale wie der SkipistentourengeherIn. Das liegt eindeutig daran, dass der Skipistentourengeher aus dem Mountainbiker entstand, weil des Mountainbikers Winterbeschäftigung eben Skipistentourengehen ist.
Der Mountainbiker gehört zu einer geplagten Rasse, die bei ihrem täglichen Brotverdienen, sei es im Büro oder bei richtiger Arbeit oder auch als Selbstständiger oder Industrieller unter Stress und Zeitdruck steht. Seine einzige Möglichkeit, den Stress und den Druck loszuwerden, ist Mountainbiken. Man kann sie in Gruppen oder, wie vorher beschrieben, auch einzeln beobachten. Wenn man sie beim Aufwärtstreten antrifft, hat man noch Glück. Sie starren in den Boden, beißen schwitzend die Zähne zusammen und grüßen nicht, denn das ist zu anstrengend; sie könnten ja in ein Gespräch verwickelt werden und dafür müssten sie stehen bleiben – das geht nicht, die Zeit läuft. Wichtig ist doch, mit einer Glanzzeit die Etappe zu meistern. Unberechenbarer als ein Lawinenabgang, den man anhand der Schneelage in etwa vorhersagen kann, sind sie, wenn sie wieder hinunterfahren und ungebremst auf den Fahr- und Forststraßen ins Tal brettern. Erst jetzt wird einem klar, warum es hinauf schon so pressiert. Sie haben nämlich eine raffinierte Strategie entwickelt: Sie bauen den Stress nicht ab, sondern geben ihn einfach weiter, geben ihn weiter an die Wanderer, die zu tun haben, ihre Kinder samt Hund von der Straße zu reißen. Einer der größten Kicks ist's, logischerweise ungebremst, durch unübersichtliche Kurven zu donnern, um dem Auto- oder Lastwagenfahrer, der entgegenkommt, auch einen Teil ihres Stresses zu übertragen. Bremsen auf der Schotterstraße ist dann nicht so einfach, aber das wurde vorher noch nie ausprobiert oder es ist vergessen. So bremsen sie dann mit den Knien, Oberschenkeln, mit den Händen, Unter- und Oberarmen, aber oft auch mit dem Kopf – das macht aber nichts, denn die meisten ha-

ben einen Helm auf. Haben sie dann so einen Abgang ins Gelände, auf oder unter ein Auto überlebt, kann der Stress komplett abgebaut werden. Zuerst legen sie sich in Krankenhäuser, dann bewohnen sie Rehabilitationskliniken. In dieser Zeit machen andere ihre stressige Arbeit und sie haben Zeit, darüber nachzudenken, wie unwichtig sie sind.

18. Oktober

Ich mache den letzten Brand hier am Priesberg. In der Brennerei ist's noch schön warm, im Gärraum hingegen ist der Ölofen schon seit drei Tagen aus.

Die Kälte und zehn Zentimeter Schnee haben die Blätter von dem alten Ahorn geholt, wobei die jüngeren Bergahorne zum Teil noch die gelb gefärbten Blätter tragen, einige Bäume sind sogar noch grün. In den höher gelegenen Lärchenwäldern hat schon die rötlich-gelbe Färbung begonnen und die Sonne lässt die Wälder scheinbar brennen.

Heute gibt's noch mal 2000 Liter warmes Wasser, das sogleich zum Putzen und Fliesenschrubben verwendet wird. Ab morgen wird es hier herinnen unwohnlich und kalt. Die acht leeren Edelstahltanks sind aufgestellt, sodass keine Maus darin verenden kann. Wenn man an sie anstößt, erzeugen sie einen eiskalten Metallton und verleihen der Räumlichkeit einen halligen, ungemütlichen Charakter.

Vor zwei Tagen sind Michaela, die Kinder und ich zum Schneibsteinhaus (1668 m) gewandert. Der Wirt veranstaltet jedes Jahr um diese Zeit ein Gamsessen und diese Delikatesse lassen wir nie aus. Zur Auswahl standen Gamsgulasch oder Gamsbraten mit kräftiger Sauce, einem ziemlich großen Semmelknödel mit Petersilie und Speckstückchen drin, also ein Knödel und kein Klößchen! Dazu gab's gut durchgekochtes Blaukraut und das Ganze war mit einer

Kompottbirne garniert (für was die Kompottbirne sein soll?). Mit Bier bzw. Rotwein genossen und mit einem Schnäpschen vom Wirt begossen, haben wir uns zwei Schlitten ausgeliehen und konnten, nicht nur zur Freude der Kinder, den ganzen Weg bis nach Königsbach herunterrodeln. Die Brennhütte ließen wir dabei links liegen. Von Königsbach ging es dann mit dem Geländewagen nach Hause.

Putzen, um es wieder zu beschmutzen! Dass die Fliesen die ganze Putzerei aushalten, ist schon gigantisch. Kacheln und Fliesen sind für Betriebe wie Metzgereien, Bäckereien, Küchen usw. eine super Erfindung. Wenn man den Belag immer gleich mit warmem Wasser abwäscht, ehe sich eine vertrocknete Dreckschicht bildet, hat man immer einen sauberen Arbeitsplatz. Aggressive Scheuer- und Putzmittel sind dann beinahe überflüssig. Viele Besucher, die den Blick in die Bergbrennerei riskieren, wundern sich über die saubere, fast schon modern wirkende Anlage, denn die Hütte sieht ja von außen alt und romantisch aus. Obwohl die Brennerei aus dem Jahre 1964 stammt, glänzt sie wie neu. Das kommt vom Putzen, Putzen, Putzen. Schon mein Vorgänger putzte ohne Ende. Der Dreck hält sich aber nur dann in Grenzen, wenn der Schmutzverursacher auch der Putzer ist. Den Dreck, den ich beim Holzholen in die Brennerei trage – die Späne, Nadeln und Erde, die das Wasser von der Schuhsohle zieht, muss ich selber wieder wegputzen. Natürlich kann man auch weiter durch die Schlafkammer bis ins Stüberl latschen, ohne die Schuhe auszuziehen, doch einer der selber putzt, wird das nicht oft machen. Der Wassertrog muss auch regelmäßig geschrubbt werden, sonst gedeihen Keime, Algen und Moos. Da ist es dann nicht zu vermeiden, dass der Brennmeister ausflippt, wenn dumme Eltern ihren unwissenden Kindern zusehen, wie sie den Wassertrog mit Erde und Sand anfüllen und den Ablauf zustopfen.

Ein jedes Tier, ein jeder Vogel
putzt sich raus, oft ganz schön nobel.
Auch was da kreucht und fleucht, das muss sich putzen,
um im Dreck nicht zu verschmutzen.
Der Mensch der lässt meist andere putzen,
sie werden kleingehalten, um sie auszunutzen,
denn der, der niemals putzt,
verursacht meist den größten Schmutz.
Man hält sich dann so einen Deppen,
der wischt und scheuert die Scheiben klar,
um im Dreck nicht zu verrecken,
für wenig Geld, das ist doch klar.

Nach dem Brennereiputz ging ich, schon bei Dämmerung, mit den beiden geliehenen Holzschlitten auf den Rucksack gebunden, zum Schneibsteinhaus, welches aber geschlossen war. Die Wirtsleute haben nach den zwei Tagen Trubel einen Ruhetag eingelegt. Ich deponierte die Schlitten in ihrer Holzhütte und ging zehn Minuten weiter zum Stahlhaus (1736 m). Nach einem Begrüßungs-Kräuter saß ich mit zwei weiteren Gästen in der Gaststube. Aus dem Gespräch konnten meine zwei Tischnachbarn entnehmen, dass ich der Schnapsbrenner bin und wollten dann genau wissen, was ich den ganzen Sommer so treibe. Ich aber wollte den Wirt besuchen und hätte ganz andere Gesprächsthemen gesucht. Da kam die Rettung: „Hubert, komm rein in die Küche, wir machen gerade Brotzeit." Ich verabschiedete mich von den zweien und erklärte ihnen noch, wo sie mich morgen finden können.
An dem Tisch, in einer Berghütte an der deutsch-österreichischen Grenze, saßen acht Leute unterschiedlichster Art: zwei Gendarmen, eine Rumänin, ein Türke, drei Österreicher und der Schnapsbrenner. Ich trank mein Bier ziemlich schnell aus, um wieder wegzukommen von dieser traurigen Runde. Ein riesiger Fernseher über dem Brot-

zeittisch erschwerte das Essen, lautstark und störend. Die lausigen Dialoge behandelten nur das Fernsehprogramm, ein Gespräch kam erst gar nicht zustande. Es sprach der Fernseher, ein Ratequiz, wo es um Millionen geht. Alle Augen gafften zu dieser Glotze hoch, nur die des Schnapsbrenners nicht, und ich stand auf. „Gehst du schon?" „Ja, ich muss meinen Verdauungsspaziergang machen." Ich bezahlte und ging in die Nacht hinaus, vom Joch auf dem schon wieder fast abgetauten Fahrweg zur Brennhütte.

Ich schreibe so oft ich, das stört mich ein wenig.
Aber wie sollte ich nicht ich schreiben, wenn nur ich da bin?

Wenn ich meine letzten Zeilen lese, fällt mir auf, dass meist kurze Geschichten aufs Blatt kommen. Ich hatte auch wenig Zeit, hier am Priesberg, um Längeres zu schreiben; das Schnapsbrennen in Verbindung mit den Gästen und meiner Familie beanspruchten mich ausreichend; ich wurde im Kopf nie frei – frei schon, aber halt nicht genug, um Schriftsteller zu spielen. Wenn abends mal kein Besuch kam, wurde gegrillt und ich sang mit meinen Lieben Lieder bis in den Schlaf.
Das Leben besteht zum Großteil nur aus Kurzgeschichten. Ich muss nur um das Hütteneck gehen, treffe neue Gäste – und schon bin ich wieder in einer anderen Geschichte, in einer meist nur sehr kurzen. Dies ist abwechslungsreich, turbulent und auf keinen Fall langweilig. Ein paar Sätze, kurze Anekdoten oder Witze, einige Gesten, oft nur ein Blick, aber zu kurz, um sie aufzuschreiben. Gerne würde ich eine längere, fesselnde Story von der Priesberg-Brennhütte verfassen, aber ich hab kein Material dazu. Nur die tägliche Datierung würde die einzelnen, kurzen Begebenheiten zu einer fortlaufenden, chronologischen und faden Geschichte verbinden, die wirklich nur dokumentiert, dass die Zeit vergeht.

Meist geht es nur um ein paar Worte. Die Frage, „wie geht es dir", die man sowieso mit „gut" beantwortet, ist ein Verlegenheitsbeitrag, wenn man gar nicht weiß, was man sagen soll. Wenn jemand sagt, „siehst aber gut aus", wird man kaum antworten „der Schein trügt." Das Wetter ist natürlich bei den Urlaubern das wichtigste Thema. „Heute ist es aber schön", oder „so ein Sauwetter", hört man schon mal freudig bzw. klagend. Schwierig wird's für mich, wenn man mich fragt, wies Wetter wird. Viele sind der Ansicht, dass die Einheimischen wissen müssten, wies Wetter wird. Wenn ich das tatsächlich wüsste, wäre ich mit Sicherheit nicht hier als Schnapsbrenner tätig. Sicherlich gibt es einige Phänomene, die man deuten kann. Ich weiß eine Stelle, wenn da der Nebel durchzieht, regnet es in zwei Minuten – Trefferquote beinahe 100 %. Dann gibt es auch noch den Trick mit dem Telefon. Ein kurzes Knacksen in der Leitung und ich kann sagen, dass es gleich donnert, auch wenn der Himmel überm Priesbergmoos noch blau ist – der Donner folgt. Da ist dann irgendwo ein Gewitter und die entstehenden Spannungen übertragen sich aufs Telefon. Ein Hellseher bin ich dadurch freilich nicht, darum sind auch umfassende Wetterprognosen nicht möglich. Außer:

Wenn viele Wanderer geh'n, wird's Wetter meistens schön.
Wer zu früh von der Brennhütte geht, sicher bald im Regen steht.
Bei schlechtem Wetter mit schlechtem G'wand ist schlechter, als bei gutem Wetter mit gutem G'wand.
Nur Arme und Dumme frieren. Bist du arm oder dumm?
Regnet es hier immer? Nein im Winter schneit es!
Trägt der Watzmann einen Hut, wird das Wetter gut.
Trägt der Watzmann einen Sabel, wird das Wetter miserabel.
Donnert's im Mai – ist der April vorbei.
Kannst du den Watzmann überhaupt nicht mehr seh'n, ist's alles andere als schön.

Trägst du die Sonne im Herzen, kannst du das Sauwetter locker verschmerzen.
Es kann regnen oder schnei'n, oder auch schön Wetter bleib'n.

Hier am Priesberg wurde viel gelacht, gefeiert und selbstverständlich Schnaps probiert. Die Menschen genossen ihren Urlaub – wäre auch traurig, wenn sie in ihrer Freizeit grantig rumwandern würden. In einer lockeren, fröhlichen Atmosphäre tat sich so mancher schwer, wieder heimzugehen (manchmal auch schwer, heimzukommen). Unzählige Male hab ich Gästen mit dem Alphorn oder der Posaune beim Abmarsch nachgeblasen. Wenig Tage gab es in diesem Sommer, an denen ich nicht mit der Gitarre oder der Harmonika ein Liedchen gesungen habe, zur Freude der Wanderer und oft tief ihr Gemüt berührend. Alles nur kurze, sich zum Teil ähnelnde Erlebnisse und doch jedes Mal anders. Für mich hieß das, in manchen Wochen, in denen das Wetter gut war, jeden Tag lustig sein, jeden Tag ein Fest, was sag ich: mehrere Feste – kürzere und längere. Da könnte man süchtig werden – feiersüchtig, aber da hab ich kein Problem damit, feiersüchtig war ich schon immer. Jeden Tag Fröhlichkeit – und nichts als Fröhlichkeit, das könnte übermütig machen, man muss wachsam sein und sich im Griff haben. Aber eigentlich gibt's doch nichts Schöneres als eine unendliche Feier…

Viele spontan zusammengetroffene Diskussionsrunden tagten vor der Brennhütte, mit dem gleichen Erfolg wie die aus dem Fernsehen – nur mit dem gravierenden Unterschied, dass man mitmischen konnte. Das meiste war aber nur Blödsinn, Blödsinn des Blödsinns wegen; nichts Aussagekräftiges oder Weltverbesserungsmäßiges. Einige vertraten knallhart ihre Meinung, die Meinung, die sie aus einer Zeitung oder aus dem Fernsehen geholt haben und daraus ihre Version schnitzten. Schön, dass es auch solche Menschen gibt, aber ich denke, bei den meisten Diskussionsstoffen ist Zurückhaltung angesagt – denn was kann ich schon behaupten, was ich selber nicht erlebt oder gesehen habe?

Menschen die ihr Herz ausschütten, jene, die in die Berge fahren, um von ihrem prüden Leben, von Stress und Alltag Abstand suchen, kehren bei der Brennhütte ein und klagen von wackligen Firmen und Arbeitsplätzen, von der kaputten Ehe oder von der neuen Freundin oder Freund, vom freudigen Nachwuchs bei Mensch oder Hund, vom Verlust eines lieben Menschen, vom Tod.
Einer sagte, nachdem er einen kräftigen Schluck aus der Bierflasche nahm und das Gläschen in einem Kipp leerte, „Mann, ist das schön hier; wozu brauchen wir eigentlich Frauen?" Und obwohl ich von seiner Geschichte schon eine Vorahnung hatte, erzählte er ausführlich, was eh schon klar war. Im Großen und Ganzen ging es halt wieder um das leidige Thema, dass wir vielleicht doch zu oft bei den oder mit den Frauen rumhängen und eben das Zuoft nicht gut ist – und dass wir in den meisten Fällen doch nicht so gut zusammenpassen, wie man das, vom „rein Technischen" abgesehen, vermuten könnte. „Die Hirsche haben nur einmal im Jahr Stress mit den Weibern, danach leben sie wieder allein oder in Junggesellengruppen und das weibliche Geschlecht ist ihnen so was von egal ... und genauso mach ich das jetzt auch." Er habe sich eine Woche im Stahlhaus eingemietet und möchte einfach nur seine Ruhe „von dieser ganzen Scheiße."
„Das ist aber hier sehr gefährlich: Ich meine, dass deine Freundin hier aufkreuzt, oder gar deine Frau, oder, um Gotteswillen, beide gleichzeitig, ist ziemlich unwahrscheinlich (wenn du inkognito hier bist), aber Frauen laufen hier genügend rum, die so einem wie dir gefährlich werden könnten. Doch noch mal zurück zu deinem ersten Ausruf: Ich erwisch mich auch ab und zu dabei, eine schöne Landschaft, einen schönen Berg oder Baum mit der Schönheit einer Frau zu vergleichen, oder auf gleiche Ebene zu stellen; mir scheint auch die Flucht in die Berge, um einem Ärger aus dem Weg zu gehen bzw.

um eine Sache zu beruhigen und Abstand zu suchen, besser, als meinetwegen das Saufen zu beginnen. Doch viel besser als der Vergleich ist doch, das Schöne miteinander zu verbinden – und in deinem Falle würde ich sagen, du hättest eine der beiden Damen (Hirschkühe) mit in die Berge nehmen müssen, denn wenn du nach diesem Alleinurlaub wieder nach Hause kommst, hat sich null verändert."

„Ach was, bist wohl Psychologe – oder wie."

Ob ich tatsächlich psychologische Fähigkeiten besitze, fragte ich mich, als der Mann drei Wochen später wieder zu mir kam und mir seine Freundin vorstellte. Als sie ins Gebüsch verschwinden musste, bedankte er sich bei mir für das damalige Gespräch, das ihm nicht mehr aus dem Kopf gegangen sei und ihn tatsächlich dazu bewegt habe, eine Entscheidung zwischen den beiden Frauen herbeizuführen. Als er sagte, dass ich ein feiner Kerl sei, war ich dann schon ein wenig gerührt.

Solch nachdenkliche, oft ergreifende Gespräche kommen meist an verregneten Tagen zustande. Diese Gespräche, die dann so einen Tag mit einem melancholischen Band durchziehen, sind nicht weniger wichtig für mich als die fröhlichen. Alles aus dem wirklichen Leben, nichts erfunden oder inszeniert, einfach nur passiert, ganz ohne Drehbuch, nur mit einem Regisseur – dem Leben. Mancher Gast vertraute mir seine ganze Lebensgeschichte an, berichtete über Höhen und Tiefen, über Freud und Leid, stellte seinen Glauben und die Religion in Frage, das Universum, den Beginn und das Ende der Welt, oder fragte sich nach dem Sinn des Lebens.

Der Sinn liegt nur in der Fortpflanzung, denn aus der Nahrungskette hat sich der Mensch schon lange rausgeschraubt. Die paar, die von Haien oder Krokodilen gefressen werden, fallen da nicht ins Gewicht. Der Sinn der Fortpflanzung liegt eigentlich nur darin, dass es immer weitergeht. Aber warum es immer weitergehen soll und wohin, das wird nie jemand wissen...

Sehr persönliche Anschauungen und Meinungen wurden mir meist von Älteren anvertraut. All dies wäre es wert, aufgeschrieben zu werden, aber das müssten diese Menschen selber machen. Ich kenne nur die Kurzfassungen.

Suche niemals nach dem Sinn des Lebens,
suche lieber nach etwas, das du auch finden kannst.

Da gab es zum kontrastreichen Gegensatz auch Menschen, die sich zur Brennhütte lümmelten, um alles hängen zu lassen. Als Retter kam der Spruch: „Servus! Habt ihr Durst?" Worauf sie sich belästigt fühlten und „um Gottes Willen, bloß keinen Schnaps" zeterten.
„Dann probiert halt mal einen schönen Kräuterlikör."
„Wir trinken gar keinen Schnaps."
„Ein Likör ist kein Schnaps und um einige Prozente leichter."
„Wir haben alles selber dabei."
„Wollt ihr zu eurer Brotzeit einen Schluck Bier?"
„Nö!"
Schräg gegenüber zwei Pärchen, so um die 45, die schon eine Weile saßen; einer von den Vieren stand auf und schenkte Kräuter nach: „Wozu soll ich in den Puff gehen, wenn mich Frauen nicht interessieren?" Dazu noch die Bemerkung eines einheimischen Bergführers, der alle zwei Wochen mit einer mehr oder weniger großen Wandergruppe hier Station macht: „Es gibt auch Leute, die melden sich selber zum Skikurs an, wollen aber gar nicht Skifahren." Die Abstinenzler verstanden keineswegs, dass man lautstark über sie lästerte und blockierten unbehelligt die Sitzplätze.

Die meisten Gäste halten sich daran, wenn man ihnen, nach Inspizierung ihres Schuhwerks und der so unauffällig wie möglich vorgenommenen Musterung ihres Körperbaus, von einem Weg abrät. Doch so einige Handymenschen meinen, wenn sie bei dreißig

Zentimeter Neuschnee und Nebel auf den Schneibstein gehen, sind sie auf der sicheren Seite. Du kannst solche Ignoranten nicht mehr umdrehen – warum diese überhaupt erst fragen? – weil sie es sowieso besser wissen und ich steh als Panikmacher und Übertreiber da. Ich sage: „An den weitläufigen Hochplateaus des Schneibsteins verläuft sich bei so einem Sauwetter auch ein ortskundiger Einheimischer."

„Ach was, so schlimm wird's schon nicht werden, wir haben ja ein Handy dabei." Die Freiwilligen von der Bergwacht bedanken sich dann bei solchen Hirnlosen.

Manchmal, und das ist für mich total verblüffend, setzen sich Leute vor die Hütte und lesen, lesen einen fetten Roman und sind total weggetreten. Wenn sich jemand auf dem Weg zur täglichen Arbeit, z.B. in der U-Bahn hinter einem Buch versteckt oder eine Zeitung liest, kann ich das verstehen; aber hierheraufzugehen, um sich die Süddeutsche reinzuknallen, weil es ein toller Ort zum Lesen ist?

Zu meiner Erschütterung musste ich feststellen dass seit heuer der Handyempfang hier einwandfrei funktioniert; da haben sie wohl die Senderfrequenz auf der Jennerspitze noch weiter raufgeschraubt. Wieder ein Stückchen Almfriede weg. Jetzt saßen die Leute oft vor der Hütte und telefonierten: „Rate mal, Erna, wo wir jetzt gerade sind...." Sie suchten nach Empfang: „Ich habe einen Balken", „ich habe drei Balken", „bei mir zeigt es zwei Balken"... Ich führte die handyfreie Zone ein, aber die wurde von den Erwachsenen genauso ignoriert, wie das generelle Gameboy-Verbot von den Kindern.

Drei Jahre später drehte sich diese Entwicklung wieder. Zunehmend wurde den Gästen das Handy peinlich, es wurde fast nie bei der Brennhütte telefoniert und einen Anruf zu bekommen, war den meisten unangenehm: „Normalerweise hab ich es beim Berggehen aus", bekommt man dann zu hören. Allerdings wurden diese Geräte dann als Fotoapparat und als Filmkamera benutzt. Seitdem kannst du nichts mehr sagen, ohne dass dich irgendjemand dabei filmt. Das ist ziemlich lästig und schon fast Freiheitsraub – aber auch dieser Blödsinn wird sich irgendwann wieder geben.

Im Laufe der Jahre bin ich auch ein Kochkünstler geworden. Eine Mahlzeit aus dem, was weg muss, aus Resten und aus dem, was die Natur so hergibt (Beeren und Pilze), bringt immer wieder neue Kreationen hervor, die es in dieser Form meist nur einmal gibt. So wird diese Bergbrennerküche nie langweilig und die Mahlzeiten immer wieder ein neues Erlebnis. Für den, der sich selber bekocht, selber bedient und auch noch den Spüldienst absolviert und das alles ohne elektrischen Strom und Spülmaschine, erübrigt sich die Nachfrage nach Langeweile.

Man braucht nicht viel: Einen Sack Kartoffeln, oder Nudeln als Grundlage, einen Sack Zwiebeln und irgendeine Hartwurst oder Speck, die sich ohne Kühlschrank gut halten. Butter und Olivenöl, natürlich Salz und Gewürze und- ganz wichtig- Knoblauch. Alles andere ergibt sich aus Geschenken von Gästen oder aus frischen Eiern, Fleisch und Gemüse, das ich vom Tal heraufhole.

Interessant wird die Bergbrennerküche, wenn die Vorräte zu Ende gehen, wenn ich nichts mehr heraufbringe...

Da waren noch zwei Beutel Reis, ein Tetrapack Sahne, ein Rest – vielleicht drei Esslöffel – Ketchup, die ich mit dem Schluck Rotwein aus der Flasche rauslöste, der Rest wurde noch ein Schoppen voll; ein halbes Glas eingelegte Zuchini; eine Zwiebel, ein chinesischer Knoblauch, die letzte Bärlauchbutter; grüner Pfeffer aus dem Glas, der Resttropfen Olivenöl garniert mit dem Rest getrockneter Petersilie und Kräutern der Provence, ein bisschen Brühe und Salz und schon hatte ich so was wie eine sehr würzige Asiatische Reispfanne.

Morgen muss noch das Spaghetti Napoli fix dran glauben. Es ist noch von einem der Wurzelgraber in der Esskiste und war schon am Funtensee. Mit dem Rest der Sahne, dem Stück Salami, der allerletz-

Stimme in C — Auf da Brennhüttn

1. Strofe (Orig. Ox'n – Aüg'n)

Refr.

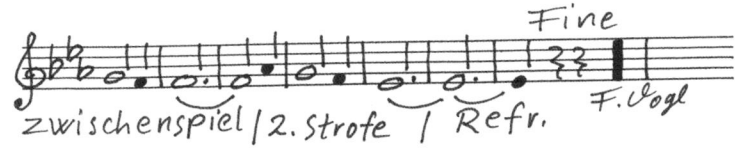

zwischenspiel / 2. Strofe / Refr.

Auf der Brennhütt'n

1   *Du fragst mi oft was mi do aufi ziagt,*
wo doch der Anton nach Mallorca fliagt,
die Malediven hob i nia g'seng,
in Australien bin i nia g'wen.
Wenn da Schnee weggeht ziagts mi aufi,
wenn da Enzian bliaht, ja dann werd's Zeit,
wenn de Mankei über d' Oima pfeiffen,
dann is wieder moi so weit.

Refr. A   *Auf da Brennhütt'n da bin i droben,*
den ganzen Summer lang – a jedes Jahr.
Do is des Lustigsein nu net verboten,
und da Enzian schmeckt wunderbar.
Auf da Brennhütt'n da bin i droben
und du kehrst bei mir ein – a jedes Jahr,
i dua Posaune spiel'n ganz ohne Noten,
wenn du wieder kommst – im nächsten Jahr.

Refr. B   *Auf da Brennhütt'n do bin i droben,*
den ganzen Summer lang a jedes Jahr.
Im Berchtesgadner Land bin ich zuhause,
rings um den Königssee wohl auf der Höh.
Auf da Brennhütt'n do bin i droben,
wenn der Kamin raucht, kehr bei mir ein,
da is des Lustigsein nu net verboten,
beim Glaserl Enzian so guat und fein.

ten Zwiebel und den allerletzten Tropfen Öl wird das Ganze auffrisiert. Mit der letzten Knoblauchzehe, dem letzten grünen Pfeffer und dem Stückchen Hartkäse wird aus den letzten Reisbeutelchen ein italienisch-ungarisches Mahl.

Der Bergbrenner mit seiner Posaune.

21. Oktober
Der letzte Tag am Priesberg.
In manchen Jahren musste der Schnapsbrenner gerettet werden und
das Destillat wurde mit Rodelschlitten runtergefahren. Wenn der
Schnee nicht mehr wegzugehen schien, wurde die Rettung auch mit
dem Unimog mit vier Ketten durchgeführt. Das Destillat, Brennereiinventar samt Bergbrenner wurden auf der Ladefläche abtransportiert. Dies blieb mir heuer erspart.
Der Zaun wurde niedergelegt, dabei sind einige Zaunstangen abgebrochen. Sie werden nächstes Jahr verheizt. Die guten Stangen lagern
mit den weiß geputzten, neuen Lärchenstangen unterm Vordach.
Das große Solarmodul hab ich schon vom Dach geholt. Der Geruch
des Kupferpoliermittels erinnerte mich wieder an meine erste Posaune, die man alle paar Tage putzen musste, um sie glänzend zu halten.
Der Ölofen ist vom Ruß gesäubert. In der Brennerei sind alle Leitungen geleert und alle Wasserhähne geschmiert. Die Holzhütte ist
gerammelt voll. Wie öd und leer wirkt nun die erkaltete, verschlos-
sene Hütte, der man ansieht, dass sie in fast 160 Jahren schon einige
Schnapsbrenner überdauert hat. Wenn die Fensterläden geschlossen
sind und der gemütlich-beruhigende Wasserstrahl verstummt, dann
kommt ein wenig Wehmut auf. Die Luft riecht nach Abschied. Verlassen steht die Hütte nun am Wegesrand, ein Kulturzeuge über die
alte Tradition des Enzianbrennens in Berchtesgaden.
Im Moos liegt nach einer klaren Nacht der Raureif, der durch die
warme Herbstsonne in Dampfschwaden über den Boden zieht und
schließlich verschwindet. Fuchs und Birkhahn laben sich noch an
den letzten, überreifen Blaubeeren. Die Murmeltiere schlafen schon
seit drei Wochen im Bunde der Familie zusammengerollt und anei-
nandergekauert in ihrem bis zu sieben Meter tiefen Bau, den sie mit
duftendem, trockenem Heu ausgepolstert haben, und zehren schon
von ihrem bis zu einem Kilo schweren Fettpolster. Der Schneewind
treibt die restlichen Nebelschwaden, vermischt mit Ahornblättern

und Lärchennadeln über die Brennhütte. Rückwärts stößt ein grüner Suzuki in den Weg hinein und fährt zu Tal.

Frisch blüht himmelan
Das Blümlein Enzian
Hoch dort im Bergrevier
Blüht es dir
Hat ja kein Mägdelein
So schöne Äugelein
Schaut dich so keine an
Als Enzian

Und in der Wurzel Saft
Strömt geheime Kraft
Tief aus der Erde Grund
Macht dich gesund
Von Herzleid und Körperweh
Heilet auf luftiger Höh
Dorten der Enzian
Weiblein und Mann

Drum bist du schwach und krank
So nimm von diesem Trank
Der nur kann helfen dir
Das glaube mir
Bald bist du wieder gesund
Wirst wieder kugelrund
Das hat allein getan
Der Enzian

Dem Silvest Grassl und seiner Enzian Brennhütte am Priesberg gewidmet
Berchtesgaden 1929
I.S.

Dieses Gedicht hängt vergessen in der Priesberg Brennhütte.

Herbstnebel im Priesbergmoos.

6
Herbst und Winter auf der Eckeralm

Über vier Monate war ich nicht mehr hier an der Enzianhütte auf der Eckeralm und es lauern einige Baustellen.

22. Oktober

Den Zaun hab ich gleich abgebaut, da die Stangen noch schön trocken waren. Seit fünfzehn Jahren immer dasselbe Spiel: Zaun aufbauen – Zaun abbauen. Manche Stangen hab ich schon dreißigmal hin- und hergeschleppt, und jedes Mal ist das Zaunmachen ein Kompromiss, denn nächstes Jahr wird er sowieso wieder von neuem errichtet – aber dann richtig. Aus dem alten Wassertrog und der Trogsäule hab ich Kleinholz gemacht, um es zu verheizen. Es muss ein neuer Schacht für den Ablasshahn betoniert werden, der hölzerne Vorgänger hat das Zeitliche gesegnet. Zwei behauene Steine, auf die der neue Wassertrog kommt, werden gesetzt. Den schmiedeeisernen Fuß, an dem die Trogsäule angeschraubt wird, hat Tal-Brenner Roman zum Schleifen, Grundieren und Lackieren mitgenommen. Den Trog werde ich wohl im Winter aushacken, wenn ein geeigneter Lärchen- oder Tannenstamm anfällt. Ein Unwetter hat irgendwann im Sommer einen Teil des Berghangs an der Hütte vermurt. Fleck Rudi bringt eine Unimogfuhre Kies. Ein Drainagerohr, zwei Stunden schaufeln und der Schaden ist behoben. Die kaputte Solarbatterie wurde gegen eine neue ausgetauscht. Der Ölwagen füllte den Heizöltank. Der Brennraum wurde beheizt.

9. November

+30 °C in der Brennerei und einen großen Brennholzvorrat hereingeholt, damit ich so schnell nicht mehr vor die Tür muss. Zurzeit verarbeite ich die am Funtensee und Priesberg überschüssig gegrabenen und getrockneten Meisterwurzeln.

Draußen peitscht ein Schneesturm. Die kleinen Schneekristalle wirbeln umher wie abertausende Mücken, die die jagende Schwalbe verwirren wollen und scheinbar nicht wissen wohin. Ein Chaos des weißen Elements mit unvorhersehbaren Seitenwechsel der Böen, die die Absicht haben, die Landschaft komplett zu verschleiern. Im Windschatten der Hütte taumeln die Flocken, bis sie vom nächsten Windstoss mitgerissen werden an einen unvorhersehbaren Ort, an dem sie schließlich liegen bleiben, um einen unscheinbaren, unwichtigen Platz in der gesamten weißen Pracht einzunehmen. Kein Vogel, keine Maus ist zu sehen, sie halten in irgendeinem Versteck inne, um instinktiv das Ende des weißen Infernos abzuwarten.

Die Murmeltiere am Priesberg, auf der Wasseralm und am Funtensee schlafen jetzt schon fast sieben Wochen. Von 36 Grad ist ihre Körpertemperatur auf circa 10 Grad gesunken, die Herzschläge durchschnittlich von 114/Min. auf 28/Min. reduziert und sie machen nur vier Atemzüge in der Minute. In der zweiten Aprilhälfte ist ihr Fettpolster dann aufgezehrt.

Wir Menschen machen in dieser Zeit Feuer, verbrennen Holz, Kohlen, Öl. Hätten wir dies nicht, müssten wir schon sehr früh – viel früher als unsere Zugvögel gen Süden ziehen –, ins Tal, um der Kälte auszuweichen.

Kurz nach dem Munterwerden paaren sie sich. Die Weibchen (Katzen) sind angeblich nur einen Tag paarungsbereit, da musst du als Bär alles geben, da ist keine Zeit für sinnloses Geschwätz, Zickigkeit und Migräne. Da muss was weitergehen, du kannst es nicht auf morgen verschieben, da musst du zu Hause sein, um deine Gene weiterzugeben – sonst musst du noch ein ganzes Jahr warten, du armer Kerl.

Die Tragzeit beträgt fünf Wochen, ehe die nackten, blinden und zahnlosen Affen zur Welt kommen. Nach 24 Tagen öffnen sie die

Augen, werden sechs Wochen gesäugt und sind dann nach zwei Jahren geschlechtsreif.

Dreißig Zentimeter tief ist der Almboden untergetaucht. Die Fruchtstängel der Gräser und des Alpenampfer spitzen noch aus der Schneedecke. Alle Jahre wieder stapeln sich die Schneekristalle hier heroben bis zu 2 Meter hoch, um spätestens Mitte Mai wieder in flüssiger Form den Almboden zu durchnässen oder den Bach runterzulaufen bis ins Schwarze Meer.

Das ist Musik in den Ohren eines Schnapsbrenners, wenn die Gärbottiche blubbern und das Ganze wird in diesem kahlen Raum mit Hall verstärkt! Es gären Enzianwurzeln aus dem Ackeranbau. Seit circa dreißig Jahren wird der Gelbe Enzian (Gentiana lutea) im bayerischen Alpenvorland angebaut. Denn auch die Pharmaindustrie benötigt von der Droge Radix Gentiana einige hundert Tonnen im Jahr – hauptsächlich wegen der Bitterstoffe, die man dann als Inhaltsstoff beispielsweise in Magentropfen finden kann.

Die Enzianbrennerei Grassl hat damals den Lehrstuhl für Gemüsebau der Technischen Universität München-Weihenstephan bei den Forschungsarbeiten zur Kultivierung des Enzians tatkräftig unterstützt. Die Anbauversuche wurden in Frankreich, Italien und Bayern durchgeführt. Aus verschiedenen Herkunftsorten (Ökotypen) stammte das Saatgut: aus Sardinien, aus dem Aostatal und der Brenta in Italien, aus der Steiermark, den Vogesen, der Auvergne, dem französischen Zentralmassiv, aus dem Schweizer Jura und aus den bayerischen nördlichen Kalkalpen.
Untersucht wurde die Jungpflanzenanzucht im Vergleich der verschiedenen Ökotypen und die Wahl des Standortes, die Feldvorbereitung und Pflanzung; dazu kam natürlich das Problem der Unkrautbekämpfung und die Frage der zweckmäßigen Düngung. Außerdem

beobachtete man die Entwicklungsdauer am Acker, Krankheiten und Schädlinge und den richtigen Erntezeitpunkt.

Der Samen unseres Acker-Enzians kommt meist vom Hochschwarzeck in Ramsau, unserer Samenbank. Sie werden dann einer Kältebehandlung unterzogen, denn ohne Frost keimt kein Enziansamen. In einer Gärtnerei zieht man die Pflänzchen heran, welche dann auf dem Acker zwischen vier und sechs Jahre wachsen, um den nötigen Ertrag zu bringen. Im Gegensatz zur Ernte am Berg muss am Acker immer wieder neu gepflanzt werden. Selbst mit schweren Maschinen ist die Arbeit dort kein Honiglecken. Viel Geduld und Handarbeit, sei es Unkrauthacken oder das oft hartnäckige Säubern der Ernte bleibt auch bei den Ackerwurzeln nicht erspart.

Die Wurzeln werden gewaschen und in der Enzianbrennerei in Unterau mit einer zweimotorigen Mühle (Faller Mühle FF2), die mit Starkstrom angetrieben wird, geschrotet. Viertausend Kilo benötigt Talbrenner Roman, um einen Gärtank in Unterau einzumaischen, 75 Kilogramm Hefe und viel Wasser.

Knappe 1300 Kilogramm Wurzeln, die man mit dem Lastwagen bis vor die Hütte fuhr, habe ich in den acht Bottichen verteilt.

10. November

Schnapsbrennen – sonst nichts. Nichts treibt mich, nichts lenkt mich ab von mir selber und der Arbeit. Die Rossfeldstraße ist schon 50 Zentimeter tief verschneit; ich habe genügend zu essen und zu trinken, das Bett und die Hütte sind warm; im Hinterkopf das Wissen um die Schneeräumfahrzeuge, die in zwei bis drei Tagen die Straße wieder frei machen, geben mir noch ein bisschen Schub, um diese Zeit zu genießen – eine wunderbare Zeit, um wieder mal Schriftsteller zu sein. Jetzt ist mein Horizont ausschließlich auf diese Mauern geschrumpft. Ohne Stiefel und Gamaschen kann oder will ich hier nicht weg. Nur eine schmale Gasse zur Holzhütte halte ich mit der Schaufel frei.

Mit einer Stange, an der ein mit warmem Wasser getränkter Lumpen hängt, putze ich immer wieder den Schnee und das Eis von dem Solarmodul, um das Zusammenbrechen der Stromversorgung zu verhindern, denn das Licht brennt schier den ganzen Tag. Sonst liegt Nichts in meiner Macht, ich kann nicht beeinflussen, wie viel es schneit – und wenn's eine ganze Woche dauert. Beim Durchblättern meiner Notizen ist mir diese Geschichte vom Priesberg in die Hände gefallen:

Heute kommt keiner mehr. Ich bin von der Welt abgeschnitten. Ein reißendes Wildwasser zerschneidet den Weg zur Brennhütte und es regnet, es regnet und der Regen wird immer stärker. Wo kommt das viele Wasser her? Müssten nicht die Wolken längst leer sein? Was ist mit dem lausigen Rinnsal zwischen Brennhütte und Holzhütte? Ein tosender, brauner, reißender Fluss, der alles mit ins Tal nimmt. Wenn der Bach noch einige Zentimeter steigt, muss meine Brücke auch dran glauben – und was kann ich dagegen tun? Nichts, gar nichts. Ich kann nicht einmal aufs Klo, es ist überschwemmt, sogar durch die Holzhütte läuft das Wasser. In der Brennhütte ist es trocken und im Gärraum hat es +30 °C. Es ist bereits eingemaischt. Ich heize den Ofen im Stüberl, um meine Klamotten zu trocknen und schreibe diese Zeilen.

Die Holzstämme, die ich als Sandsackersatz verwendet habe, hat das Wildwasser kassiert. Ein wunderbares, sehr seltenes Gefühl: im Trockenen, in Sicherheit (zumindest gefühlte Sicherheit) und absolut machtlos gegen das, was da draußen passiert. Sicher könnte ich mit der Schaufel gegen Windmühlen kämpfen, aber wozu soll das gut sein?

Machtlos. Ich schau durch das Fensterkreuz, durch mundgeblasenes altes Glas; rotes Knabenkraut, Gelber Enzian und Arnika stehen den zur Erde prasselnden Wassertropfen entgegen, der Ofen knistert, der Bach donnert.

Was will der alte Mann da draußen? Er stochert schon seit einer halben Stunde mit einem Pickel im Wasser herum; er, der schon alles mitgemacht hat, er mit seiner Erfahrung, ein Austragsbauer und Handwerker. Er überlebte einen Gehirntumor und ist seitdem jeden Sommer auf der Alm. Müsste er nicht die Machtlosigkeit erkennen? Viermal mehr Wasser als das Durchlassrohr schlucken kann, hat den Fahrweg längst zerstört.

Ich tu so, als wäre ich nicht hier. Wenn ich jetzt rausgehe, heißt es nur: der Bach zerstört den Weg und der Brenner schläft.

Er steht bis zu den Knien im immer größer werdenden Bach, gebückt, der Pickel verschwindet, seine Hände trennen eine Wasserfontäne vom ins Tal stürzenden Ganzen. Vom stärksten Element durchnässt und vernichtend geschlagen, gibt er schließlich auf.

Ich denke, dass wir Menschen machtlos sind, auf alle Fälle machtloser als wir oft denken. Wir merken es nicht oder besser, wir wollen es nicht wahrhaben. Wir sind nicht in der Lage, die Explosion der Weltbevölkerung aufzuhalten – theoretisch schon aber praktisch nicht, außer wir bringen uns in noch größerem Stil gegenseitig um – und wenn's so weit ist, haben wir die Sache wieder nicht unter Kontrolle. Sollte eine Epidemie oder eine Naturkatastrophe die Menschheit dezimieren, haben wir nichts dagegenzuhalten, genau wie's den Dinosauriern erging. Wir können mit unserem Verstand nur versuchen, den rollenden Stein ein bisschen zu bremsen, mit Barrieren den Schwung zu verringern, aber ihn aufhalten und stoppen können wir nicht. So wie wir das Abholzen der Regenwälder nicht stoppen können, geschweige denn das Abschmelzen der Alpengletscher und des scheinbar ewigen Eises der Pole. Wir wüssten zwar, wie es geht, aber nur theoretisch – und schon sind wir wieder ziemlich am Anfang dieses Büchleins: Was hilft ein „gezeichneter" (im Sinn von Geplapper) Plan von lauter Theoretikern, wenn ihn keiner lesen bzw. umsetzen kann? – gar nichts.

Und welchen Schluss ziehe ich jetzt daraus?

Nimm dein Leben gelassen und nicht so wichtig, mach dir selber wenig Druck und akzeptiere, wenn du machtlos bist; machtlos gegen das Höhere, das allgegenwärtig ist. Denn wenn du erkannt hast, dass du wenig Einfluss hast auf das, was kommen mag, bist du öfter in der Lage zu lächeln; lächelst über dich und andere. Reg dich nicht auf, weil du es nicht geschafft hast, obwohl du alles in deiner Macht stehende dafür getan hast. Probier es halt noch mal und wenn's dann nicht klappt, noch mal; aber vielleicht sollte es einfach nur nicht sein und es ist gut für dich, dass du es nicht geschafft hast.

Beim Fällen eines Vogelbeerbaums vor der Enzianhütte fiel die Rinde ab. Staubtrockene Rinden eignen sich hervorragend zum Anheizen. Mit der Rinde brachte ich auch einige Spinnen in die Brennerei, die über Nacht an der Brennblase ihre Netze spannten. Mit dem Heißwerden des Brenngerätes kam Bewegung in ihr, von diesem Zeitpunkt an, kurz bemessenes Leben. Die alkoholischen Dämpfe steigen im Helm auf und die Hitze (mindestens 80 °C) schleicht langsam von unten nach oben. Ein Achtbeiner wollte der Hitze ausweichen – als es ihm zu heiß wurde, ließ er sich fallen, schlug am Ablassstutzen auf und kam auf der Ofentüre zum liegen, er verschmorte sofort. Ich dachte mir, „so ein Pech" und war gespannt, wie es einer weiteren Spinne im Kampf mit der Hitze ergehen würde. Sie hangelte zwischen Einfüllloch und Schauglas. Das Messing an den Fixpunkten ihres Fadens war zu heiß, um noch zu landen und wegzukrabbeln, ein Abseilen ohne Kupferberührung nicht mehr möglich. Wird sie an einem Faden zehn Zentimeter über dem heißen Metall ausharren und überleben, oder handelt es sich bei Spinnenfäden um gute Wärmeleiter und sie riskiert den Sprung vom Gerät, mit vielleicht mehr Glück als ihre Kollegin? Schließlich knüllte sie sich nach einer Kupferberührung zusammen, um fünf Millimeter über dem heißen Metall am hängenden „Seil" zu sterben. In kürzester Zeit war sie leer und vertrocknet wie eines ihrer Opfer. Als ich die Brennerei-

tür öffnete, um Holz zu holen, genügte der Luftzug, um sie wegzufe-
gen und als Staub der Vergessenheit zurückzugeben. (Vergessen sind
sie jetzt nicht – ich würde sagen, das können noch die berühmtesten
Spinnen von hier oben werden.)
Einmal fiel eine Spinne in 60 %iges Meisterwurzdestillat (keine
Angst, ich hab natürlich meine Behälter immer verschlossen und die
Brennerei von Spinnenweben frei, aber dieses eine Luder muss gerade, als ich den Behälter öffnete, von der Decke gefallen sein). Sie ging
unter und bewegte sich am Boden des Ausmischbehälters. Als ich
nach einer Stunde den Behälter leerte und die Spinne vom Destillat
abtrennte, ging sie gelassen weg! Ich denke, es gibt kein zweites höhe-
res Lebewesen, das so ein hochprozentiges Vollbad so lange aushält.
Und die Moral von der Geschicht: Lieber ein Schnäpschen wohltu-
end und fein, als in der Hitze gebraten zu sein.

15. November

Ein grüner Mercedes Benz Trac hat vor meinem Fenster Baumstäm-
me gestapelt, Brennholz für nächstes Jahr. Die Holzknechte schlagen
ganz in der Nähe und die als Nutzholz unbrauchbaren Abschnitte
kassiert der Schnapsbrenner. Dafür gibt's Bier und eine warme Brot-
zeitbude. Auf dem Ölofen ziehen in einem Topf Würstel. Die Brennerei läuft ruhig dahin und wird momentan mit Palettenholz befeu-
ert. (Kaputte Industrie- und Europaletten von der Firma im Tal.)

Die Bombe war zu schwach. Von frisch geräucherten Saiblingen
können wir heute nur träumen:
Einer von Adolf Hitlers Regierungssitzen war am Obersalzberg.
Logischerweise wurde so das Gebiet Ziel alliierter Bombenangriffe.
Nicht weit von hier ging damals eine Fliegerladung in den Wald. Ei-
nige Sprengbomben detonierten in einem Bachlauf, sodass sich die
Krater mit Wasser füllten und seither als unbeachtete Tümpel verges-

sen sind. In einen dieser Weiher haben die Holzknechte vierhundert Fische eingesetzt. Das Fischfutter ist ebenfalls im Wald versteckt und jeder der Wissenden schaut immer mal wieder nach dem Rechten und füttert die, ohnehin im eiskalten Wasser langsam wachsenden, rotbauchigen Saiblinge.

Vor einigen Tagen bewies Holzknecht und Hobbyjäger Gustl, dass er auch ein guter Petrijünger ist, indem er mit der Angel achtzig Fische aus dem Weiher herausholte. Er brachte sie hierher und hatte schon die nötigen Zutaten dabei: Lorbeerblätter, Wacholderbeeren, Basilikum, Majoran, schwarzen Pfeffer und Salz. „Hey Schnapsbrenner, hast du einen großen Topf?"

„Woher soll ich einen Topf haben für achtzig Fische!" Der Blick fiel auf die Schubkarre. „Genau, Holzscheiter raus; sauber machen; die Fische rein." Dass die Schubkarre verzinkt war und das nicht unbedingt gesund sein soll, wurde ignoriert. Hans lieferte die Räucheranlage. Es war eine einfach zusammengenagelte Holzkiste auf Stelzen, darunter kam ein alter Kanonenofen, dessen Rauchrohr in die Holzkiste geleitet wurde. In der Schubkarre wurde mit den Kräutern und Wasser die Sur bereitet und die Fische schwammen wieder. Allerdings ging dem eine ergiebige Ausnehmaktion voraus. Die Tiere der Nacht hatten ein Festmahl mit den Innereien. Das Wichtigste ging aber noch ab. Ich schüttete eine halbe Flasche Meisterwurz in die Schubkarre und verkündete, dass es richtige Brennhüttenfische werden sollten, „Alkohol öffnet die Poren"! Am nächsten Tag war ich dann Schnapsbrenner und Fischselcher in einem. Mit Hilfe eines Steckthermometers, das ich derweil von der Brennerei abmontierte, versuchte ich über zwei Stunden lang in der Kiste 80 °C zu halten. Freihängend waren die Fische mit Edelstahl-Räucherhaken an Baustahlstangen aufgefädelt und räucherten im Buchenqualm. Als das Meisterwurzdestillat aus der Vorlage zu tröpfeln begann und die Selche auf Betriebstemperatur so richtig schön qualmte, kam mein Chef mit dem BMW vorgefahren. Er stieg vom Auto aus und be-

staunte mit einem fragenden Blick den rauchenden Kasten.
„Servus Hubert, was ist das?" Ich wies ihn in die Fischgeschichte
ein und sagte, er solle in einer guten Stunde noch mal kommen zum
Mitschlemmen. Wir unterhielten uns eine Weile über Firmenangele-
genheiten, während ich zwischen den beiden Öfen hin- und herturn-
te, um aus Destille und Räucherei das bestmögliche herauszuholen.
„Was du so alles neben dem Brennen machst. Ich komm dann wieder,
so ein Räucherfischchen lass ich mir nicht durch die Lappen gehen.
Servus!" Das war wieder mal typisch, seit zehn Tagen hat er mich
nicht mehr besucht, aber gerade jetzt kommt er daher.
Mittags saßen neun Mann in der Brennerei. Mit von der Partie waren auch Rentner der Holzknechte, unter anderen mein Vater, und
natürlich mein Chef. Ich war selber überrascht, wie hervorragend die
warmen Fische mundeten. Durch die Brennerei ging ein Schmatzen
und Schwärmen mit Belobigungen an meinen Chef, was für einen
guten Brennmeister er habe. Die Fische, die nicht vertilgt werden
konnten, wurden in Papier gepackt und aufgeteilt. Als mein Chef
die Fische für seine Frau einpackte und verlauten ließ, dass er bei der
nächsten Räucherparty eingeladen werden will, kam, Gott sei Dank,
die der Situation angemessene Danksagung von Seiten der Holzknechte für die Gastfreundschaft in seiner Hütte. Er hingegen sagte
mit einem über unsere Köpfe hinwegschweifenden Blick: „Ihr da heroben seid einfach andere Leute."
Am Tag darauf kam ein Firmenlastwagen und lud haufenweise alte
Paletten und Bauholzreste ab. Ich fragte, was ich mit dem ganzen
Mist machen soll und der Fahrer sagte: „Schönen Gruß vom Chef,
du sollst den Krempel zusammenschneiden, denn du hast neben
dem Schnapsbrennen leicht Zeit."
Jetzt schwimmen nur noch sechs bis sieben Saiblinge im Weiher
und dass sie noch schwimmen, liegt am Holzknecht Bernhard, der
kürzlich die Sprengmeisterprüfung ablegte und mit einer Explosion
die klügsten Wasserbewohner, welche Angel und Käscher verweiger-

ten, zur Strecke bringen wollte. Er füllte eine Halbliterflasche mit Schwarzpulver und tüftelte eine 40 Zentimeter Zündschnur daran. Die Lunte wurde entzündet und die Flasche im Weiher versenkt. Ein dumpfer Schlag und viel Rauch. Das Wasser wurde trüb und kein Fischchen war mehr zu sehen – kein lebendes und kein totes.

Für diese Superleistung wird Bernhard, „der beste Sprengfischer der Welt", gehuldigt und gelobt, so richtig nach Berchtesgadener Art – und wir sitzen jetzt ohne Räucherfisch beieinander.

Von den 400 Fischen haben wir höchstens die Hälfte selber gefangen – der Rest verlor sich in den Mägen anderer ungewollter Mitwisser, von denen die meisten Zweibeiner gewesen sein dürften – aber die Zweibeiner ohne Flügel!

16. November

Am 25. Oktober bin ich noch mal zum Funtensee. Wie jedes Jahr vor dem endgültigen Wintereinbruch sehe ich noch mal nach dem Rechten. Michaela fuhr mich von zu Hause zur Wimbachbrücke in der Ramsau. Noch im Dunkeln ging ich durchs Wimbachtal zur Wimbachgries-Hütte (1326 m), um dann über Trischübel zum Hundstodgatterl aufzusteigen. Nach kurzer Rast und einem tollen Blick übers Steinerne Meer wanderte ich schließlich zum Funtensee. Der Wirt vom Kärlingerhaus hatte sein „Alpenhotel" schon winterfest gemacht und war leider nicht mehr da. Bei warmem, föhnigem Wetter hielten sich noch einige Bergsteiger im Steinernen Meer auf, um im Winterraum des Kärlingerhauses zu übernachten. Eine Übernachtung in der Brennhütte hatte ich nicht vor. Freundlicherweise hatte der Wirt auch schon meine Wasserleitungen geleert. Ich musste nur noch das Wassergrandl vom Kachelofen in der Zirbenstube austrocknen. Der Tisch, auf dem die Decken lagen, war zur Wand geschoben, so dass die Mäuse ein leichtes Spiel hatten. Es waren aber erst zwei Decken zerfetzt, die ich gleich hinter der Hütte abfackelte.

Der Tisch in der Brennerei, auf dem das Putzzeug lagert, war auch zur Wand geschoben. Eine Seife war schon in tausend Bröseln. Der letzte Hüttenbesucher hatte wohl beim eifrigen Zusammenwischen die Tische beiseite geschoben. Hätte ich die Mängel nicht behoben, wären im nächsten Jahr der Ofen kaputt und alle Decken zerbissen gewesen, denn jetzt ziehen wieder die Mäuse ein – es wird kalt. Durch die Saugasse stieg ich nach St. Bartholomä ab und hätte mit den Köchen der Gastwirtschaft über den See setzen können. Ich zog es aber vor, über das steile Rinnkendl nach Kühroint zu gehen, bis hinüber zur Grünsteinhütte. Der Rinnkendl Steig zog sich gewaltig. Doch ich musste Gas geben, denn der Tag neigte sich. Richtig dunkel war es erst einige hundert Meter vor der Grünsteinhütte. Voller Hunger und Durst gratulierte ich meinem Vermieter Hans zu seinem Vierzigsten Geburtstag. Meine Bedürfnisse konnten schnell befriedigt werden und nach dieser Feier hatte ich eine Mitfahrgelegenheit bis nach Hause, und war froh darüber.

Im Jahre 2007 sollte sich diese Geschichte zutragen:
Als ich am 29. Oktober mit Rucksack und meiner gesamten Skitourenausrüstung an der Seelände Königssee „auftauchte", deuteten mir so manche Mitbürger den Vogel. Im Tal war der frühe Schnee längst geschmolzen und ein Skibergsteiger um diese Jahreszeit, im Grünen, sieht zugegeben blöd aus. Die überflüssigen Bemerkungen brachten mich aber nicht davon ab, meinen Auftrag auszuführen. Nach einer Seefahrt durch dicken Nebel stiegen ich und meine Begleiter früh morgens von St. Bartholomä zum Funtensee auf. Schon bei der Schrainbach-Holzstube (866 m) lag genügend Schnee, um mit Skiern und Steigfellen weiterzugehen. Nach insgesamt drei Stunden Gehzeit und spuren im immer tiefer werdenden Schnee, schnaubten wir schließlich am Kärlingerhaus vorbei und trauten unseren Augen kaum: Der Funtensee war mit einer Eisschicht überzogen. Wir fuhren sogleich die paar Meter zum See hinunter; eisige Luft, als öffnete man

die Tür eines Kühlhauses, schlug uns aus der Mulde entgegen und verengte die Atemwege. Zehn Zentimeter Spiegeleis lagen brach vor dem Schottmalhorn und der Brennhütte. Beim Betreten des Sees knackste und raunzte das wachsende Eis. Der Gedanke an die Brennereizuleitung, die noch nicht entwässert war, ließ mich spüren, dass ich heuer zu spät heraufgekommen war, um die Brennhütte einzuwintern.

Wenn man bedenkt, dass sich Wasser, im Vergleich zu andern Stoffen, bei Frost ausdehnt und sich das Volumen bei 0 °C um etwa ein Zehntel vergrößert, so werden wohl die ungeheueren Sprengkräfte des Eises verständlich, die die eisernen Leitungen zerplatzen lassen. Bei der Hütte angekommen, drehte ich die Wasserhähne auf – vielleicht wird es ja noch mal warm und die Leitungen entleeren sich selbstständig. Dies dürfte aber an diesem Ort eher unwahrscheinlich sein. Die Eisbrocken aus dem Warmwasserbecken konnte man gerade noch herausnehmen. So war wenigstens der Kachelofen gerettet. Jetzt blieb nur noch, das Bettinventar maussicher aufzuhängen und die Fensterläden zu verschließen.

Für ein paar Minuten noch schien die Sonne an die Hüttenwand und wärmte uns die Brotzeit. Die Zeit drängte, um das letzte Schiff am Königssee zu erwischen. Die Abfahrt gestaltete sich schwierig und gefährlich. Im steinigen, zerklüfteten Gelände war viel zu wenig Schnee, um flott vom Berg herunterzukommen. Um kaputte Ski, vor allem aber kaputte Knochen zu vermeiden, tasteten wir uns Schwung um Schwung bis in die Mitte der Saugasse. Die Ski auf den Rucksack geschnallt, stiefelten wir ins Tal und ließen das bedrohlich herunterfallende Eis, das die immer wärmer werdende Luft aus den Felswänden löste, hinter uns.

Ruhige, müde Gesichter, die aber trotz der defekten Wasserleitung zufrieden wirkten, sinnierten im Lärm des Außenbordmotors. Ein einsames Schiff durchzog den ruhigen Königssee in der Dämmerung des Abendlichts.

18. November

So Chefs haben doch tatsächlich alle die gleiche Gabe, sie kommen immer, wenn's grad nicht so ganz passt. Im Allgemeinen kommt ein Chef erst, wenn die größte Sauarbeit vorbei ist oder man sich ein Bier aufmacht. So bekommt er das richtige Bild: Meinen Arbeitern geht es so richtig gut, vielleicht zu gut? Sind sie nicht überbezahlt? Die haben ein Leben! Saufen die immer? Wenn du bis zum Hals in der Scheiße steckst, wird sich dein Boss niemals blicken lassen – und das instinktiv. Ich hab ihn gefragt – denn so schnell konnte ich die Bierflasche nicht verstecken –, quasi im Gegenangriff, wieso er immer kommt, wenn ein Korken knallt? Er schmunzelte nur und fragte, „warum stinkt es hier nach Heizöl"?

Ich war zwar nicht bis zum Hals in der Scheiße aber bis über den Kragen mit Ölruß und Heizöl verschmiert. Der Ölofen war ausgefallen und ich hab zuerst den Ölfilter am Öltank ausgebaut und gereinigt – ohne Erfolg; danach den Ölfilter am Ölofen ausgebaut und gereinigt – ohne Erfolg. Und wo steckte dann der Dreck, der die Leitung verstopfte? Eben in der Leitung vom Ölofenfilter zur Brennkammer. Nach über zwei Stunden Sauarbeit so neben dem Schnapsbrennen brennt der Ofen wieder, ich bin gewaschen und umgezogen, hol die Brotzeit und wie ich das Bier aufschnalzte...

Der Schnapsbrenner gehört zu seinem Schnaps, das hatte der Alte immer gesagt. Und er hat Recht. Wenn die Bottiche erst mal eingemaischt sind, dürfen sie nicht mehr aus den Augen gelassen werden. Wäre der Ofen während einer meiner Musikreisen ausgefallen, hätte es mein Chef bemerkt, der mir dann freundlicherweise nach dem Rechten schaut – mit hoffentlich genauso viel Instinkt.

24. November

Kaum zu glauben, dass ich gestern um diese Zeit noch in Budapest war. Von München aus flog das Oxn-Aug'n Trio nach Ungarn, um für die Bayerische Staatsregierung Musik zu machen. Wir gehörten zur Bayerischen Delegation und gestalteten einen Bayerischen Abend, welcher der Präsentation bayerischer Lebensmittel, wie z. B. Käse, Speck und Bier, Essiggurken, Lebkuchen und fränkischen Wein, folgte.

Schon im März lud man uns zur Alementaria Messe, der weltgrößten Lebensmittelmesse nach Barcelona ein und im April waren wir Gast in Ljubljana (Slowenien). Außerdem waren wir in diesem Jahr noch in Düsseldorf, Darmstadt, Nördlingen und einige Male im Salzburger Land musikalisch unterwegs.

So viele Menschen in Fußgängerzonen, U-Bahnen und Flughäfen – Menschen wie Ameisen, scheinbar konzeptlos und doch ein jeder wichtig?

Würde ein großer Fuß durchs Flughafendach treten, würden die anderen die zermatschten Leichen wegschaffen, das Dach wieder schlie-

Der erste Schnee.

ßen und das Gewusel ginge weiter. Du bist ein Niemand – ob du mit deinem Gepäck hier bist oder nicht, interessiert null. Alles Nullen ob Nadelstreifen und Krawatten oder Boxershorts und T-Shirts, alles Nullen. Doch nur weil so viele Nullen rumlaufen, scheint das Ganze so wichtig. Wenn diese Menschen wüssten, dass sie Nullen sind, liefe hier wohl alles lustiger und lockerer ab.

Und ich? Ich laufe so wichtig in und um die Brennhütten rum – ich bin auch „wichtig", denn ich bin hier der Chef auf diesem Einmannarbeitsplatz. Doch kommt ein Großer Schuh, werden andere meine zermatschte Leiche wegschaffen und der nächste „so Wichtige", wird um diese Brennhütte laufen...

Die Musik öffnet immer wieder Türen und bringt mich in die Welt hinaus, bringt mich auf die Autobahn, bringt mich auf Flughäfen und in verschiedene Flugzeugtypen, in denen man von Luftbedienungen, die nicht einmal Rechnen können müssen, verwöhnt wird; bringt mich in zweckmäßige Unterkünfte bis hin zu den nobelsten Hotels; doch das Beste, sie bringt mich immer wieder heim.

25. November

Heute wäre es bald passiert! Ich wusste, dass die Überdruckventile an den Brennblasen Eckerleiten und Priesberg nicht mehr funktionieren. Warum hab ich sie nicht längst ausgetauscht? Es ist doch mein Leben, das meiner Familie und meiner Gäste, das ich aufs Spiel setze, wenn es im schlimmsten Fall die Brennerei zerreißt.

Neulich sprach ich noch mit dem Zöllner, der mir Bilder zeigte von einer explodierten Brennerei. Der Schnapsbrenner war gerade nicht in der Brennerei, er war beim Brotzeitmachen in einem anderen Gebäude – sein Glück. Im Brennraum war kein Fenster mehr drin, und die Rückwand, eine 36 Zentimeter starke Ziegelwand, an der das Gerät stand, war weggerissen. Diese Detonation hätte keiner überlebt. Mich hätte es nur einen Anruf gekostet, um die Ventile zu bestellen

– nicht einmal das, es hätte mich gar nichts gekostet, denn sogar die Telefonrechnung bezahlt die Firma. Ich hab auch nicht der Firma sparen helfen wollen, mein Chef hätte gesagt: „Die Sicherheit geht vor, bestell die Dinger und bau sie so schnell wie möglich ein!"

Einmal gingen wir eine Skitour ins Hocheis, es war kalt und der Schnee war gefroren. Durch vorhergegangenen Regen und starken Wind spiegelte das Eis unterhalb der Hocheisspitze im Hochkaltergebirge. Im März bin ich ziemlich trainiert und gehe leichten Schrittes auf die Berge. Ich montierte die Harscheisen zwischen Ski und Schuhe und ging und ging. Bei jedem Schritt schlug ich die Eisen in den harten, blanken Untergrund. Wo die anderen geblieben sind, schien mir egal, ich kam nicht auf die Idee, dass sie die Tour längst abgebrochen hatten. Doch warum ging ich weiter? Ich wusste: ein Ausrutscher und ich flutsche weg wie ein Eishockeypuck und da unten sind lauter Felsen und Schrofen – das überlebt keiner! Ich wusste, dass es oben noch steiler wird und ging weiter. Ich fühlte mich sauwohl dabei und ignorierte die lebensbedrohliche Situation. Der Berg wurde steiler und auf einmal kam die Einsicht: „Ich komm da niemals rauf", abgelöst von dem Gedanken: „Wie komm ich da jetzt weg, ohne abzurutschen?" So querte ich den Hang mit weichen Knien und einem Gefühl, das mich sofort an meine letzte Kletteraktion als Jugendlicher erinnerte. Es war genau das Gleiche wie damals, alle Bremsen, die irgendetwas mit Verstand oder Vernunft zu tun haben, waren ausgeschaltet. Ich erreichte schließlich eine Stelle, die einigermaßen griffig schien und wenn sie auch nur einige Zentimeter breit war, es war eine Möglichkeit, alles für die Abfahrt zu richten.
Jetzt darf ich keinen Fehler machen, oder gar einen Ski verlieren. Ich löse erst den einen Ski, um mit den Schuhspitzen eine Kerbe in das Eis zu schlagen und dann den zweiten, löse langsam die Steigfelle und schnalle die Schuhe so fest wie möglich. Irgendwie krieg ich auch die Ski wieder an die Beine; und nun steh ich da, meine Bergkameraden

sitzen weit unten, in der Sonne, in Sicherheit und ich im Schatten in einer bedrohlichen Welt, die ich mir selber geschaffen habe. Warum arbeitet mein Kopf erst so spät? Und nicht schon 200 Meter unterhalb? Ich hab Ski mit ziemlich stumpfen Stahlkanten, ich darf also nicht zu flach und nicht zu zimperlich wegfahren und muss schnell Geschwindigkeit aufnehmen, um Druck auf die Kanten zu bringen. „Hubert du kannst es, du bringst deinen Arsch hier wieder runter und zwar unverletzt", sag ich zu mir selber. Noch mal einen Blick auf die Schuhe und die Bindung, alles verriegelt, und los geht's. Ich bin noch gar nicht so richtig in Fahrt, da gehen mir die Ski hinten weg und ich drohe mich zu drehen: Ich spür keinen Widerstand unter den Beinen – ich fliege – „reiß dich zusammen! – schmeiß dich nach vorne und suche die Fahrt." So ratterte es in meinem Kopf. Nach etwa fünfzehn Metern wurde aus dem Sturz eine Fahrt mit enormer Geschwindigkeit, die es zu drosseln galt. Mit einer riesigen Rechtskurve, die ich nach oben zog, rettete ich mich aus der gefährlichsten Zone, um im immer noch sehr steilen Gelände die Fahrt unter lautem Rauschen und Rattern weiterzuführen.

Als mir die anderen ihre Bedenken und Sorgen wegen dieser halsbrecherischen Aktion entgegenhielten, gab ich mich locker, denn ich hatte ja alles im Griff...

Warum bin ich da raufgestiegen? Wo ich normalerweise vorsichtig, eher sogar ängstlich bin und die Gefahren immer im Auge behalte, um ihnen wenn möglich aus dem Wege zu gehen. Warum funktioniert mein Warn- und Sicherheitssystem manchmal nicht? Es ist die Macht der Gewohnheit. Wenn ich etwas sehr oft mache, werde ich schlampig. Eine Drohung dieser Art bringt mich dann wieder zur richtigen Einstellung und mahnt mich zur Gewissenhaftigkeit.

Und was war das heute wieder? Ich hatte mittags Besuch von den Holzknechten. Wir hatten uns in der Brennerei mit Tisch und Bänken sowie einer Gas-Feldküche eingerichtet. Es wurden Weißwürste heiß gemacht, dazu gab's schwarzen Radi, Semmeln und Bier.

Nach der Mittagspause waren die Holzer längst wieder im Wald und ich spülte neben dem Schnapsbrennen das Geschirr. Plötzlich ein heftiges Raunen. Der Zeiger des Brennereimanometers war weit hinter der Skala, die bis zu einem Bar reicht. Das Sicherheitsventil hätte schon bei 0,5 Bar abgeblasen. Da war es wieder, das beschissene Gefühl, das ich bekomme, wenn ich mich aus Dummheit in Gefahr bringe. Mir war klar: Wenn es jetzt knallt, würde ich es nicht einmal mehr hören und das Überbleibsel meines fröhlichen Daseins wäre nur noch für den Friedhof tauglich (wäre doch irgendwie schade gewesen). Mit zusammengepressten Lippen drehte ich den Ablasshahn auf und es presste sich der heiße Dampf aus dem Kessel. Wie ein Geysir zischte es und wollte nicht mehr aufhören, so dass in Kürze der Brennraum total vernebelt war.

Jetzt sitze ich allein in der Brennerei an dem kleinen Klapptisch, wo ich die Brennanlage im Blickfeld habe und bin sicher, dass mir so was nie mehr passiert; und es ist kaum zu glauben! ich hab soeben die Sicherheitsventile bestellt.

Entscheidend ist nicht, wer an deinem Grab steht,
sondern vielmehr wer oder was dich ins Grab bringt.

Du kannst dir deiner Sache nie ganz sicher sein und du musst die Gefahren kennen, musst sie einschätzen können und an sie denken. Wenn du z.B. beim täglichen Holzhacken immer daran denkst, dass die Finger nicht dahin gehören, wo das Beil in das Scheit saust, wirst du deine Finger auch behalten; doch ist das Holzhacken zur Selbstverständlichkeit geworden und du denkst nicht mehr an die Möglichkeit, dich zu verletzen, dann läufst du Gefahr, deine Finger anzukratzen oder gar zu verlieren, wobei es keine Rolle spielt, ob du erst seit zehn Jahren Holz hackst oder schon vierzig Jahre lang. Ich hatte bis jetzt noch nie einen Knochenbruch, nur zweimal einen verstauchten Fuß, ansonsten nur einige Schnittwunden, die genäht werden mussten. Bei allen Verletzungen, die mir jetzt einfallen, war ich selber Schuld und der Fehler war eindeutig immer derselbe – ich dachte nicht daran, dass ich mich verletzen könnte.

3. Dezember

Wurzengraber Sepp hat das teure Sicherheitsventil eingebaut. Er besucht mich jedes Jahr zu dieser Zeit, um noch einmal ein paar Nasen vom letzten Sommer zu inhalieren. Er sagt als Bergmann, die Barbarafeier darf nicht ausgelassen werden, wenn auch erst morgen der Barbaratag ist.
Aus einer Plastiktüte, die er genüsslich auf den Tisch breitet, holt er Kohlen und Weihrauch heraus, „damit die Sache auch adventlich wird. Für nachher, einen Rauch zum Wackersein", präsentierte er eine Schachtel Zigarillos. Ein schönes Stück Speck (Stegei) und einen Wecken Brot. „Die Guadln (Weihnachtsplätzchen) hat meine Frau gemacht."
Zwei Mann und ein nimmer endendes Gespräch – Rückblicke und Zukunftsvisionen.

10. Dezember

Es ist Freitag und ich weiß, dass ich heute hier auf der Enzianhütte übernachten werde. Mein Vater kommt zur Tür herein, einen Schlafsack unterm Arm, auch er weiß, dass es heute mehr Bier gibt als das Autofahren erlaubt.
Mittags liefern die Holzknechte Schweinshaxen, die sogleich verzehrt werden, um den Verdauungstrakt zu optimieren. Während ich meinen Enzian Feinbrand zu Ende bringe, richten die Holzknechte in der nahe gelegenen Ofner-Holzstube zum Fest.

Nach dem Duschen mit dem Warmwasserschlauch zog ich meine Lederhose an. Währenddessen kam eine junge Frau, es war schon fast dunkel, und fragte nach einem Zimmer zum Übernachten. Ich sagte, sie sei auf dem falschen Weg, „hier oben gibt es um diese Jahreszeit keine Übernachtungsmöglichkeit und hier ist nur eine Schnapsbrennerei. Komm halt mit, ich gehe auf ein Fest, in der Holzstube sind Stockbetten, da finden wir gewiss einen Platz."

Als wir in die Holzstube traten, saßen sie schon alle da. „Schön warm hier drin." Auf dem großen, vom Rost gebräunten Holzknechtofen „köchelte" es in einem riesigen Topf, am Adventskranz leuchteten zwei Kerzen.

„Servus, das ist die Sandra, ich hab sie gerade aufgerissen."

„Das gibt's doch nicht, wir waren doch noch vor einer halben Stunde bei dir."

„Tja manchmal geht's halt schnell im Leben."

Wir setzten uns zur Runde, nach schwieriger Entscheidung trank mein „Mitbringsl" ein Bier.

Der Förster schaute mit Hilfe einer Taschenlampe in den Topf, er hob den Edelstahldeckel und eine wohlduftende Dampfwolke entfloh, vernebelte sein Haupt, die kreisrunden Glasscheiben seiner Brille beschlugen und trübten seinen Blick. Mit weit aufgerissenen, Brillenglas füllenden Augen, hochkonzentriert und emsig, wie vor einem Schuss – er muss laut seiner Geschichten ein sehr guter Schütze sein –, rührte er im Gericht vom Selbsterlegten.

Er ist ein leidenschaftlicher Hobbykoch und schmeckte sein Rehgulasch mit Muskat, Pfeffer und Salz ab. Sandra sprang auf, um ihm den Deckel abzunehmen und leuchtete mit der Lampe. Sie wollte genau wissen, was da im Topf gart. „Mein alter Dackel!"

Aus der Runde: „Aber der ist doch schon fünf Jahre tot."

„Ich hab ihn solange eingefroren, einen alten Fuchsjäger musst du mindestens fünf Jahre einfrieren und drei Tage kochen lassen, sonst wird das Fleisch nicht zart."

Sandra rührte, Förster Siegi setzte noch mal Salz zu: „Majoran, Wacholder, Lorbeerblätter, Rosmarin und Nelken, halt alles was man so braucht wenn's schmecken soll. Die tote Maus hab ich auch noch rein, als Geschmacksverstärker."

Sandra lächelt: „Mir könnt ihr alles erzählen, ich esse sowieso kein Fleisch."

Halblaut von hinten: „So sieht sie auch aus." Sie servierte total gekonnt, reichte uns das Bier und setzte sich an den Nebentisch.

„Esst ihr mal in Ruhe." Sie schürte den Ofen, eine Wanne Wasser wurde aufgesetzt und so konnte sie das Geschirr spülen. Von unseren Gesprächen verstand sie wenig. „Ich bin aus Bonn und hatte heute einen Vorstellungstest im Inter Conti Hotel am Obersalzberg – wenn alles klappt, werde ich dort im Management arbeiten."

„Ja Hubert! Und so etwas bringst du mit – sehr gut! Dirndl bring no a Halbe Bier!"

Des Försters selbst gebackener Christstollen schmeckte genauso vorzüglich wie das Reh und die mitgebrachten Weihnachtsplätzchen. Mit Sang und Klang ging's lustig her. Um ein Uhr früh wurden noch die übrigen Schweinshaxen vertilgt und zwischendurch tranken wir vom Meisterwurz. Sandra war längst im Nebenraum in ihrem Schlafsack eingerollt, die Kerzen abgebrannt, die Bäuche voll und die Gespräche belanglos.

Mein Vater und ich leuchteten zur Enzianhütte heim – ein schwarzer, sternklarer Himmel.

15. Dezember

Die Sonne beleuchtet die gegenüberliegenden, bewaldeten Hänge, der abgefallene Schnee hat die letzten Lärchennadeln mit zum Boden genommen. Obwohl die Enzianhütte jetzt im Dauerschatten ist, kommt das Quecksilber auf +2 °C. Seit nunmehr vierzehn Tagen ist der Himmel wolkenlos, und die frostigen Nächte haben den Schnee auf den Freiflächen bis auf einige Zentimeter zusammengefroren. Im Tal herrscht Dauernebel. Beim Blick in die Ferne kann man am Horizont den 150 Kilometer entfernten Bayerischen Wald und Böhmerwald erkennen. Nur dort, wo sich ein Industrieschornstein befindet, hebt sich aus der Nebeldecke eine weiße Dampfwolke, gleich einem abgekalbten Eisberg im zusammengefrorenen Schelf, ohne Bewegung, ganz starr.

Salzburg, direkt am Fuße des Berges, lässt sich zwischen Untersberg (1972 m) und Gaisberg (1288 m) nur erahnen. Dort unten hat's auch am Tag Minusgrade und die Wiesen und Wälder sind mit richtig rauem Reif verziert. In dem Dunst, den die warme Bergluft nicht herauflässt, riecht es von den Christkindlmärkten nach heißen Maroni und Glühwein, von den Selchen der Bauern nach Speck und Holzheizung, an den Straßen nach Benzin und Dieselabgasen.

An meiner Hüttenfichte sind zwei Schopfmeisen und zwei Kohlmeisen am picken. Sie finden genügend Nahrung im besonnten Baum; Kleingetier, Milben und Spinnen, auch fliegende Insekten kann man sehen. Schön wäre zu wissen, ob mich die zwei Kohlmeisen vom Frühling her noch kennen, ob es sich um deren Junge handelt, oder ob es ganz andere sind. Momentan geht es den Piepmätzen gut hier oben, doch beim nächsten Wetterumschwung kommt mit Sicherheit wieder Schnee, dann sind ihre Kollegen im Tal, die sich's an den zahlreichen Vögelhäuschen gut gehen lassen, im Vorteil.

20. Dezember

Vom Untersberg her zogen die mit Schnee beladenen Wolken und brachten den Winter zurück. Sehnsüchtig warteten die Skifahrer auf ihr weißes Elixier. Dreißig Zentimeter Pulverschnee und die Eckeralm ist mit Skispuren übersät. Am Hohen Göll droben treibt ein starker Westwind den Schnee über den Grat. An jeder Spitze hängen Schneefahnen, die von der Abendsonne entfacht goldgelb leuchten und hundert Meter in den Himmel ragen. Berge in Flammen. Irgendwie passend zur Wintersonnenwende und von der Schöpfung selber inszeniert.

23. Dezember

Ich destilliere gerade den letzten Enzianfeinbrand für dieses Jahr, und es beginnt wieder langsam zu schneien. Eine Sache erfolgreich abzuschließen, in die man sehr viel Zeit investierte, beflügelt immer wieder mit einem Gefühl der Zufriedenheit und Freiheit mit einer Art dankbarer Traurigkeit. Noch einmal füllt sich der Raum mit fruchtigem, frischem Enzianduft und es stellt sich die Frage, wie jedes Mal: Wo ist das Jahr hingekommen?

Morgen ist Heilig Abend. Einige meiner Brennhüttenbesucher werden ihn nicht mehr erleben, sie sind für immer gegangen. Das Bächlein vor der Hütte dagegen rinnt weiter, einmal stärker, einmal mit weniger Wasser, es hört aber nie auf.

Wo sind die schönen Tage hin, auf der Wasseralm, am Funtensee und am Priesberg? Sie sind nur noch in meinem Kopf und in deren Köpfen, die solche Tage miterleben durften. Sie sind aber Vergangenheit, so vergangen, dass es egal ist, ob sie gestern waren, zehn, zwanzig oder dreißig Jahre vorbei sind. Wobei absolute Klarheit herrscht, dass ich auch nur Gast war, denn das wirkliche Zuhause ist im Tal. Die Arbeit hier oben funktioniert nur, wenn im Tal bei der Familie und der Firma alles in Ordnung ist.

Schöne Stunden sie vergehen,
die Erinnerung sie bleibt bestehen,
doch alles Leben ist nur auf Zeit,
zum Schluss bleibt die Vergangenheit.

Das Einzige, was diesen Brenn-Sommer von der Vergessenheit der vorhergegangenen Brennperioden am Berg längerfristig unterscheiden könnte, sind vier dicke Karoblöcke, die vorne und hinten voll beschrieben sind. Ein ziemlich mitgenommener Stapel Papier, mit dem wohl ein anderer nur wenig anfangen könnte. Oft sind es nur schlampig hingeschmierte Stichpunkte, die aber meine Erinnerungen sofort aktivieren können.

Noch einmal beginnt der Schnaps aus der Vorlage zu tröpfeln und der Korpus der leeren Alu-Kanne singt, das Kühlwasser schießt durch den Kühler. Wie oft hab ich das schon gehört? Wie oft werde ich es noch erleben?

Die Berge sind im weißen Kleid,
des Brenners Arbeit eingeschneit.
Vergangen sind die schönen Stunden,
die ich mit Arbeit hab verbunden.
Auch die Lieder sind verklungen,
die so mancher Gast hat mitgesungen.
Auf der Alm da ist jetzt Ruh,
zu hören keine Glockenkuh,
keine Sennerin und auch kein Preuß,
es dominiert das kalte Weiß.
Das Murmeltier, es hat sich längst verzogen,
in seinem Bau ganz tief im Boden.
Dort ist ihm die Welt da draußen gleich,
so bescheiden und doch so reich.
Es schläft schon seit Oktober,
bekommt zu Weihnachten keinen Pullover.
Von wegen Weihnachtsgeschäft und Umsatzsorgen,
diese Plag bleibt ihm verborgen.
Das einzige Geschäft, das es absolviert,
wird der Latrine zugeführt.

Sechs Monate herrscht „Stille Nacht",
ohne Lärm und ohne Ton,
das Murmeltier hält nun keine Wacht,
wir Menschen singen nur davon.
Während wir verdrücken Speck und Braten,
dass sich die Bäuche wölben und die Schwarte kracht,
schläft das Murmeltier im frischen Heu,
in aller Ruhe Tag und Nacht.
Da ist kein Platz für Streit und Zank,
von dem wir oft werden krank.
Erst im April, wenn das erste Grün durchbricht,
kommt das Murmeltier wieder ans Tageslicht.
Es erfreut sich dann der warmen Sonnenstrahlen,
und musste für Heizung keinen Cent bezahlen.

Hüttenruhe am Priesberg.

Für mich kommt jetzt auch der Winter. Ich werde wieder Snowboard fahren und mit meinem Vater zusammen viele Skitouren gehen und froh sein, wenn ich jeden Tag wieder gesund nach Hause komme. An den langen Winterabenden werde ich natürlich auch auf dem Kanapee faul rumhängen und auch dann und wann in den Fernseher gaffen, aber im Frühling komm ich wieder, so Gott will, und werde alles daran setzen, eine mit Liebe, Arbeit, Sang und Klang florierende Zeit erleben zu dürfen.

Jetzt hab ich noch die letzte Destillatlieferung zur Firma ins Tal. Die Destillate haben jetzt Zeit, viel Zeit und lagern im Felsenkeller unter Berchtesgaden, welcher im Dritten Reich für die heimische Bevölkerung als Luftschutzbunker diente. Sommer wie Winter herrschen da drin immer die gleiche Luftfeuchtigkeit bei acht Grad. Das Meisterwurzdestillat ruht etwa sechs Monate lang in Tonfässern (Steinzeug). Das Funtensee-Destillat und der Edelwurz Enzian haben zwischen fünf und sieben Jahre Zeit, in Eschenholzfässern durch den ständigen Kontakt mit Luft zu oxydieren und ihre vollen Bukettstoffe zu entwickeln.

Im Auto befindet sich mein Christbaum, der heute Abend von meiner Michaela und mir geschmückt wird und morgen wird Weihnachten gefeiert, so wie es in Berchtesgaden Brauch ist. Die Brennhütten ruhen.

Ich lebe meinen Traum und das Fest geht weiter.

Winter im Berchtesgadener Tal.

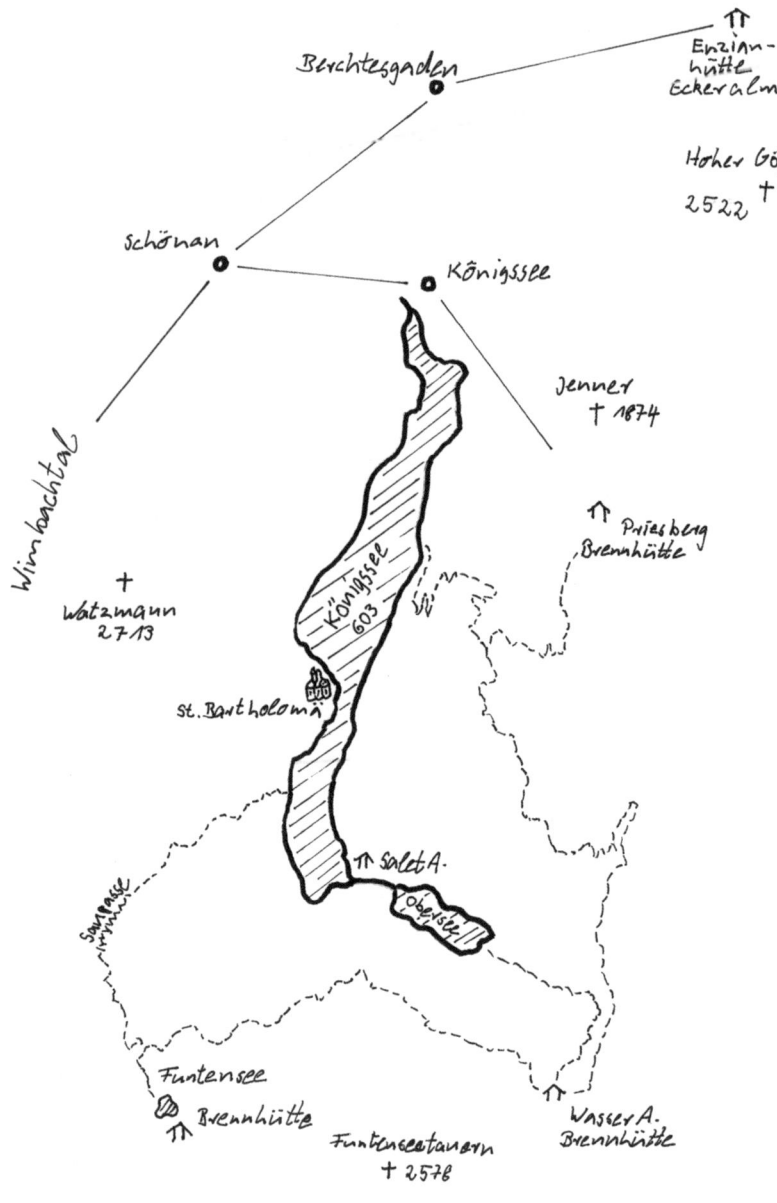

7
Ein Wort zum Schluss

Meine Notizen wurden immer weniger. Vier Jahre lang hab ich das Buchschreiben total verworfen. Ab 2005 schrieb ich unter der Rubrik „Der Bergbrenner" für die Hauszeitung der Enzianbrennerei Grassl kleine Geschichten und Erzählungen. So musste ich doch ab und zu etwas verfassen und kam nicht total aus der Übung.
Erst im Februar 2009 nahm ich mich der Sache mit Nachdruck wieder an.
„Was ist eigentlich mit deinem Buch los", wollte Musikkollege Helmut während einer Oxn-Aug'n Musikprobe wissen.
Ich winkte nur ab und sagte, ich sei noch zu jung für diesen Text, es käme schon irgendwann die Zeit, in der ich Lust dazu hätte.
Er sagte: „Auf welche Zeit willst du warten? Die Zeit läuft – und irgendwann ist sie abgelaufen und du hast geschlafen."

Die Luft ist mit Bukettstoffen vom Meisterwurz, der in diesem Fall nicht als Schnaps, sondern als getrocknetes Gewürz in die Sauce gerieben wurde, Lorbeerblättern, Wacholderbeeren, Knoblauch, Salbei und Rosmarin durchzogen. Im Holzherd gart eine Schweinshaxe, schön langsam auf einer Bratenbrühe aus karamellisiertem Puderzucker, Tomatenmark, Hefeweißbier, Sellerie, Möhre, Zwiebel und Fenchel. Im Edelstahltopf köchelt das Sauerkraut mit einer Speckschwarte und Enzianschmalz; es ziehen die Schwarzbrotknödel, der Dunst hat eine leichte Petersiliennote – und nebenbei entstehen Lieder und Melodien, Texte und ein Buch, in aller Ruhe ganz langsam wie der Braten in der Röhre.

Jetzt ist es doch ein Büchlein geworden. Vielleicht bring ich durch diese Texte so manch lesefaulen Hund, wie ich einer bin, auch mal zum Lesen. Vielleicht bring ich einen Gestressten dazu, dass er sich mehr Zeit lässt – und wenn's nur beim Lesen dieses Buches ist. Ich werde es noch erfahren, ob mein literarischer Ausflug eine brauchbare Lektüre hervorbrachte oder ob es besser gewesen wäre, ich hätte mich mehr mit der Musik befasst. Aber ich denke, ich werde die Kritiken genießen, denn jeder, der Kritik übt, muss es gelesen haben. Gespannt bin ich!

Im eigenen Haus wurde im Keller ein Büro und Musikraum eingerichtet. Dort ist genügend Platz für die ganzen Musikinstrumente, welche im Winter wieder zu Hause eintreffen, die vom Berg und die vom Musik-Autoanhänger. Platz für die wöchentlichen Musikproben des Trios ist ebenfalls. An diesem Ort sollte ich auch dieses Büchlein fertigstellen. Bei geheiztem Holzofen im Berghütten-Ambiente verbrachte ich Wochen im Kellerraum. Oft war ich schon um vier Uhr früh am Schreiben, um einige Zeilen festzuhalten, oder ich saß bis tief in die Nacht und starrte auf den Monitor. Dem ging ein Computerkurs an der Volkshochschule voraus, bei dem ich das Motto hatte: „Vom Hacker zum Häcker" – das sollte jetzt nur ein Späßchen sein! Das Schreiben entwickelte sich zu einem weiteren Hobby, ich saß tatsächlich selber vorm Computer und lernte mit Maus und Tastatur umzugehen. Aus meinem Zehnfingersystem wurde nicht wirklich eins, aber für mich reicht es. Es gab Zeiten, da hab ich mich so ins Schreiben vertieft, dass ich am Nachtkästchen Papier und Stift hatte, um bei eventuellen nächtlichen Gedankenblitzen gewappnet zu sein. Je mehr dieses Büchlein ein „Gesicht" bekam, desto mehr Leidenschaft entwickelte sich daraus. An Schönwettertagen hieß es natürlich raus aus dem Keller und ab in die Berge – ich will doch nicht als Kellerassel enden! Der Rechner sollte aber nur als bessere Schreibmaschine verwendet werden, fürs Internetsurfen war mir die Zeit zu schade. Vielleicht hab ich mich vorm Internet auch gedrückt, weil es meine größte Sorge war, dass diese Texte mit einem Druck auf die Maus verschwinden könnten oder für alle Welt erreichbar wären, ohne dass ich dies wollte, und dadurch die ganze Arbeit wertlos geworden wäre. Meine Legasthenie wurde nicht geringer – das Schreibprogramm markierte immer wieder dieselben Fehler. So praktisch und unersetzlich die Rechenkiste war – besser wurde nichts, im Gegenteil, ich machte mir gar keine Gedanken mehr über Rechtschreibung, der Computer macht's schon. Dasselbe passiert mit den Kindern, die in der dritten Klasse schon den Taschenrechner verwenden dürfen. Das eigentliche Rechnen übernimmt die Maschine. Das Grundwissen kommt nicht in die Köpfe oder verschwindet wieder. Was mir auch noch auffiel ist, dass man vom Tastendrücken eine ungeübte, fast schon unleserliche Sauklaue bekommt. Ein Handy hatte ich bis zum Redaktionsschluss nicht, das wird wahrscheinlich auch so bleiben.

Es war Winter und ich war im Erdloch gelandet, wie die Murmeltiere. Doch in so einem Raum entstehen die tollsten Sachen: Der eine träumt vor seiner Modelleisenbahn, der andere zerlegt sein Motorrad, um es wieder zusammenzubauen, ein anderer betreibt dort seine Skiwachsstation und der nächste eine Hobbyschreinerei. Die Kreativität kommt oft aus einem Kellerloch, aus der Zurückgezogenheit. Man, oder besser Mann, entspannt in seinem Erdloch (Frauen neigen eher weniger dazu), um wieder Kraft und Freude am oberirdischen Leben zu haben – Kraft für die schönen Dinge des Lebens, um mit den Skiern in die Berge zu gehen, um mit dem Motorrad über die Alpen zu fahren, um die Musik für möglichst viele Menschen erklingen zu lassen...

So wie das Murmeltier im Wechsel der Zeit zwischen Ruhe und fleißiger Emsigkeit die Jahre übersteht, so sollten sich die Menschen auch die nötigen Ruhepausen gönnen, um nicht im Leistungsdruck durchzudrehen. Wenn Körper und Geist nach einer Erholungsphase schreien, sollte man ihnen eine geben, denn wer sich keine Zeit im „Erdloch" gönnt, wird sich über kurz oder lang aufarbeiten. Wer meint, er bündelt seine Ruhephasen und hebt sie für den Lebensabend auf, dem kann ich nur sagen, dass oft schon vorm Abend Feierabend ist.

Die Enzianpflanzen ziehen sich im Herbst zurück, um im Frühjahr wieder zu sprießen und zu treiben, sie entwickeln immer wieder neues Blattwerk und prächtige Blüten – von Zeit zu Zeit.

Erst wenn du dich selber findest und deine Vorbilder, die du als junger Mensch (wohl oder übel) abgelegt hast und kein Nachahmer mehr bist, wenn du den Druck, der dir eingetrichtert wurde, ablegst und alle Stresser belächelst, erst dann wirst du in der Lage sein, etwas zu machen, das du dir zunächst nicht zutrautest und wirst aufgehen wie eine Knospe nach ergiebigem Regen. Du musst aber wissen: Du bist nicht mehr als eine Löwenzahnblüte in einem endlosen Feld, welches irgendwann gemäht wird; ob schon als Knospe, als strahlende Blüte oder reife Pusteblume, oder es deckt dich erst der Schnee zu – für die nächste Generation wirst du mit Sicherheit Platz machen. Du musst wissen, dass alles nur eine lächerliche Zeiterscheinung ist; du kannst der Beste in deinem Beruf sein; du kannst der Beste in irgendeiner Sportart sein, ob körperlich oder geistig obenauf, doch es wird nicht lange dauern, dann kommen andere – aber das sollte dich nicht belasten. Wichtiger ist zu leben des Lebens wegen, zu erkennen, dass es einzigartig ist und ein riesengroßer Zufall, dass es dich gibt.

Im Januar 2011 war ich dann endlich mit meinem Latein am Ende. Alle Ideen, Anekdoten, alle Zettel, Blöcke und Büchlein waren durchgearbeitet – das Pulver verschossen. Ich druckte alles aus und war fasziniert, was da alles zusammengekommen war; der Drucker ratterte und wollte nicht mehr aufhören. Ich nahm den Papierstapel, steckte ihn in den Rucksack und ging mit den Skiern durch frischen, flockigen Pulverschnee zum Yeti auf die Alm...

Wurzenhaue.

Dritter Brief vom Yeti

Hej Hubert!
Jetzt muss ich aus der Bibel zitieren: Johannes 19,30
(Es ist vollbracht!)

Ob Du meine Briefe verwurstest oder nicht, war eine Frage, die mich wirklich beschäftigt hat. Aber schließlich habe ich sie – bis auf den einen an Steffi, dessen Auszug Du als Kopie hast – an Dich geschrieben. Damit gehören sie Dir und Du kannst damit tun, was immer Du willst (Arsch auswischen, mit samt Deinem kompletten Machwerk verheizen, einrahmen oder eben auch in Deinen Weltbestseller integrieren – aber dann bitte ohne meine ganzen Rechtschreibfehler!).

Jetzt liegt alles bei Dir!

Ich wünsche Dir Glück und gute Berater.
(Und mir ein Freiexemplar aus der 1. chinesischen Auflage.)

Dein Freund Yeti.

Priesberg – Blick in die Brennerei.

Dank

Danke an all die Menschen, die in diesem Buch vorkommen und die durch ihre Art mir das Schreiben erleichterten.

Danken möchte ich Franz Vogl für die Notenschrift, Stefan Walch (Wurzengraber) für die Bilder, meinen Erstlesern Sepp Stangassinger (Kloiberer), Herbert Schauer und Ludwig Schauer für ihre Kritik.

Danke an Fritz Eder vom Nationalpark Berchtesgaden für seine Hinweise zur Pflanzenwelt. Ein besonderer Dank geht an alle meine Vorgänger, die durch die letzten vier Jahrhunderte hindurch den Posten des Bergbrenners ausübten.

Danke Michaela für deine Geduld.

Titel

Umschlagseite oben: Beim Enziangraben auf der Kallbrunnalm.
Umschlagseite unten: Hubert bei der Arbeit in der Brennhütte am Funtensee.
Rückseite: Der Pannonische Enzian.

Bildnachweis

Hildebrandt, Marika: Umschlagseite 1 unten, S 52
Ilsanker, Hubert S.: S 26, 29, 92, 140, 178, 192 o, 193 li o, 193 u, 231, 297, 312, 323, 333
Plenk, Verlag: Umschlag Rückseite, S 289, 325, 334
Walch, Stefan: Umschlagseite 1 oben, S 4, 49, 62, 75, 108, 169, 188-191, 192 u, 193 o re, 194, 197, 331

Texte und Melodien der Lieder: Hubert S. Ilsanker und Oxn-Aug'n Trio.

Impressum

© 2011 by Verlag Anton Plenk, Berchtesgaden

ISBN 978-3-940141-67-5

1. Auflage Herbst 2011

Verlag: Verlag Anton Plenk · Koch-Sternfeld-Str. 5 · 83471 Berchtesgaden
      Telefon 0 86 52 / 44 74 · Fax 0 86 52 / 66 2 77
      E-Mail: plenk-verlag@t-online.de · www.plenk-verlag.com
Lektorat: Stefanie Zweckl, Bischofswiesen
Satz, Layout: Valentina Kraus-Plenk, Berchtesgaden
Gesamtherstellung: Druckerei Plenk, Berchtesgaden